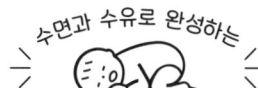

수면과 수유로 완성하는

성장의 기초

태초 육아

수면과 수유로 완성하는

성장의 기초

태초 육아

홍지선 지음

들어가는 글

코칭을 다니다 보면 갑자기 눈물을 보이는 엄마들을 자주 만난다.
방금 전만 해도 또렷한 눈빛으로 자신의 상황을 설명하던 엄마가 어느
순간 목이 메이고 말없이 눈물을 흘린다.

'지금 이 엄마는 어떤 감정을 꾹꾹 눌러 참고 있었을까.'

그 눈물 속에는 처음 엄마가 되어 맞이한 낯선 현실에 대한 당황스러움,
길이 보이지 않는 막막함, 나도 모르게 스며든 불안과 죄책감, 쉽게
털어놓지 못했던 우울감이 담겨 있었다. 스스로를 자책하는 마음, 누구도
내 고단함을 이해해 주지 않는다는 외로움, 그 모든 감정이 조용히
그러나 단단하게 터져 나오는 순간이었다.

나는 그 눈물들이 전부 기억난다. 그리고 진심으로 그 엄마들을 돕고 싶었다. 단지 아기를 어떻게 재우는지, 수유를 어떻게 하면 되는지를 알려주는 것 이상으로. 엄마가 되는 과정에서 마주하게 되는 깊은 감정들, 흔들리는 자존감, 그리고 무력감까지 포함해서.

사실 나 또한 그랬다. 아기를 낳기 전부터 국제 모유 수유 전문가로 활동해 왔고 수많은 부모를 만나며 코칭해 왔지만 첫아이를 낳고 나서 나는 완전히 무너졌다. 누구보다 수유 방법을 잘 알고 있었고 수면의 원리도 이론적으로는 자신 있었지만 막상 내 아이를 품에 안는 순간 나는 아무것도 모르는 사람처럼 느껴졌다.

엄마가 되는 건 단순히 새로운 역할이 추가되는 게 아니다.
삶의 전환이다.
지금까지의 나를 해체하고 전혀 새로운 시선과 리듬으로 다시 살아내야 하는 일이다. 그래서 내가 전하고 싶은 건 이렇게 하면 된다는 공식이 아니다. 아기는 정해진 시간표대로 움직이는 기계가 아니라 매일 다른 몸과 마음을 가진 살아 있는 존재다. 육아는 정해진 공식을 그대로 적용하는 것이 아니라 매일 달라지는 아기의 리듬을 세심하게 관찰하고 그 흐름에 맞춰 조율해 가는 과정이다. 정답을 찾기보다는 아기의 표현을 해석하려는 태도가 더 중요하며 방법보다 관계가 우선되어야 한다. 이 책이 전하고자 하는 메시지도 바로 여기에 있다. 아기의 신호와 반응이 중심이 되는 육아, 아기와 깊이 연결되며 하루를 함께 만들어가는 육아, 그것이 진정한 육아의 시작이다.

그래서 이 책에서는 단순한 해결책만을 말하지 않으려고 했다. 아기의 생리적 욕구만이 아니라, 그 안에 담긴 정서적 메시지와 관계적 신호를 함께 읽을 수 있도록 돕고 싶었다. 엄마와 아빠가 아기의 행동을 신호로 이해하고 해석할 수 있는 눈을 갖게 하는 것, 그것이 이 책의 가장 중요한 목표다. 아기에게는 반드시 기회를 주어야 한다. 아기의 울음에 매번 서둘러 반응하지 않아도 괜찮다. 그 울음을 무조건 멈춰야 하는 문제로도 보지 말자. 아기는 자신이 얼마나 먹을지 스스로 조절할 수 있고 스스로 잠드는 힘을 가진 온전한 존재다. 다만 그 힘이 자랄 수 있도록 기다림이 필요할 뿐이다. 부모가 그 기다림을 선택하는 순간, 아기는 자신의 리듬을 되찾고, 부모는 육아에 대한 신뢰를 얻게 된다.

이 책을 쓰는 내내 '하나님의 기쁨'이라는 이름을 가진 딸아이 조엘을 떠올렸다. 조엘을 키우며 나는 더 깊이 공부하게 되었고 더 많은 엄마의 눈물을 이해하게 되었다. 그리고 내가 주말마다 글쓰기에 몰두할 수 있도록 아이와 시간을 보내주고 조용히 배려해 준 남편의 사랑 덕분에 이 책이 완성될 수 있었다. 곽윤철 스승님은 나에게 나무 너머의 세상을 볼 수 있도록 인도해 주셨다. 더 멀리, 더 깊이 바라보는 시선을 갖게 해주셨고 내가 어떤 마음으로 부모와 아기를 바라봐야 하는지 삶을 통해 가르쳐주셨다. 그리고 나를 언제나 인도하시고 나의 사명이 무엇인지 속삭이며 알려주시는 예수 그리스도. 나는 그분의 은혜가 아니었다면 이 길을 감히 걸을 수 없었을 것이다.

이 책이 누군가에게는 고단한 하루 끝, 잠든 아기 옆에서 조용히 마음을 다잡게 해주는 따뜻한 빛 한 줄기였으면 좋겠다. 길을 잃은 것 같은 날에도 "지금도 잘하고 있어요"라고 다정히 말을 걸어주는 목소리가 되었으면 한다. 그리고 육아를 실패와 비교로 가늠하지 않고 눈앞의 아기와 나누는 하루하루를 충분한 사랑으로 받아들이길 바란다. 그리고 어느 날 문득, 이렇게 말하길 바란다.

"나는 꽤 괜찮은 엄마야."
"나는 제법 멋진 아빠야."

목차

들어가는 글 4

PART 1
행복한 육아의 비밀

1. **행복한 육아, 그 첫걸음**
   평생을 좌우하는 첫 3년의 발달 15
   엄마가 되면서 느끼는 3가지 감정 18
   아기에게 평균은 없다 23
   엄마가 내 아이만의 육아 전문가 25

2. **아기의 하루를 설계하는 생체리듬의 마법**
   수유와 수면의 황금 연결고리 28
   아기에게도 생체리듬이 있다 35
   양육 방식은 아기의 생체리듬에 영향을 준다 38
   어긋난 생체리듬이 수면 문제를 부른다 40
   어긋난 생체리듬이 수유 문제를 부른다 49

PART 2
건강한 수유의 비밀

1. 수유의 첫걸음
   언제 먹일까 55
   얼마나 먹일까 61

2. 아기의 발달 단계에 따른 수유의 변화
   아기의 발달에 따라 수유 기술도 달라져야 한다 67
   아기의 반사행동 오해하지 않기 74
   배고픔과 배부름 80
   시간과 상황 파악하기 86
   수유 Q&A 91

PART 3
모유 수유로 이어지는 엄마와 아이의 첫 교감

1. 모유 수유의 첫걸음
   왜 모유 수유를 하는가 97
   옥시토신의 힘 101
   생후 첫 주, 모유 수유는 이렇게 104
   생후 첫 주, 모유 수유 확인 방법 111

2. 모유 수유 첫 40일의 기적
   40일 동안의 모유 수유 119
   성공적인 모유 수유 자세 127

PART 4
아기의 건강을 지키는 분유 수유 성공 전략

1. **분유 수유의 첫걸음**
   젖병 수유 자세가 중요한 이유 137
   아기에게 딱 맞는 젖병과 젖꼭지를 선택하는 방법 146
   분유, 도대체 어떤 것을 먹여야 할까 153
   트림, 꼭 시켜야 할까 161

2. **분유 수유에서 조심해야 할 것**
   수유할 때 흔히 저지르는 실수 166
   아기의 과식 징후 173
   왜 충분히 먹지 못할까 178
   젖병 수유를 불편해하는 우리 아기, 어떻게 해야 할까 182

PART 5
수유 거부 극복을 위한 가이드

1. **수유를 거부하는 우리 아기**
   수유 거부란 무엇인가 195
   수유 거부, 어떻게 발생하는가 197
   아기는 스스로 수유량을 결정할 수 있다 201

2. **수유 거부를 극복하기 위한 방법**
   아기가 성장하면 수유 방법도 달라져야 한다 204
   POINT 잘 때만 수유하는 아기 207
   수유 중 아기의 마음을 알아보는 3가지 방법 208
   수유 거부, 어떻게 해결할 수 있을까 213

POINT 아기의 신호에 어떻게 반응해야 할까 11가지 강령 223
수유 거부 해결 과정, 어떻게 변화해 가는가 225
솔루션이 효과가 없다면 232
POINT 수유를 위한 권장 사항 236
수유 거부 Q&A 238

PART 6
편안한 수면의 비밀

1. **우리 아기 꿀잠을 위한 첫 단계**
   수면 교육이란 무엇인가 247
   수면의 과학, 아기 수면을 이해하자 250
   수면이 부족하면 어떻게 될까 256

2. **수면 교육이 필요할 때**
   수면 교육 정말 안전할까 261
   아기 울음 속에 숨겨진 메시지 268
   수면 교육에 실패하는 이유 278

3. **수면 교육 필수 가이드**
   꿀잠을 위한 최적의 수면 환경 284
   스스로 잠드는 아기의 수면 연관 288
   잠투정하는 아기의 미세한 신호 알아차리기 298
   POINT 아기의 졸린 신호에 대응하는 방법 301
   무의식과 의식 사이, 수면 의식 303
   아기의 꿀잠을 위한 핵심 원칙 306
   자기 진정 수면 교육 318
   POINT 수면 교육 성공의 열쇠 332
   수면 교육, 이렇게 하면 된다 333
   수면 교육 Q&A 339

행복한 육아의
비밀

PART 1

행복한 육아, 그 첫걸음

1

평생을 좌우하는
첫 3년의 발달

　아기의 뇌는 생후 3년 동안 놀라운 속도로 성장합니다. 아기가 경험하는 청각·촉각·시각적 자극은 뇌세포 간 연결을 강화하며 뇌 구조와 기능을 체계적으로 형성하는 데 중요한 역할을 합니다. 즉, 아기가 태어나고 첫 3년은 신체만 성장하는 것이 아니라, 뇌 발달과 정서적 기반을 형성하는 기간입니다.

　==생후 3년 동안 아기의 뇌에서 가장 먼저 발달하는 부분은 감정을 담당하는 영역입니다. 부모와의 애착은 아기의 정서적 뇌 발달에 결정적인 역할을 합니다.== 이 시기에 형성된 애착은 평생에 걸쳐 아기에게 영향을 미치며 사회성, 자제력, 정서 조절 능력 등의 기초가 됩니다. 애착이 형성되지 않거나 불안정한 애착을 경험한 아이는 대인관계에서 불안감을 느끼거나 신뢰감이 결여될 수 있습니다. 반면 안정적인 애착을 경험한 아이는 부모의 사랑과 보살핌을 통해 정서적 안정감을 경험하죠. 부모와 함께 있을 때 느끼는 안정감은 아기의 두뇌가 차분히 발달할 수 있는 환

경을 만들어주며, 다양한 발달 기능을 수행하는 데 필요한 심리적 토대를 제공합니다. 부모의 관심과 애정은 아기의 스트레스를 완화시키고, 두려움 없이 세상을 탐험할 수 있는 용기를 줍니다. 이 안정감은 아기가 사회적 관계를 형성하고 타인의 감정을 이해하는 능력의 바탕이 됩니다.

아기의 뇌는 태어날 때는 성인의 약 25퍼센트 크기이며 수많은 뇌세포가 서로 연결되면서 발달해 갑니다. 이 과정에서 부모의 따뜻한 손길과 목소리, 아기를 품에 안았을 때 느끼는 포근함은 아기의 뇌에 각인되며, '세상은 안전하다'는 신뢰감과 정서적 안정감을 형성해 줍니다.

연구에 따르면, 충분한 사랑과 보살핌을 받은 아이는 뇌가 더 건강하게 발달하며 특히 해마가 발달해 기억력과 공감 능력이 향상됩니다. 이러한 연구 결과는 캘리포니아대 신경학과 연구팀의 실험에서도 확인되었습니다. 연구팀은 어미 쥐와 새끼 쥐를 잠시 떼어놓았다가 다시 함께 있게 했을 때 어미 쥐가 새끼를 더욱 집중적으로 돌보는 모습을 관찰했습니다. 이 과정에서 새끼 쥐가 스트레스를 덜 받도록 신경 구조가 변화한다는 사실을 발견했습니다. 이러한 연구는 영유아기 동안 부모의 돌봄과 상호작용이 아이의 뇌 발달에 중요한 감정 체계를 형성한다는 것을 보여줍니다.

==그렇다면 부모의 보살핌을 받지 못한 아이들은 어떻게 성장할까요? 사랑 없이 자란 아이는 뇌 발달이 저하되고 감정 조절과 사회적 기술에 어려움을 겪을 가능성이 높습니다.== 1960년대 후반 루마니아 차우셰스쿠 정권 시기에 일어난 일에서 그 영향을 확인할 수 있습니다. 당시 차우셰스쿠는 인구 증가를 위해 낙태와 피임을 금지하고 많은 아이들을 탁아 시설에서 키웠습니다. 1989년 차우셰스쿠 정권이 무너진 뒤 시설에

서 부모의 애정 어린 보살핌 없이 자란 아이들은 신체 발달이 더딘 상태였고 타인을 배려하는 능력도 거의 발달하지 않았습니다. 이들은 충분한 사랑과 접촉을 받지 못해 정서와 사회성 발달에 큰 결핍이 생겼습니다.

　영유아기의 경험은 평생에 걸쳐 영향을 미칩니다. 영국의 테리 모핏 교수와 미국 듀크대 공동 연구팀이 35년에 걸쳐 연구한 결과, 세 살에 형성된 자제력이 평생 지속된다는 점을 밝혀냈습니다. 연구팀은 1972년부터 1973년 사이에 태어난 뉴질랜드 아이들을 13차례에 걸쳐 추적 조사하였으며 이들 중 한 사례자는 어렸을 때 자제력이 낮았던 특징이 38세가 된 성인 시기에도 그대로 나타났습니다. 이 사례자는 세 살 무렵에는 떼를 쓰고 아홉 살 때는 게임 중 자기 차례를 기다리지 못해 짜증을 냈으며 38세에는 건강 문제와 함께 알코올 중독, 산만함 등의 어려움을 겪었습니다. 이 연구는 영유아기의 자제력이 성인기까지 지속된다는 중요한 사실을 확인해 주었습니다. 또한 공동 연구팀에서는 자제력이 약한 아이들이 건강 문제를 겪거나 유혹에 쉽게 빠지고 사회적 문제를 일으킬 확률이 높다는 결론을 내렸습니다. 자제력은 생후 2년 동안 급성장하는 전두엽에서 형성되며 감정을 조절하고 충동을 억제하는 역할을 담당합니다. 이러한 발달 과정에서 부모의 따뜻한 보살핌은 매우 중요한 역할을 합니다.

엄마가 되면서 느끼는
3가지 감정

불안

첫아이를 낳고 키우면서 불안을 경험해 보지 않은 엄마는 한 사람도 없을 것입니다. 불안은 우리가 새로운 환경에 적응하려고 노력할 때 자연스럽게 나타나는 반응입니다. 이는 자신과 소중한 사람을 보호하려는 본능에서 오는 감정입니다. 특히 육아와 같은 생소한 환경에서는 자신도 모르게 더욱 신경을 쓰게 되고, 모든 것을 완벽하게 하고자 하는 마음이 커질수록 불안감이 커질 수밖에 없습니다.

변화무쌍하고 예측할 수 없는 아기를 키우다 보면 한 번도 경험해 보지 못한 새로운 상황에 끊임없이 부딪히게 됩니다. 그런 상황들을 피하거나 외면한다면 불안감은 줄어들지도 모릅니다. 그러나 엄마라는 이름은 그 상황들을 회피할 수 없는 이름입니다. 매 순간 아기의 변화에 맞춰 적응해야 하며, 바로 이 점이 엄마의 불안을 키우는 이유이기도 합니다.

생후 1년 동안 아기는 놀라울 정도로 빠르게 변화합니다. 잠자는 패턴도 바뀌고, 먹는 방식도 달라지며, 매일 자라납니다. 겨우 하나에 익숙해졌다 싶으면 또 다른 변화가 다가옵니다. ==불안은 아기의 성장에 맞춰 끊임없이 새로운 상황에 대비하려는 엄마의 본능에서 오는 감정입니다.==

엄마가 불안하면 부적절한 죄책감으로 이어지기도 하고 아이를 부정적으로 인식하기도 합니다. 그렇다고 엄마의 불안만을 탓할 수 없습니다. 모든 엄마가 정도의 차이만 있을 뿐 어느 정도 불안감을 가지고 있습니다. 엄마가 지켜주지 않으면 사라져버릴 것 같은 아기를 바라보면 모성애가 강하게 작동합니다. 한 번 시작된 불안은 또 다른 불안을 불러오며 끊임없이 이어집니다. 불안은 누구나 겪는 감정이지만, 불안이 지나치게 커지면 마음의 안정을 찾기 어렵고, 마음과 몸을 아프게 합니다.

엄마로서 느끼는 가장 큰 어려움은 체력의 소진이 아니라, 끊임없이 이어지는 불안과 심리적 압박감에서 비롯됩니다. 아기를 잘 키우기 위해 엄마가 해야 할 일들이 너무나 많다고 느껴지면서 부담이 커지고 그로 인해 마음의 여유를 잃게 되기도 합니다. 이런 심리적 압박감은 엄마 자신에게도 힘든 일이지만 그 감정이 고스란히 아기에게도 전해질 수 있습니다. 엄마가 늘 불안하고 긴장한 상태에 있으면 아기도 편안함을 느끼기 어렵고 아기의 정서적 발달에 부정적인 영향을 줄 수 있습니다.

심리학자이자 작가인 브레네 브라운은 감정의 취약함을 인정하는 것이 얼마나 중요한지를 강조합니다. 브라운은 감정을 숨기거나 억누르면 오히려 스트레스가 쌓이고 다른 감성에도 눈감해진다고 설명합니다. 감정을 억지로 긍정적인 방향으로 돌리려 하기보다는 있는 그대로 받아들이는 것이 필요하다고 말합니다.

죄책감

　엄마가 죄책감을 느끼는 것은 양육에 대한 자신감을 떨어뜨리는 일입니다. 이를 '양육 죄책감'이라고도 하는데, 현재의 양육 방식이 이상적인 기준에 미치지 못한다고 느낄 때 발생합니다. 이로 인해 긴장, 후회, 양심의 가책 같은 부정적인 감정을 경험하게 되죠. 이 죄책감은 단순히 감정에서 끝나지 않고 과잉보호, 회피, 때로는 공격적인 양육 방식으로 이어질 수 있습니다.

　퓨 리서치 센터와 코넬대의 연구에 따르면, 엄마들은 자녀와 함께할 때 큰 행복감을 느끼지만 동시에 피로와 스트레스도 느끼는 경향이 있습니다. ==엄마들이 육아 중 부적절한 죄책감을 경험하는 이유는 완벽해야 한다는 압박감이 감정적 피로를 더해 복합적인 감정을 느끼게 하기 때문입니다.== 생각과 감정이 복잡해지면 상황을 객관적으로 바라보기가 어려워지면서 사실과 다른 상황까지 사실처럼 받아들이게 되어 죄책감을 느끼기 쉬운 상태가 됩니다.

　심리학자이자 소아과 의사인 도널드 위니콧은 '충분히 좋은 부모'라는 개념을 통해 완벽함보다 현실적인 양육이 중요하다고 설명했습니다. '충분히 좋다'는 것은 완벽하게 해내야 한다는 뜻이 아니라, 기본적인 돌봄과 보살핌만으로도 애착이 형성된다는 의미입니다. 부모는 완벽할 필요는 없습니다. 일관된 안정감과 사랑이 오히려 건강한 애착을 만듭니다. 발달심리학자 마가렛 말러도 비슷한 견해를 가졌습니다. 그녀는 아이가 만 세 살이 지나면 엄마가 가끔 실수하거나 기대에 미치지 못하는 순간이 있더라도 전체적으로 좋은 사람으로 받아들인다고 말했습니다.

우울

엄마의 하루는 아기를 돌보느라 끼니를 거르거나 잠을 설치고, 화장실에 가기도 어려운 상황이 자주 일어납니다. 이러한 과중한 부담이 쌓이면, 뇌의 기능이 약화되고 우울증으로 이어질 위험이 커집니다. 충분한 수면을 취할 수 있다면 나을 수는 있지만, 대부분 아기를 돌보느라 쉴 시간이 부족합니다. 특히 다른 사람의 도움을 받기 어려운 상황이라면 양육에 따른 스트레스가 더해져 우울감을 겪을 가능성이 높아집니다.

2022년 존스 홉킨스 매디슨의 연구에 따르면, 신생아를 둔 엄마 중 약 10%에서 15%가 산후우울증을 겪는다고 합니다. 우울감, 무기력, 이유 없이 흐르는 눈물, 죄책감, 불안, 초조함 등 다양한 감정이 나타날 수 있으며, 특히 처음 육아를 하는 엄마들에게 더 두드러질 수 있습니다. 산후우울증의 증상은 기분 저하와 더불어 극심한 외로움, '내가 과연 엄마로서 자격이 있는가?'라는 자책, 아기의 건강에 대한 과도한 걱정, 그리고 스스로 아이에게 해를 끼칠 수도 있다는 두려움 등으로 이어질 수 있습니다. 그러나 이러한 감정을 가족에게 솔직하게 표현하지 못해, 주변 사람들조차 엄마의 상태를 모를 때가 많습니다.

우울감이나 우울증은 아기에게도 큰 영향을 미칩니다. ==엄마가 우울증을 겪으면, 아기의 필요에 세심하게 반응하는 능력이 떨어지며 엄마와 아기 간의 정서적 상호작용이 부족해질 수 있습니다.== 이러한 부정적인 감정은 엄마에게 불안감을 불러일으키며, 아기에게도 전달될 수 있습니다. 이 과정은 아이가 불안하거나 공격적인 반응을 보이도록 유도하며, 엄마와 아기 사이에 부정적인 상호작용이 반복되는 악순환을 만들게 됩니다. 이처럼 우울증을 경험한 엄마가 양육하는 아기들은 불안정한 애착을 형성할 확률이 높아지며, 그 결과 정서 발달에 문제를 겪거나 언어와 학습 능력, 대인 관계에서 어려움을 겪을 가능성이 있습니다.

아기와 함께하는 시간은 웃음과 행복만 가득할 것 같지만, 현실은 때로 힘들고, 외롭고, 심리적으로 버거운 순간도 찾아옵니다. 우울한 감정이 엄마를 찾을 때가 있지만, 그것은 자연스러운 과정입니다. 엄마로서 겪는 심리적 어려움은 결코 엄마의 선택이나 잘못이 아닙니다. 우울감이 찾아올 때 창피하거나 죄책감을 느낄 필요는 없습니다. 이러한 감정을 솔직히 인정하고 필요할 때는 주변의 도움을 요청하는 것이 더욱 중요합니다. 가족과 친구들, 전문가의 도움을 받아 함께 이 시간을 넘어서겠다는 마음을 가져보세요. 치료와 지원을 받는 것은 약한 모습이 아니며 강하고 지혜로운 선택입니다.

TIP

잘 자는 아이의 엄마는 우울하지 않다.

해리엇 히스콕 박사의 연구에 따르면 아기가 건강하게 잘 자면 엄마가 우울증에 걸릴 가능성이 낮아집니다. 심각한 수면 장애가 있는 생후 6~12개월 아기를 둔 엄마 156명을 대상으로 한 연구에서 아기의 수면 문제가 개선되자 엄마의 우울증 증세도 줄어드는 결과가 나타났습니다. 또 다른 연구에서는 생후 6~12개월 아기를 둔 엄마 738명을 조사한 결과 46%가 자녀의 수면 문제를 호소했으며 아기가 잠을 못 자는 경우 엄마가 우울증 증상을 보일 가능성이 높다는 결론이 도출되었습니다.

아기에게 평균은 없다

평균이라는 기준은 우리를 평생 따라다니며 세상 속에서 자신을 타인과 평가하고 비교하는 데 영향을 미칩니다. 학교에서는 시험 점수로, 직장에서는 성과로, 사회에서는 여러 기준으로 평균이라는 잣대가 우리의 삶에 자리 잡고 있습니다. 이러한 평균에 대한 집착은 특히 초보 부모에게 영향을 미쳐 자녀 발달에 대한 불안감을 키우고 다양한 형태로 스트레스를 주곤 합니다.

부모들이 평균에 집착하는 일은 흔히 나타나는 일입니다. 아기의 체중과 키가 성장 곡선상의 특정 백분위에 미치지 못할 때 부모들은 걱정합니다. 불안으로 인해 우유를 억지로 먹이려 하거나 반대로 체중이 조금 높을 때는 수유를 제한하려는 경우가 발생합니다. 이러한 집착은 아기의 개별적 성장 패턴을 무시하고 부모에게도 불필요한 스트레스를 가중시킵니다. 또한 수면 시간도 기준에 맞추려고 합니다. 언어 발달이나 운동 발달에 대한 평균에 집착할 때도 비슷한 현상이 나타납니다.

그러나 아기가 평균적으로 그 시기에 할 수 있는 일을 조금 늦게 시작한다고 해서 문제가 있는 것은 아닙니다. 성장 속도와 발달 패턴은 아기마다 다릅니다. 평균적인 기준에 맞추려고 하면 아기의 개성과 강점을 충분히 발견하지 못할 수 있습니다. 이는 부모에게 불안을 주고 아기에게는 불필요한 압박감을 줄 수 있습니다.

==평균적인 아기라는 개념 자체는 존재하지 않습니다.== 물론, 평균이 전혀 쓸모없는 것은 아닙니다. 평균은 전반적인 경향이나 흐름을 이해하는 데 도움이 될 수 있습니다. 하지만 특정 아기에 대해 판단해야 할 때는 평균이 큰 도움이 되지 않습니다. 평균값은 종종 한 개인의 특징을 놓치거나 오해를 불러일으킬 수 있기 때문입니다. 따라서 부모는 평균에 의존하기보다는 아기마다 고유한 특성과 욕구를 이해하고 자신의 속도에 맞춰 성장할 수 있도록 지지해야 합니다. 이런 접근이야말로 아기의 건강한 발달을 돕는 올바른 방법입니다.

엄마가 내 아이만의 육아 전문가

자기 효능감은 특정 상황에서 목표를 이루거나 문제를 해결할 수 있다는 자신감을 의미합니다. 자기 효능감이 높은 사람들은 목표를 설정하고 과감하게 도전하며 실패에 직면했을 때도 쉽게 좌절하지 않고 계속 노력합니다. 반면 자기 효능감이 낮은 사람들은 실패에 대한 두려움이 크며 쉽게 포기하거나 도전을 회피할 가능성이 높습니다.

이러한 자기 효능감을 양육 차원에 적용시키면, 자신의 양육 능력에 대한 부모의 믿음을 양육 효능감이라고 합니다. 즉, 아기를 잘 돌보고 올바르게 양육할 수 있다는 자신감을 뜻합니다. 양육 효능감이 높은 부모는 육아의 어려움에 비교적 스트레스를 적게 느끼며 스트레스를 받을 때도 차분하게 상황에 대처할 수 있습니다. 이들은 아기의 행동을 수용하고 긍정적인 양육 방식으로 접근하여, 부모와 아이 간의 관계를 더욱 긍정적이고 안정적으로 이끌어갑니다. 반면, 양육 효능감이 낮은 부모는 육아에서 불안을 더 쉽게 느끼며 아기의 행동을 갈등의 원인으로 보고 이를 통제하려는 경향이 있습니다. 육아에 자신감이 있으면 문제를 더 여유롭게 다룰 수 있지만 자신감이 부족하면 불안감 때문에 아이를 다룰 때 지나치게 엄격해지기 쉽습니다.

양육 효능감을 높이려면 공부해야 합니다. 양육 지식이 많은 부모일수록 아기와 긍정적으로 상호작용합니다. 플로스 매디슨에서 발표한 연구에서는 양육에 대한 체계적인 교육 프로그램이 부모의 양육 지식을 향상시키고 이로 인해 아기들의 인지 발달과 애착 형성에 긍정적인 변화가 생긴다고 밝혔습니다. 다시 말해 양육 지식을 높이는 프로그램에 참여한 부모들은 아기들과의 상호작용이 더 긍정적이며 안정적인 애착을 형성할 가능성이 크다는 결과가 나온 것입니다.

그러니 양육 효능감을 높이려면 양육 지식을 쌓아야 합니다. 양육 지식은 이론만 이야기하는 것이 아니라 경험도 포함합니다. 직접 부딪치면서 양육을 해봐야 이론과 실제를 좁힐 수 있습니다. 위스콘신대 매디슨의 연구에 따르면 부모에게는 육아 서적이나 연구 자료에서 얻는 이론적 지식뿐만 아니라 실제 양육 과정에서 얻는 경험적 지식이 매우 중요합니다. 일상에서 쌓아가는 경험적 지식은 아기의 개별적 필요와 상황에 맞춰진 실질적인 양육 방법을 형성하는 데 큰 도움이 될 것입니다.

아기의 하루를 설계하는 생체리듬의 마법

2

수유와 수면의 황금 연결고리

수유와 수면은 하나

수면에 대해 이야기할 때 수면만을 이야기하기는 어렵습니다. 수면은 많은 것과 긴밀하게 연결되어 있기 때문입니다. 그중 수유와 수면은 상당히 밀접하게 관련되어 있습니다. 이러한 연결을 이해하지 못하면 수면 문제를 해결하기 어렵습니다.

아기가 충분히 잠을 자지 못하면 수면-각성 주기가 불규칙해지고 낮과 밤을 구분하지 못하는 혼란이 생길 수 있습니다. 이로 인해 식욕이 떨어지고 소화 기능이 약화되며 스트레스 호르몬이 증가해 쉽게 짜증을 내거나 편안히 잠들지 못하는 상태가 될 수 있습니다. 또한 수면이 부족하면 평소보다 더 자주 보채고 수유 시간을 규칙적으로 유지하기 어려워집니다. 이는 다시 수면 패턴을 악화시키는 악순환으로 이어집니다.

==수유 문제를 해결하려면 먼저 아기의 수면을 안정시키는 것이 중요합니다. 반대로, 수면 문제가 해결되지 않으면 아기가 수유 중에 보채거==

나 하루 수유량이 줄어드는 등 성장에 영향을 미칠 가능성이 높습니다. 일반적으로는 수면 문제가 먼저 발생하고 이로 인해 수유에 어려움이 생기는 경우가 많습니다.

수면 리듬과 수유 간격은 서로 밀접하게 연결되어 있습니다. 수면 습관이 불규칙한 아기는 수유 간격도 불규칙해지기 쉽습니다. 조금씩 자주 먹는 아기는 잠도 짧게 자고 자주 깨는 경향이 있습니다. 수유와 수면의 균형을 맞추는 일은 쉽지 않지만 서로 영향을 주고받는다는 점을 이해하면 아기와의 하루가 한결 더 편안해질 것입니다.

수면 부족은 아기에게 다양한 수유 문제를 유발할 수 있습니다. 예를 들어, 아기의 졸린 신호를 배고픔으로 착각하면 과도하게 수유하게 될 수 있습니다. 반대로, 수면 부족으로 인해 스트레스를 받으면 식욕이 줄어들어 수유 중 충분히 먹지 못한 채 잠들기도 합니다. 또한 아기가 피곤하면 빨고 삼키는 동작을 조절하기 어려워져 수유 중 예민하게 반응할 수 있습니다.

더불어 피곤한 아기가 낮에 제대로 먹지 못하면 부모는 밤에 부족한 수유량을 보충하려고 할 수 있습니다. 이로 인해 낮보다 밤에 더 많이 먹는 역행하는 수유 패턴이 자리 잡을 수 있습니다. 이러한 문제들은 모두 수면과 수유가 밀접하게 연결되어 있음을 보여줍니다.

신생아가 수유 중 잠드는 것은 흔히 있는 일입니다. 하지만 이 행동이 반복되어 습관으로 자리 잡으면 수유가 수면과 밀접하게 연결되는 패턴으로 굳어질 위험이 있습니다. 아기가 잠들 때마다 수유를 필요로 하면 수유와 수면을 분리하기 어려운 상황에 놓일 수 있습니다.

수유와 수면이 연관된다는 것은 아기가 잠들기 위해 수유에 의존하게 되는 것을 의미합니다. 이처럼 수유에 의존해 잠드는 습관은 어떤 수면 연관보다도 큰 문제를 일으킬 수 있습니다. 왜냐하면 수면 문제와 수유 문제를 동시에 초래할 가능성이 높기 때문입니다. 실제로 아기들은 배가 고플 때뿐 아니라 졸릴 때도 배고픈 듯한 행동을 보이곤 합니다. 이로 인해 아기가 배가 고프지 않아도 수유를 하게 되는 상황이 생기며, 부모는 배고픔 신호와 졸음 신호를 구별하기가 어려워집니다.

젖을 빨면서 잠드는 아기는 수면 주기 사이에 부분적으로 깨어나면 잠들었을 때의 과정을 원하면서 젖을 찾는 경우가 많아집니다. 단지 다시 잠들기 위해 수유를 원하게 되는 것이죠. 이로 인해 짧은 낮잠과 빈번하게 밤에 깨는 일이 발생합니다. 수유를 다시 제공하지 않으면 아기는 다시 잠들지 못하고 과도한 피로를 초래할 수 있습니다.

아기의 하루를 완성하는 먹놀잠 황금공식

육아를 시작하면 먹놀잠이라는 말을 자주 듣게 됩니다. 먹고, 놀고, 자고를 연결한 이 패턴은 아기의 하루를 구성하는 중요한 기본 요소입니다. 먹놀잠은 아기의 건강한 수면 습관을 만들고, 부모에게도 육아의 균형을 제공하는 매우 중요한 공식입니다.

먹놀잠은 수유 중에 잠에 들게 하지 않고 수유 후 짧게 깨어 있는 시간을 주어 수유와 수면을 구분하는 것이 핵심입니다. 먹고 나서 잠깐이라도 깨어 있는 시간을 만들어주면 수유 후 바로 잠드는 습관을 피할 수 있습니다. 예를 들어 수유가 끝나고 아기와 짧은 눈맞춤을 하거나 가벼운 스킨십을 하며 깨어 있게 하는 것만으로도 먹놀잠이 형성됩니다.

예전에는 아기가 먹다 잠드는 것을 당연하게 여겼습니다. 하지만 이 패턴이 지속되면 아기는 수유를 통해서만 잠들 수 있다고 인식하게 됩니다. 수유가 수면과 연결되면 아기가 밤중에 깼을 때 수유 없이는 잠들지 못하게 되고 부모는 밤새 여러 번 수유해야 합니다. 먹놀잠은 아기가 수유와 수면을 명확히 구분하도록 도와줍니다. 놀이는 부모와의 교감을 통해 아기가 안정감을 느끼고 자연스럽게 수유와 수면의 경계를 이해하게 만듭니다. 이러한 과정은 아기가 스스로 잠드는 능력을 기르는 데 매우 중요합니다.

신생아는 수유 후 곧바로 잠드는 것이 일반적입니다. 그러나 생후 2~3주부터는 아기가 수유 후 잠깐이라도 깨어 있는 시간을 가질 수 있도록 도와줘야 합니다. 이때의 놀이란 1분의 눈맞춤이나 짧은 교감만으로도 충분합니다. 이를 통해 수유와 수면을 구분하는 첫 단계가 시작됩니다. 3개월 이후에는 먹놀잠을 더 명확히 적용할 수 있습니다. 아기가 깨어 있는 시간이 길어지므로, 수유 후 간단한 놀이를 통해 수유와 수면의 구분을 좀 더 확실하게 할 수 있습니다.

==먹놀잠은 아기의 생체리듬을 자연스럽게 형성하는 데 꼭 필요한 과정입니다. 수유 후 짧은 놀이 시간을 가진 뒤 안정감을 느낀 아기는 더 깊고 편안하게 잘 수 있습니다.== 생체리듬이 자리 잡히면 아기는 밤에 더 깊은 수면을 취하게 되고 부모 역시 건강한 일과를 유지할 수 있습니다.

규칙적인 일과는 세상에서 가장 값진 투자

아기들에게 예측 가능한 패턴을 기대하는 것은 결코 무리한 일이 아닙니다. 아기의 수유 시간이나 잠 자는 시간이 매일 달라 일상이 힘들다면 이는 규칙적인 생활이 필요하다는 신호일 수 있습니다. 이럴 때 일정한 루틴을 만들어주면 아기는 보호받고 있으며 필요한 것을 언제든 얻을 수 있다는 안정감을 느낄 수 있습니다. 부모 역시 일과를 체계적으로 관리할 수 있어 하루가 훨씬 더 편안해집니다. 특히 4개월이 지난 아기는 생체리듬에 규칙성을 가지기 시작하므로 일정한 시간에 수유하고 낮잠과 밤잠을 유지하면 아기의 생체리듬이 안정됩니다.

==성공적인 루틴을 만드는 데는 몇 가지 중요한 요소가 필요합니다. 먼저, 아기가 부정적인 수면 연관을 가지고 있다면 이를 먼저 해결해야 합니다.== 아기가 잠들기 위해 특정 행동에만 의존하게 된다면 수면 패턴이 불규칙해지며 루틴을 형성하기 어려워집니다. 수면 교육을 통해 스스로 잠들 수 있도록 도와준 후 루틴을 만드는 것이 좋습니다. 그다음 아기의 수유와 수면 패턴을 기록하는 것도 중요합니다. 3일 동안 아기의 행동을 관찰하고 기록하면서 현재의 패턴을 파악하세요. 이미 아기가 루틴을 형성하고 있을 가능성도 있습니다. 이 기록을 바탕으로 아기에게 가장 적합한 루틴을 계획할 수 있습니다.

계획한 루틴은 아기의 생체리듬과 조화를 이루어야 하며 부모의 일상과도 적절히 맞춰질 수 있어야 합니다. 형제자매가 있는 경우나 외출을 해야 하는 상황에서는 아기의 낮잠 시간을 어떻게 조정할지 고민하게 됩니다. 하지만 가장 중요한 것은 아기의 생체리듬을 고려하는 것입니다. 아기의 리듬을 우선으로 하면서도 가족과 조율할 수 있는 방안을 찾아나가야 합니다. 아기가 자라면서 생체리듬이 달라지면 기존의 루틴도 자연스럽게 조정해야 합니다.

==무엇보다 일관성과 유연성의 균형을 맞추는 것이 성공적인 루틴의 핵심입니다.== 부모도 매일 같은 시간에 똑같은 패턴으로 생활하지 않듯, 아기 역시 하루하루의 에너지 수준이나 식욕이 다를 수 있습니다. 루틴은 아기의 행동을 통제하기 위한 것이 아니라 안내하는 것이어야 합니다. 일관된 패턴을 유지하면서도 아기의 신호에 맞춰 적절한 유연성을 제공하는 것이 중요합니다. 부모는 아기의 만족감을 증진시키기 위해 언제 일관성을 지켜야 할지, 언제 유연하게 대처해야 할지를 균형 있게 판단해야 합니다. 하지만 너무 엄격한 일정은 아기에게 스트레스를 줄 수 있습니다. 또 어느 정도의 유연성을 유지하는 것이 필요하지만 지나치게 유연하게 하면 루틴의 효과가 사라지고 아기가 불안해질 수 있으므로 주의가 필요합니다.

무엇보다 중요한 것은 아기가 수면 패턴을 스스로 조절할 수 있도록 돕는 것입니다. 아기가 스스로 잠들 수 있어야 일과가 효과적으로 작동합니다. 아기의 신호를 읽고 그에 맞춰 적절하게 대응하는 것이 성공적인 루틴의 핵심입니다.

아기의 월령에 따라 깨어 있는 평균 시간을 알면 육아에 큰 도움이 됩니다. 일반적으로 아기들은 아침에는 깨어 있는 시간이 짧고 오후나 저녁으로 갈수록 더 오래 깨어 있게 됩니다. 아기가 피곤해하는 신호를 놓치지 않으려면 예상 시간표를 참고하되, 그에 얽매이지 말고 아기의 상태를 살펴야 합니다. 예를 들어, 아기가 눈을 자주 비비거나 하품을 한다면 피곤하다는 신호일 수 있습니다. 이런 신호를 기준으로 잠자리에 들 준비를 하는 것이 좋습니다. 낮잠을 충분히 못 잤다면 평소보다 더 빨리 피곤해질 수 있으니 신호를 세심히 관찰해야 합니다. 아기의 기질에 따라서도 피로 신호를 알아차리는 데 차이가 있습니다. 기질이 순한 아기는 피곤하더라 겉으로 신호를 잘 드러내지 않다가 너무 피곤해졌을 때야 비로소 신호를 보내는 경우가 있습니다. 또한 활발한 놀이 활동을 한 아기는 흥분 상태가 길어져 바로 피로 신호를 보이지 않을 수 있습니다.

아기가 너무 피곤해지면 오히려 잠들기 어려워질 수 있습니다. 따라서 자야 할 시간에는 아기가 피곤해 보이지 않아도 미리 잠자리에 들 준비를 하는 것이 좋습니다. 이때 방을 어둡게 하고, 자극을 줄이며 조용한 환경을 만들어주면 아기가 자연스럽게 잠들 준비를 할 수 있습니다.

TIP

아기의 신호 체크하기

아기의 칭얼거림을 배고픔이나 졸린 신호로만 단정하지 말고, 다른 원인도 고려해 보세요. 아기가 불편하거나 지루하거나 과도한 자극을 받아서 칭얼거릴 수도 있습니다. 아래 질문을 통해 상황을 점검해 볼 수 있습니다

마지막으로 언제 수유했으며 얼마나 먹었나요?

마지막으로 잠든 지 얼마나 되었고 얼마나 잤나요?

오늘 하루 동안 수면을 충분히 취했나요?

기저귀가 젖진 않았나요? 혹은 춥거나 덥지는 않은가요?

아기가 혼자 너무 오래 있었나요? 지루해 보이나요?

과도하게 자극을 받아서 조용한 시간이 필요하지는 않나요?

아기에게도 생체리듬이 있다

생체리듬은 24시간을 주기로 반복하며 수면과 각성, 식사, 에너지 수준, 호르몬 분비와 같은 신체 기능을 조절합니다. 이 리듬은 우리가 언제 배고프고 언제 졸린지를 결정하며 기분, 스트레스 반응, 면역 체계, 성장에도 영향을 미칩니다. 생체리듬이 규칙적으로 유지되면 신체 기능이 원활히 작동해 건강한 생활을 할 수 있습니다.

아기 역시 생체리듬의 영향을 받습니다. 처음에는 낮과 밤의 구분 없이 자고 깨는 패턴을 보이다가, 시간이 지나면서 서서히 외부 환경에 적응하게 됩니다. 아기의 생체리듬이 안정되면 수면과 수유 시간이 일정해지고, 소화와 배변 같은 기본적인 생리 기능도 더 잘 이루어집니다. 생체리듬이 어긋나면 호르몬과 신경전달물질의 분비 시간이 어긋나, 신체 기능과 감정에 부정적인 영향을 미칩니다. 성인이 시차 때문에 피곤하거나 기분이 좋지 않은 것처럼 아기도 리듬이 어긋나면 수면과 수유 패턴이 불규칙해지고 자주 칭얼거리거나 불편해할 수 있습니다. 아기의 생체리듬이 흔들리는 원인은 환경 변화, 질병, 급격한 성장 등이 있습니다. 그러나 일관된 수면 습관과 환경을 제공하면 생체리듬은 다시 안정됩니다.

==아기의 생체리듬을 안정시키려면 일관된 일과를 유지하는 것이 중요합니다. 매일 비슷한 시간에 깨우고 낮에 깨어 있는 시간에는 밝은 자연광을 충분히 쬐게 하고 밤에는 조명을 어둡게 만들어야 합니다.== 이렇게 낮과 밤의 차이를 명확하게 구분해 주면 아기의 생체 시계는 자연스럽게 조율됩니다. 생체리듬이 안정된 아기는 전반적으로 더 편안하고 건강한 생활을 하며, 부모도 그 과정에서 양육 효능감을 느낄 수 있습니다.

태아의 생체리듬은 엄마의 생체리듬에 따라 조정됩니다. 태아는 엄마의 몸을 통해 수면, 각성, 호르몬 분비 주기 등을 경험합니다. 그리고 출생 후에는 자신의 리듬을 새롭게 만들어갑니다. 생후 첫 12개월 동안 아기는 빠르게 성장하며 이로 인해 수유와 수면 패턴이 자주 바뀔 수 있습니다. 이러한 변화는 성장과 발달에 따른 자연스러운 과정입니다.

시간이 지나면서 아기의 위 크기가 커지고 성장 속도가 조금씩 느려지면서 수유 간격은 점점 길어집니다. 생후 6~9개월이 되면 대부분의 아기는 밤중 수유를 거의 하지 않게 됩니다. 낮잠도 줄고 밤에는 더 오래 자며 낮 동안 더 긴 시간 깨어 있게 됩니다. 이러한 변화는 예측 가능한 범위 안에서 일어납니다. 아기의 수유나 수면 패턴이 다른 아기들과 조금 다르더라도 아기가 건강하고 만족스러워 보인다면 걱정할 필요는 없습니다. 다만 아기가 자주 짜증을 내거나 충분히 자지 못하거나 충분히 먹지 못하거나 성장 속도가 더디다면 전문가와 상담하는 것이 좋습니다.

아기는 생물학적 요구, 즉 배고플 때 먹고 졸릴 때 잠을 자는 기본적인 욕구가 충족되면 안정감을 느낍니다. 이러한 돌봄은 아기의 생체리듬을 안정시키는 데 핵심적인 역할을 합니다. 아기의 생체리듬이 불안정할 때 신체와 정서에 어떤 영향을 미치는지는 아직 명확히 밝혀지지 않았습니다. 다만, 성인의 생체리듬이 어긋날 때 나타나는 증상을 통해 이를 간접적으로 추측할 수 있습니다.

성인의 경우 생체리듬이 어긋날 때 나타나는 대표적인 문제는 시차증입니다. 시차증은 장거리 여행이나 교대 근무로 인해 생체리듬이 깨졌을 때 발생하며, 여러 가지 신체적, 정서적 불편을 초래합니다. 두통, 만성 피로, 수면 중 자주 깨는 문제, 낮 동안의 어지러운 증상이 있고 면역 체계도 약해져 감기나 독감 같은 질병에 쉽게 걸릴 수 있습니다. 수면이 부족하면 집중력과 감정을 조절하는 능력도 떨어져 짜증이 늘고 우울감을 느끼게 하는 등 감정적 불안정도 초래할 수 있습니다.

아기도 생체리듬이 불안정하면 어른과 유사한 부정적인 문제가 나타날 수 있습니다. 특히 아기는 자신의 상태를 명확하게 언어로 표현할 수 없기 때문에 생체리듬의 불안정성이 더 큰 어려움을 초래할 가능성이 있습니다. 아기의 생체리듬이 불안정해지면 수면 부족이나 불규칙한 수면 패턴으로 인해 감정도 불안정해지고, 수유와 수면의 균형이 깨질 수 있습니다. 먹는 양이 불규칙해져 과식하거나 충분히 먹지 못하는 상황이 발생할 수 있습니다. 또한 자주 잠에서 깨거나 수면 시간이 짧아져 충분한 휴식을 취하지 못하게 됩니다. 아기가 밤에 충분히 자지 못하면 낮 동안 지나치게 피곤해하거나 예민한 반응을 보일 수 있습니다.

양육 방식은 아기의 생체리듬에 영향을 준다

 아기는 아직 무엇이 필요한지 말로 표현할 수 없습니다. 또한 수면과 수유의 패턴을 조절할 수 없습니다. 그래서 부모나 양육자의 도움에 의존합니다. 이러한 의존성 때문에 아기의 생체리듬은 다른 연령대보다 더 쉽게 불안정해질 수 있습니다. 하지만 부모가 조절할 수 있는 환경이 아기의 생체 시계를 안정시키는 데 중요한 역할을 합니다. 낮 동안에는 자연광을 충분히 쐬게 하고 밤에는 조명을 줄이면, 아기는 낮과 밤을 구분할 수 있습니다. 소음 역시 비슷한 방식으로 작용합니다. 낮에는 적당한 소음이, 밤에는 조용한 환경이 아기의 생체리듬 형성에 도움이 됩니다. 수면 환경도 중요한 역할을 합니다. 익숙한 침대에서 조도가 낮은 조명과 적절한 온도로 잘 수 있도록 일관된 환경을 조성하는 것이 좋습니다. 취침 전에 목욕, 수유, 교감 같은 일관된 루틴을 만들어주면 아기는 잠잘 시간이라는 것을 더 쉽게 인식할 수 있습니다. 반대로 수면 환경이 일관되지 않으면 쉽게 잠들지 못해 생체리듬이 더 불안정해질 수 있습니다.

아기가 졸리거나 배고픈 신호를 보낼 때 그에 맞춰 수유와 수면을 조절하면 아기의 생체리듬이 안정됩니다. 배고픈 신호를 보낼 때 수유하고 배고프지 않을 때 억지로 수유하지 않아야 합니다. 배고픔 신호와 상관없이 아기가 피곤할 때마다 수유하면 아기는 수유와 수면을 혼동하게 되고 밤중에 불필요한 수유를 요구하거나 낮 동안 식욕이 줄어들어 수유 패턴에 문제가 생길 수 있습니다. 부모가 아기의 신호를 관찰하지 못하고 아기의 생리적 요구에 맞지 않는 스케줄만 고집하면 문제는 더 심해질 수 있습니다.

부모는 아기가 잘 먹지 않거나 잠들지 못하는 문제가 생기면 이를 해결하기 위해 다양한 방법을 시도합니다. 그중 하나가 고정된 스케줄입니다. 규칙적인 생활 패턴을 제공해 아기에게 안정감을 줄 수 있지만 융통성 없이 적용하면 효과를 내지 못하는 경우가 많습니다. 이는 근본적인 원인을 해결하지 않고 겉으로 드러난 문제만 다루기 때문입니다. ==엄격한 스케줄보다 아기의 변화를 반영한 유연한 스케줄이 더 효과적입니다. 아직 생체리듬이 불안정한 어린 아기일수록 유연한 대처가 필요합니다.==

또 아기의 생체리듬을 안정시키기 위해 필요한 것은 아기가 스스로 잠드는 방법을 배우는 것입니다. 아기가 스스로 잠들고 깨어나면 수유 패턴도 조화를 이루게 됩니다. 따라서 아기의 생체리듬을 안정시키고 부모와 아기 모두에게 안정감을 주는 육아의 핵심은 아기의 신호를 세심히 관찰하고 이를 기반으로 한 유연한 스케줄입니다. 부모가 아기의 배고픔, 졸림, 또는 불편함을 나타내는 다양한 신호를 정확히 읽고 그에 맞게 반응할 때, 아기는 안정적인 생체리듬을 형성하게 됩니다.

어긋난 생체리듬이 수면 문제를 부른다

아기의 수면 패턴은 성장하면서 달라집니다. 부모가 아기의 정상적인 수면과 생체리듬에 문제가 있는 경우를 구별하려면 각 발달 단계에서 수면이 어떻게 변화하는지 이해하는 것이 중요합니다. 아기의 수면 패턴이 성장 과정에서 어떻게 변화하는지 자세히 살펴보겠습니다.

◆ 출생부터 1개월까지: 무질서한 수면

갓 태어난 아기는 하루에 16~18시간을 잡니다. 하지만 한 번에 연속적으로 자는 것이 아니라 짧게 나눠서 잠을 잡니다. 생후 4주가 지나면 수면 시간은 14~16시간 정도로 줄어듭니다. 이 시기의 아기는 신경계, 소화계, 내분비계가 아직 발달 중이라 생체리듬이 불규칙합니다. 하루에 약 7~8번의 수면 주기를 가지며, 한 번의 수면은 20분에서 3시간까지 다양할 수 있습니다. 깨어 있는 시간도 몇 분에서 한 시간 정도로 일정하지 않습니다.

대부분 배가 고프거나 부모의 품이 필요해서 보채는 경우가 많습니다. 부모에게는 힘든 일이 될 수 있지만, 신생아는 생체 시계가 아직 완전히 발달하지 않아 밤과 낮을 구별하지 못하기 때문에 발생하는 정상적인 과정입니다.

♦ 1개월에서 3개월까지: 규칙성이 찾아오는 시기

생후 4~6주쯤 되면 먹고 자는 패턴이 점차 일정해집니다. 밤에 깨는 횟수가 줄어들고, 낮 동안 깨어 있는 시간이 늘어납니다. 이 시기에는 아기의 생체리듬이 발달하면서 밤과 낮을 구분하기 시작합니다. 밤에 깨어나더라도 짧게 수유를 한 뒤 다시 잠드는 경우가 많아집니다. 대부분의 아기는 생후 6~10주 사이에 5시간 이상 연속으로 잠을 자기 시작합니다. 이때 아기의 내분비계가 발달해 밤에 멜라토닌(수면 호르몬)과 렙틴(식욕 조절 호르몬)이 충분히 분비되기 때문입니다. 낮 동안 충분히 수유한 아기는 밤에 더 오래 잘 수 있게 되는 것입니다.

♦ 3개월에서 6개월까지: 길어지는 밤잠

생후 3~4개월이 되면 신경계, 내분비계, 소화계가 발달하면서 생체리듬이 점차 안정됩니다. 아기는 매일 아침 일정한 시간에 일어나고, 낮에는 낮잠을 자며, 밤에는 잠들 준비를 합니다. 이 시기의 아기는 하루에 평균 15시간 정도 잠을 자는데, 일반적으로 밤에 10~12시간 동안 잠을 자며, 1~2번의 밤중 수유가 필요할 수 있습니다. 낮에는 약 3번 낮잠을 잡니다.

♦ 6개월 이후: 줄어드는 낮잠

생후 6개월이 지나면 건강한 아기는 하루 평균 14시간 정도 잡니다. 이 시기의 아기는 생체리듬이 더욱 안정되어 밤에는 10~12시간 동안 연속으로 수유 없이 잘 수 있습니다. 낮 동안에는 2~3번의 낮잠을 잡니다. 생후 6~9개월 사이에는 낮잠 횟수가 줄어듭니다. 이후 생후 12~18개월 사이가 되면 대부분의 아기는 낮잠을 하루 1번만 자게 됩니다.

하지만 모든 아기가 꼭 이 패턴을 따라야 하는 것은 아닙니다. 아기의 수면 패턴이 부모와 아기 모두에게 문제가 없다면 괜찮습니다. 그러나 수면 때문에 부모나 아기가 불편함을 느끼고 아기의 수면 패턴이 크게 다르다면 이를 개선하는 방법이 필요합니다.

가장 먼저 아기의 수면 연관을 평가합니다. 수면 연관이란 아기가 잠들 때 의존하는 행동이나 환경으로, 수유하면서 잠드는 것, 흔들어주는 것이 부정적인 수면 연관에 해당합니다. 이러한 연관은 아기의 수면 패턴뿐만 아니라 수유 습관과 생체리듬의 발달에도 큰 영향을 미칩니다. 더 나아가 생체리듬이 불규칙해지거나 먹는 습관이 혼란스러워지는 원인이 되기도 합니다.

어긋난 생체리듬과 수면 문제

생후 첫 몇 주 동안 아기가 밤에 자주 깨는 것은 흔합니다. 이는 아기의 내분비계가 아직 미성숙해 24시간 주기를 따르지 못하고 자궁 밖 환경에 적응하는 시간이 필요하기 때문입니다. 보통 생후 6주가 되면 아기의 내분비계가 발달하기 시작하며 밤에 더 오래 자는 경향을 보입니다.

6주가 지난 후에도 수유와 상관없이 아기가 자주 깨거나 오랫동안 깨어 있다면 낮과 밤의 차이를 제대로 느끼지 못해 수면 리듬이 불규칙할 가능성이 있습니다. 이런 경우 아기가 낮과 밤의 차이를 배우도록 돕기 위해 부모는 꾸준히 인내심을 가지고 변화를 시도해야 합니다. 특히 낮잠 시간을 조정하는 데는 며칠에서 일주일, 그 이상이 걸릴 수도 있습니다.

◆ 낮 동안

활발한 환경 만들기 방을 밝게 하고 커튼을 열어 자연광이 들어오도록 하세요. 아기가 깨어 있을 때는 주변을 환하게 유지해 낮이라는 것을 느끼게 해줍니다.

편안한 낮잠 환경 낮잠을 잘 때는 조명을 조금 낮춰 아기가 편안하게 잘 수 있는 분위기를 만들어주세요.

일상적인 소음 허용 아기가 깨어 있을 때는 청소기, 전화벨 등의 소음은 제한하지 않아도 됩니다. 그러나 아기가 잠들 때는 소리를 줄여 편안한 환경을 조성하는 것이 좋습니다.

일정한 수유 시간 유지 아기가 너무 오래 자고 있으면 수유 시간에 맞춰 깨워 하루 일과를 일정하게 유지하세요.

자극적인 활동 아기가 깨어 있을 때는 대화하거나 장난감을 가지고 놀아주는 등 적절한 자극을 주세요. 그러나 아기가 피곤한 신호(눈 비비기, 하품 등)를 보이면 즉시 쉬게 해 과도한 자극을 피하세요.

◆ 밤 동안

차분한 환경 조성 밤에는 조명을 어둡게 유지해 아기에게 밤이라는 신호를 줍니다.

짧고 부드러운 대화 말을 걸 때는 짧고 부드러운 목소리로 이야기하며, 대화를 최소화해 차분한 분위기를 만드세요.

조용한 수유 환경 밤중 수유 시 TV나 소리 나는 장난감 사용을 피하고, 조용한 환경에서 아기가 수유 후 다시 잠들 수 있도록 도와주세요.

자극 최소화 눈 맞춤이나 과도한 상호작용은 피하고, 가능한 한 천천히 움직여 아기를 자극하지 않도록 합니다. 수유가 끝난 후에는 아기가 스스로 잠들 수 있도록 최소한의 도움만 주세요.

지루한 환경 제공 밤에는 아기를 자극하지 않는 지루한 분위기를 만들어 밤이라는 리듬을 자연스럽게 느끼도록 합니다.

불규칙한 일과

불규칙한 일과는 아기의 수면 시간이 매일 달라지는 것을 말합니다. 낮잠 횟수와 지속 시간이 일정하지 않으며 어떤 날은 일찍 잠들고, 다른 날은 늦게 잠드는 식으로 수면 시간이 예측하기 어렵습니다. 아기는 밤에도 불규칙하게 깨어나고 매일 아침 일어나는 시간도 다를 수 있습니다. 이러한 현상은 생체리듬 문제일 가능성이 있습니다. 부모가 아기의 신호를 잘못 이해하거나 놓칠 때 생체리듬에 문제가 생기기도 합니다. 또한 부모가 아기를 특정한 방식(안아주기, 흔들기 등)으로만 재우는 습관을 만들면 아기가 스스로 잠드는 능력을 키우지 못하게 됩니다. 부모의 일정이 복잡하거나 외출이 잦거나 다른 아이를 돌보느라 바쁜 경우 아기는 충분한 잠을 자지 못할 수 있습니다.

늦게 자는 아기

아기가 밤늦게까지 깨어 있고 아침에는 늦게 일어나는 경우가 있나요? 아침에 깨우기 어렵고, 깨어 있어도 금방 다시 졸음에 빠지곤 하나요? 이런 상황이 반복된다면, 아기가 늦게 잠드는 패턴을 가지고 있을 가능성이 큽니다. 저녁에 정해진 시간에 잠들고 아침에 정해진 시간에 기상하는 규칙이 없으면 수면 리듬은 늦은 시간대로 고정될 수 있습니다. 아기가 저녁에 너무 활발해서 늦게 잠들고 그로 인해 아침에도 늦게 일어나게 되는 패턴이 형성된 것입니다.

아기의 수면 패턴을 조정하기 위해서는 먼저 아침 기상 시간을 앞당기는 것이 중요합니다. 평소보다 15~30분 일찍 아기를 깨워보세요. 이렇게 서서히 변화를 주면 아기가 큰 스트레스를 받지 않고 새로운 리듬에 적응할 수 있습니다. 일어난 후에는 햇볕이나 밝은 빛에 노출시켜 아기의 몸이 각성 상태에 빠르게 적응하도록 돕는 것이 좋습니다. 아침 빛은 아기의 생체리듬을 조절하는 데 중요한 역할을 합니다. 창문을 열어 햇살을 받게 하거나, 짧게라도 바깥 산책을 하면 큰 도움이 됩니다.

낮잠 시간도 함께 조정해야 합니다. 낮잠 시간을 앞당기고 늦은 오후의 낮잠은 피하는 것이 좋습니다. 오후 늦게 낮잠을 자야 한다면 30분 이내로 제한해 보세요. 이렇게 하면 저녁에 더 일찍 피곤해져서 밤잠 시간이 앞당겨집니다. 또한 오후 5~6시 이후에는 너무 활발한 활동을 자제하고 특히 밤잠 전 1~2시간 동안은 책 읽기처럼 차분한 활동을 하도록 유도하세요. 과도한 자극은 아기가 잠들기 어렵게 만들 수 있습니다.

저녁에는 조명을 어둡게 하여 아기의 몸이 수면을 준비할 수 있도록 도와야 합니다. 밝은 조명은 아기의 수면 리듬에 방해가 될 수 있기 때문에, 저녁 시간에는 은은한 조명으로 바꾸어 멜라토닌(수면을 유도하는 호르몬)이 자연스럽게 분비되도록 유도하세요.

빠른 취침과 새벽 일찍 일어나는 아기

아기가 새벽 일찍 눈을 뜨고 하루를 시작하려 하거나, 이른 오후가 되면 피곤해서 너무 일찍 잠들려고 하나요? 이 패턴을 가진 아기들은 오후가 되면 지나치게 피곤해져 깨어 있기가 어렵고, 새벽에 일찍 깨어나면 다시 잠들게 하기도 쉽지 않습니다.

이 문제는 아기가 낮에 충분히 자지 못하고 피로가 쌓일 때 발생합니다. 낮잠을 충분히 자지 못하면 저녁이 되기 전에 지쳐서 일찍 잠들고, 그로 인해 새벽에 너무 일찍 깨는 악순환이 반복됩니다. 이 문제를 해결하기 위해서는 먼저 아기가 낮 동안 충분한 수면을 취해야 합니다. 낮잠을 규칙적으로 제공해 아기의 피로를 해소하고, 밤에 더 오래 자도록 유도하는 것이 중요합니다.

일찍 일어나는 문제를 해결하려면, 아기가 저녁부터 시작하는 긴 수면 시간을 가질 수 있도록 유도해야 합니다. 이를 위해 낮잠과 취침 시간을 매일 15분씩 늦춰보세요. 급격한 시간 변경은 아기를 오히려 더 피곤하게 만들 수 있으니, 점진적인 변화가 필요합니다. 아기가 새 리듬에 적응할 수 있도록, 매일 조금씩 시간을 조정하세요.

또한 오후 중반에 아기를 햇볕에 노출시키는 것이 도움이 됩니다. 햇빛은 아기의 생체리듬을 조절하는 데 중요한 역할을 합니다. 햇볕을 쬐게 하고, 신체 활동을 늘려 아기가 오후에 깨어 있도록 도와주세요. 자극적인 놀이 활동을 통해 아기가 더 오래 깨어 있게 하면, 자연스럽게 저녁에 잠드는 시간이 늦춰집니다.

저녁에는 아기가 잘 수 있는 환경을 만들어주는 것이 중요합니다. 취침 1시간 전에는 조명을 어둡게 하고, 자극적인 활동을 줄여주세요. 책 읽기 같은 차분한 활동으로 아기를 편안하게 해주면 좋습니다.

==가장 중요한 것은 꾸준함입니다. 낮잠 시간과 취침 시간을 매일 조금씩 조정하고, 매일 비슷한 시간에 아기를 깨우고 재우는 습관을 들이는 것이 중요합니다.== 이런 일관된 리듬을 유지하면 아기는 서서히 새로운 패턴에 적응하게 될 것입니다.

계절적인 문제

아기들은 계절이나 환경 변화로 인해 수면에 어려움을 겪을 수 있습니다. 주로 여름철에 많이 발생하며, 밤에 잠들기 어렵거나 새벽에 일찍 깨어나는 형태로 나타납니다. 이러한 문제는 낮과 밤 모두에서 수면 방해를 초래할 수 있습니다. 여름철에 특히 문제가 되는 이유는 몇 가지가 있습니다.

먼저, 여름에는 밤이 짧고, 이로 인해 아기가 쉽게 잠들지 못할 수 있습니다. 또한 늘어난 햇빛도 아기의 수면 패턴에 영향을 줍니다. 햇빛은 우리 몸의 생체리듬을 조절하는 중요한 역할을 합니다. 여름철에는 햇볕이 길어지면서 아기가 늦게까지 깨어 있을 수 있으며 취침 시간이 자연스럽게 늦어질 수 있습니다. 일과의 변화도 한 요인입니다. 낮 시간이 길어지면 가족 활동이 늦게까지 이어지며 아기의 밤잠 시간이 늦어지는 경우가 많습니다. 충분히 휴식을 취하지 못한 아기는 피로가 쌓여 수면 리듬이 흐트러질 수 있습니다. 여름철의 소음도 수면을 방해하는 원인이 됩니다. 새들이 아침 일찍부터 활동하고 주변이 더 소란스러워져 아기가 새벽에 깨어나기 쉽습니다. 더운 날씨 역시 수면의 질에 영향을 미칩니다.

계절적인 수면 문제는 밤이 길어지고 기온이 내려가면 자연스럽게 해결되는 경우가 많습니다. 그러나 아기의 수면을 돕기 위해 부모가 할 수 있는 몇 가지 조치가 있습니다. 에어컨이 있다면 아기의 방 온도를 적절하게 유지하세요. 에어컨이 없다면 아기의 체온에 맞게 옷을 가볍게 입혀주세요. 규칙적인 일과를 유지하고, 일정한 취침 시간을 지키는 것이 중요합니다. 일과가 늦어지더라도 밤잠 시간은 일정하게 맞춰야 아기의 생체리듬이 유지됩니다. 밤잠 전 과격한 활동을 피하고, 실내 조명을 어둡게 하여 아기가 자연스럽게 잠들 수 있도록 도와주세요. 암막 커튼을 사용해 저녁과 새벽의 빛을 차단하는 것도 수면 환경을 개선하는 방법입니다. 여름철 아침 햇빛이 아기를 일찍 깨우는 것을 방지할 수 있습니다. 마지막으로 소음 문제를 해결하기 위해 백색소음을 사용해 외부 소음을 차단하는 것도 좋습니다. 일정한 백색소음이 아기를 안정시켜 더 깊은 수면을 취하도록 도와줄 것입니다.

어긋난 생체리듬이 수유 문제를 부른다

정해진 시간에 수유하는 방식이 문제가 될 수 있듯 반응만 따르는 수유도 어려움이 있을 수 있습니다. 특히 부모가 아기의 신호를 배고픔으로 잘못 해석하는 경우입니다. 피곤하거나 단순히 안기고 싶을 때 보내는 신호를 배고픔으로 오해해 불필요한 수유를 하면 오히려 수면 리듬을 방해할 수 있습니다.

과도한 밤중 수유

아기가 밤중 수유를 너무 자주 하는지 판단하려면 아기의 발달 단계를 봐야 합니다. 아기가 성장하면서 생체리듬과 수면 패턴이 안정되면, 밤중 수유도 자연스럽게 줄어들게 됩니다. 그러나 건강한 아기가 평소보다 자주 밤에 깨서 수유를 요구한다면 배고픔 이외의 이유일 수 있습니다.

아기가 밤에 자주 수유를 요구하는 이유는 크게 3가지로 나눌 수 있습니다. 첫 번째는 부모가 아기의 수면 주기와 배고픔 신호를 혼동했을 가능성입니다. 아기는 수면 주기 사이에 자연스럽게 잠깐 깨어날 수 있습니다. 그러나 부모가 이를 배고픔으로 오인해 수유를 하면 아기는 배고프지 않아도 수유를 하게 됩니다. 특히 생후 3개월 미만의 아기는 빨기 반사 때문에 배가 고프지 않아도 젖을 물고 빨게 되는 경우가 많습니다.

두 번째는 수유가 아기의 수면 연관으로 형성된 경우입니다. 이럴 때 아기는 다시 잠들기 위해 수유를 필요로 하는 습관이 생길 수 있습니다. 즉, 배고픔 때문이 아니라 단순히 수유를 수면의 한 과정으로 인식해 잠들기 위해 요구하는 것입니다.

세 번째는 아기가 불규칙한 수유 패턴을 형성했을 가능성도 있습니다. 낮에는 덜 먹고 밤에 더 많이 먹는 습관이 생기면서 수유에 대한 요구가 밤 시간에 집중될 수 있습니다. 이러한 패턴은 아기의 생체리듬과 수면을 방해할 수 있습니다. 이 세 가지 이유는 서로 독립적으로 작용하기도 하지만 여러 요인이 복합적으로 작용해 아기가 밤에 자주 수유를 요구하게 될 가능성이 큽니다. 따라서 부모는 아기의 수유와 수면 패턴을 세심히 관찰하고 원인을 파악해 적절히 대응하는 것이 중요합니다.

과도한 밤중 수유 해결 방법

과도한 밤중 수유를 해결하려면 먼저 먹으면서 잠드는 습관을 고쳐야 합니다. 낮과 밤에 수유 중에 잠들지 않도록 해야 합니다. 일관된 노력이 필요하며, 3~5일 동안 계속 시도하면 아기가 수유 없이 잠들 수 있습니다.

만약 아기가 수유와 수면이 연관되지 않았는데도 밤에 자주 깨서 수유를 요구한다면 그 원인은 생체리듬의 문제일 수 있습니다. 이 경우, 밤중 수유량을 점차 줄이는 방법으로 해결할 수 있습니다. 모유 수유 중이라면 줄이려는 시간대에 한쪽 가슴만 주거나 수유 시간을 점차 줄여 아기가 스스로 잠들도록 유도하세요. 분유 수유 중이라면, 줄이려는 시간에 주는 분유의 양을 매일 또는 격일로 20~30ml씩 줄여보세요. 이렇게 하면 아기의 신체가 점차 적응해 밤중 수유를 줄이게 됩니다. 이 방법들은 아기의 내부 시계를 재조정하고, 호르몬 균형을 회복시켜 아기가 배고픔으로 자주 깨지 않도록 도와줍니다.

건강한 수유의 비밀

PART 2

언제 먹일까

건강한 아기는 태어날 때부터 언제 얼마나 먹어야 할지를 본능적으로 알고 태어납니다. 수유 시점을 결정하는 방법에는 반응 수유, 정시각 수유, 유연한 수유가 있습니다. 이 3가지는 하나의 연속선처럼 연결되어 있어 아기의 필요와 상황에 따라 조정할 수 있습니다.

반응 수유

반응 수유는 아기가 배고픈 신호를 보일 때 수유를 제공하는 방식입니다. 정해진 수유 시간이 없고, 하루에 몇 번 수유할지 제한이 없어서 가장 융통성이 있는 방법입니다. 이는 건강한 아기는 언제 얼마나 먹을지 스스로 결정할 수 있다는 원칙에 기반합니다. 상당히 합리적인 방식이지만, 반응 수유는 생각보다 단순하지 않을 수 있습니다. 이 방식의 난점은 부모가 아기의 행동 신호를 정확하게 해석해야 한다는 점입니다. 아기의 행동 신호는 종종 해석하기 어렵습니다. 특히 '배고플 때마다 수유'라는 방식이 아기가 울거나 젖을 찾는 행동을 보일 때마다 바로 수유해야 한다는 뜻으로 오해하기 쉽습니다. 특히 신생아의 경우, 아기의 행동 신호를 잘못 해석하거나 강한 빨기 반사를 충분히 고려하지 않으면 과식으로 이어질 수 있습니다.

정시각 수유

정시각 수유는 정해진 시간에 따라 수유를 합니다. 4시간 간격으로 오전 6시, 오전 10시, 오후 2시, 오후 6시, 밤 10시와 같이 정해진 시간에 수유를 하는 것입니다. 정시각 수유는 아기의 행동 신호를 해석할 필요 없이 시간에 따라 수유 시간을 결정할 수 있다는 장점이 있습니다. 정시각 수유가 아기의 생리적 리듬과 잘 맞아 정해진 시간에 배고픔을 느끼고 수유를 즐긴다면 이 방식을 유지해도 무리가 없습니다.

하지만 아기는 기계처럼 정해진 칼로리만 먹도록 설계된 존재가 아닙니다. 24시간 내내 일정한 시간에 먹고 자게 만드는 것은 현실적으로 불가능하다는 것도 기억해야 합니다. 정시각 수유가 아기의 생체리듬과 맞지 않으면 몇 가지 문제가 발생할 수 있습니다. 아기가 배고프지 않은 상태에서 억지로 수유하거나 정해진 양을 채우기 위해 계속 먹이려 하면 아기에게 스트레스를 줄 수 있고, 수유를 거부하는 현상이 발생합니다. 반대로 배고픈 상태에서 수유 시간이 올 때까지 기다리게 되면 아기는 스트레스를 받을 수 있습니다.

유연한 수유

유연한 수유는 아기가 배고플 때 수유한다는 점에서 반응 수유와 비슷하지만 적정한 수유 가이드라인을 따르며 유연하게 대처할 수 있도록 합니다. 유연한 수유는 아기의 행동 신호를 정확히 해석할 자신이 없는 부모들에게 아기의 수유 시간을 어느 정도 예측할 수 있도록 도와주는 방식입니다. 이러한 예측 가능성은 불규칙했던 아기의 생체리듬을 안정화하는 데 기여합니다. 또한 아기가 배고파할 가능성이 높은 시점을 미리 파악할 수 있습니다. 아기가 젖을 찾는 행동을 보일 때, 무조건 배고픔으로 단정 짓기보다 다른 원인을 탐색하고 적절한 대응을 할 수 있게 됩니다. 더불어 유연한 수유는 아기의 하루 식욕 변화나 수면 패턴의 변동에도 유연하게 대처할 수 있습니다.

유연한 수유를 위한 가이드라인

구분	하루 총 수유 횟수	밤중 수유 횟수	낮 수유 간격
60일 이전	7~9회	2~3회	2시간 30분~3시간
61~90일	6~7회	2회	3시간
91~120일	5~6회	1~2회	3~4시간
121~150일	5~6회	0~1회	3시간 30분~4시간
151~180일	5~6회	0~1회	4시간~4시간 30분
181~240일	4~5회	0회	4시간~4시간 30분
241~300일	3~4회	0회	4시간 30분~5시간

* 수유 시간 간격은 단순한 가이드라인일 뿐이며 이 지침은 건강하게 잘 자라는 아기를 위한 기준입니다. 또한 수유 시간 간격은 아기의 마지막 수유가 끝난 시점이 아니라, 이전 수유를 시작한 시점부터 계산해야 한다는 점을 기억하세요.

낮 수유와 밤 수유

　아기들은 배고픔뿐만 아니라 여러 가지 이유로 울 수 있습니다. 따라서 아기가 울 때 이를 무조건 배고픔으로 단정 짓는 것은 적절하지 않습니다. 울음의 원인을 잘못 판단하면 아기의 욕구를 제대로 충족하지 못할 위험이 있습니다. 이런 상황을 예방하려면, 아기가 울 때 이전 수유 후 경과한 시간을 확인해야 합니다. 수유 시간은 이전 수유 시작 시간부터 계산합니다. 100일 이전 아기의 낮 시간 최소 수유 간격은 2시간 30분에서 3시간, 최대 수유 간격은 4시간입니다.

　수유 후 충분한 시간이 지나지 않았는데 아기가 울거나 칭얼거린다면, 배고픔이 아닌 다른 원인을 먼저 살펴보세요. 단순히 빨고 싶어 하거나 피곤해서, 자극을 많이 받아서, 지루해서, 혹은 몸이 불편해서 그럴 수 있습니다. 이러한 문제를 해결했을 때 아기가 진정된다면, 배고픔이 아니라 다른 이유 때문일 가능성이 큽니다. 그러나 다른 방법으로도 아기가 진정되지 않는다면, 수유를 시도해 보는 것이 좋습니다. 반대로 4시간이 지나도 아기가 배고픈 신호를 보이지 않는 경우에는 수유를 제공해야 합니다. 특히 일부 아기들은 배고픈 신호를 잘 드러내지 않을 수 있으니 세심하게 관찰하는 것이 중요합니다.

　아기의 수면 패턴은 수유 시간에 많은 영향을 줍니다. 예를 들어, 낮잠을 짧게 자고 일어났다면 최소 수유 간격보다 빨리 배가 고플 수 있고, 낮잠을 길게 자는 경우에는 4시간이 지나도 배고프지 않을 수 있습니다. 이때 아기가 건강하게 잘 자라고 있다면 30분 정도 더 자게 두어도 괜찮습니다. 그러나 밤에 자주 깨는 등 생체리듬에 문제가 있는 경우에는 낮에 깨워 수유를 하고 깨어 있는 시간을 늘려주는 것이 도움이 됩니다.

이전 수유에서 아기가 얼마나 먹었는지도 다음 수유 시간에 영향을 줍니다. 이전 수유에서 적은 양을 먹었다면 최소 수유 간격보다 빨리 배가 고플 수 있습니다. 반면 많은 양을 먹었다면 4시간이 지나도 배고프지 않을 수 있습니다. 하지만 수유 간격을 늘리기 위해 아기에게 억지로 많은 양을 먹이려 하지 마세요. 아기가 필요로 하는 만큼 먹도록 하는 것이 가장 중요합니다.

==낮 동안에는 아기의 행동 신호, 수면 패턴, 그리고 이전에 먹은 수유량을 모두 고려해 수유 시간을 조정하는 것이 좋습니다.== 예를 들어, 아기가 배가 고픈 신호를 보이거나(입을 쩝쩝거리거나 손을 빠는 행동), 아기가 낮잠을 짧게 자고 깬 경우, 원래 예정된 수유 시간보다 최대 30분 정도 빨리 수유할 수 있습니다. 반대로, 이전에 충분히 먹었다면 조금 더 기다렸다가 수유해도 괜찮습니다.

아기의 신호와 리듬은 매일 조금씩 달라질 수 있습니다. 따라서 정해진 규칙에 얽매이지 말고, 아기의 상태를 관찰하며 필요에 따라 대응하는 것이 좋습니다. 초보 부모라면 처음에는 어렵게 느껴질 수 있습니다. 그러나 시간이 지나면 아기의 욕구와 신호를 점점 더 잘 이해하게 될 것입니다.

아기가 수유 시간 전에 깨어났다면 다양한 이유를 고려하고 다른 방법으로 아기를 다시 재워보세요. 만약 아기가 쉽게 진정되고 다시 잠들 있다면 배고픔이 원인이 아닐 가능성이 큽니다. 반면, 아기가 쉽게 신성되지 않으면 수유를 제공해 보세요. 아기들이 밤에 깨어나는 이유는 다양합니다. 이를 단순히 배고픔 때문이라고 생각하지 말고 다양한 상황을 함께 고려하는 것이 중요합니다. 너무 춥거나 덥지는 않은지, 기저귀가 젖거나 변을 본 상태는 아닌지, 혹은 자세가 불편한 것은 아닌지 살펴보세요. 아기는 성장 급증기 동안 밤에 더 자주 깨어날 수 있습니다.

또한 아기가 정말 깨어난 것인지 아니면 얕은 잠 상태인지 먼저 확인하세요. 아기는 종종 얕은 잠 상태에서 칭얼거리거나 움직일 수 있으므로, 깼다고 생각하기 전에 20~30분 정도 기다려보세요. 기다린다면 다시 깊은 잠으로 돌아갈 수도 있습니다. 만약 20~30분이 지나도 아기가 계속 깨어 있고 진정되지 않는다면, 배고픔일 가능성을 고려해 다른 방법을 시도해 보세요.

생후 약 6주가 되면 많은 아기들이 밤에 길게 자는 경우가 늘어납니다. 아기가 건강하게 잘 자라고 있다면, 이러한 자연스러운 수면 패턴을 존중하고 깨우지 않아도 괜찮습니다. 다만, 신생아가 지나치게 피곤해서 깨어나지 못하고 수유를 요구하지 않는 경우에는 아기를 깨워 수유를 제공하거나, 꿈수유를 시도할 수 있습니다. 꿈수유는 아기가 깨어 있지 않은 상태에서 수유를 제공하는 방법으로 수면 부족이나 체중 증가가 느린 경우에 유용합니다. 반대로, 아침에 아기가 수유를 잘 하지 않으려 한다면, 밤중 수유가 꼭 필요한 상황이 아닐 수 있습니다. 이런 경우에는 밤에 아기를 깨우지 말고, 낮 동안 충분히 수유를 하는 것이 중요합니다.

얼마나 먹일까

모든 아기에게 동일한 수유량을 적용할 수는 없습니다. 아기는 본능적으로 자신의 필요에 따라 먹을 양을 조절합니다. 따라서 부모가 고정된 기준에 집착하면 오히려 수유에 대한 불필요한 걱정과 문제가 생길 수 있습니다. 아기가 예상보다 적게 먹는다고 해서 충분히 먹지 않았다는 뜻은 아닙니다. 아기의 수유량에 대해 현실적인 기대를 가져야 합니다. 아기에게 필요한 양을 넘어서 과도한 양의 수유는 구토, 잦은 대변, 복부 불편감과 같은 소화 문제를 일으킬 수 있습니다. 아기가 원치 않는 양을 계속 먹으라고 강요받으면, 수유 자체를 부담스럽게 느끼고 결국 먹는 것을 피하려고 할 수도 있습니다.

아기가 태어날 때 예상보다 작았다면, 이후 빠르게 성장하며 또래와의 차이를 줄이는 '성장 따라잡기' 현상이 나타날 수 있습니다. 반대로 출생 후 또래보다 빠르게 성장하다가 점차 속도가 줄어들어 성장 범위로 조정되는 '캐치다운 성장' 현상도 있을 수 있습니다. 아기의 식욕과 수유량이 변동하는 것은 건강한 성장 과정의 일부입니다. 따라서 부모는 아기의 신호를 믿고, 아기가 스스로 필요한 만큼 먹을 수 있도록 지켜봐주는 것이 중요합니다.

아기의 성장은 일정한 속도로 증가하지 않습니다. 성장 급등기에는 식욕이 증가하고 수유량이 늘어나지만, 성장 정체기에는 식욕이 줄고 수유량이 감소할 수 있습니다. 수유량에 영향을 미치는 주요 요인에는 성별, 유전적 소질, 성장 속도, 체형, 체지방량, 신진대사 속도, 활동량, 수면의 질, 건강 상태, 수유 방식 등이 있습니다. 남아는 여아보다 더 많이 먹는 경향이 있습니다. 아기의 체형 역시 수유량에 영향을 미칠 수 있습니다. 부모에게서 물려받은 유전적 요인도 있고 체지방량도 수유량에 중요한 역할을 합니다. 같은 체중의 아기라도 체지방이 더 많은 아기는 식욕 억제 호르몬인 렙틴이 많이 분비되어 상대적으로 적은 양을 먹어도 충분할 수 있습니다. 반면, 신진대사가 빠른 아기는 칼로리를 더 빨리 소모하기 때문에 같은 체중과 나이의 다른 아기보다 더 많은 양을 필요로 할 수 있습니다. 활동적인 아기는 더 많은 칼로리를 소모하여 수유량이 늘어날 수 있고, 덜 활동적인 아기는 상대적으로 적은 양의 칼로리로 충분할 수 있습니다.

수면의 질도 수유 패턴과 식욕에 영향을 미칩니다. 수면 부족은 배고픔을 느끼게 하는 그렐린 호르몬을 증가시키고, 식욕을 억제하는 렙틴을 감소시켜 식욕을 자극할 수 있습니다. 아기의 건강 상태 역시 중요한 요소입니다. 심장이나 폐 질환이 있는 경우, 칼로리 요구량이 늘어날 수 있습니다.

생후 8주가 지난 아기는 수유량보다는 칼로리 함량에 따라 먹는 양을 조절합니다. 우유의 100ml당 칼로리 함량이 높아지면 하루 섭취량이 줄고, 낮아지면 더 많은 양을 먹게 됩니다. 모유는 평균적으로 100ml당

67kcal를 제공합니다. 하지만 고열량 분유는 100ml당 100kcal에 달해 적은 양으로도 충분한 칼로리를 섭취할 수 있습니다. 따라서 고열량 분유를 먹는 아기의 경우 하루 수유량이 줄어들 수 있습니다.

아기는 성장과 에너지 소모를 충족하기 위해 매일 일정량의 칼로리가 필요하지만, 이 요구량은 하루하루 달라질 수 있습니다. 이유식 섭취량이 많아질수록 아기가 모유나 분유에서 필요로 하는 칼로리가 줄어듭니다. 젖병 수유와 이유식의 제공 순서와 시간은 아기가 한 끼에 섭취하는 칼로리 양에 영향을 줄 수 있습니다. 예를 들어, 젖병 수유 전에 이유식을 제공하면 아기가 이유식을 더 많이 먹고 우유는 덜 마실 수 있습니다. 반대로 젖병 수유 후에 이유식을 제공하면 아기가 우유를 더 많이 마실 가능성이 있습니다.

아기들은 어른들처럼 매일 같은 시간에 같은 양의 수유를 하지 않습니다. 이는 아기의 식욕이 일주기 리듬에 따라, 날마다, 또 시간대별로 다르게 변하기 때문입니다. 낮과 밤의 수유량도 서로 영향을 주고받습니다. 아기가 아침에 배고파하지 않거나 수유를 거부한다면, 이는 밤중 수유를 줄일 준비가 되었다는 신호일 수 있습니다. 반대로, 밤에 오랫동안 잘 준비를 하는 아기는 자기 전 마지막 수유에서 더 많은 양을 먹으려 할 수 있습니다. 이는 식욕 자극 호르몬인 그렐린이 저녁에 증가하여 긴 밤 동안의 공복을 채우기 위해 자연스럽게 준비하는 방식입니다.

아기의 에너지 소모는 시간대별로 다릅니다. 낮에는 활동량이 많아 에너지를 많이 소모하고, 밤에는 자면서 덜 소모합니다. 이 때문에 아기의 수유량은 하루 중 시간대에 따라 변동할 수 있습니다. 신생아는 빨기 반사가 강해서 매번 비슷한 양을 먹을 수 있지만, 생후 2개월이 넘으면 아기

주도 수유를 통해 아기가 원하는 만큼만 먹고 멈추는 경향이 나타납니다.

날씨나 활동량, 컨디션에 따라 섭취하는 우유의 양도 달라집니다. 활동량이 많거나 날씨가 더우면 더 많이 먹기도 하고, 피곤하거나 컨디션이 좋지 않으면 덜 먹을 수 있습니다. 하루 수유 횟수는 1회 수유량에 큰 영향을 미칩니다. 하루 수유 횟수가 많을수록 한 번에 먹는 양은 줄어들게 됩니다. 하루에 8번 수유하는 아기는 6번 수유하는 아기에 비해 한 번에 먹는 양이 적을 가능성이 있습니다. 하지만 하루 전체로 보면 두 아기가 섭취하는 총량은 비슷할 것입니다. 중요한 것은, 어떤 수유 패턴이든 아기의 월령별 생체리듬과 맞아야 한다는 점입니다. 수유 간격을 늘린다고 해서 아기가 한 번에 더 많이 먹게 되는 것은 아니며, 반대로 수유를 더 자주 한다고 해서 하루 동안 섭취하는 총량이 크게 늘어나지도 않습니다. 아기가 배고픔을 느끼기 전에 수유를 하면 거부하지 않고 먹을 수는 있지만, 조금씩 자주 먹는 패턴이 형성될 수 있습니다.

아기에게 얼마나 수유가 필요한지는 누구도 정확하게 알 수 없습니다. 심지어 전문가들조차도 아기에게 필요한 양을 정확히 추정하기 어려워 많은 시행착오를 겪습니다. 아기 자신만이 얼마나 먹어야 할지 가장 잘 알기 때문에 배가 부르면 멈추고 배고프면 신호를 보내 먹으려 할 것입니다. ==부모는 아기의 신호를 믿고 그 신호에 따라 아기가 원하는 만큼 먹게 해야 합니다.== 전문가 아기의 수유량이 적다고 말하면 부모는 아기에게 권장된 수유량을 먹이기 위해 문제를 일으킬 수 있는 행동을 할 수 있습니다. 이는 수유에 대한 거부감을 유발하는 원인이 됩니다. 전문가의 조언을 무시하라는 것이 아니라 아기에게 필요한 양보다 더 많이 먹이려고 할 경우 생길 수 있는 문제를 염두에 두어야 한다는 점을 강조하는 것입니다.

    아기가 얼마나 먹을지는 아기의 신호를 믿고 맡겨보세요. 그러다 보면 점차 아기에게 적절한 수유량이 어느 정도인지 감이 잡힐 겁니다. 아기는 매번 먹는 양이 달라질 수 있으니 아기가 먹는 양을 제한해서는 안 됩니다. 아기가 먹는 양을 예상해 젖병에 조금 더 여유 있게 우유를 담아두는 것이 좋습니다. 아기가 다 먹고 남기더라도 더 먹고 싶을 때 충분히 먹을 수 있습니다. 단, 억지로 젖병을 비우게 하는 일은 절대 피해야 합니다.

> **TIP**
>
> **체중에 비례한 하루 수유 권장량은 국가마다 다르다**
>
> 아기의 수유량을 계산할 때 많은 전문가가 월령과 체중으로만 수치를 산출합니다. 그러나 이 계산법에는 명확한 기준은 없습니다. 국가마다 권장 수치가 다르고 전문가 사이에서도 기준이 조금씩 다릅니다. 아래 표는 아기에게 꼭 필요한 섭취량을 의미하지 않습니다. 단지 아기의 월령과 체중을 바탕으로 한 대략적인 추정치일 뿐입니다.
>
> | 월령 | 호주 | 미국 | 영국 |
> |---|---|---|---|
> | 생후 5일~3개월 | 150~200ml/kg/day | 150ml/kg/day | 150~200ml/kg/day |
> | 3~6개월 | 120ml/kg/day | | |

아기의 발달 단계에 따른 수유의 변화

2

아기의 발달에 따라 수유 기술도 달라져야 한다

 아기는 1년 동안 가히 경이로울 정도로 눈부신 성장을 이룹니다. 부드럽고 연약해 보이던 작은 몸이 점차 힘을 키워가며 혼자 앉거나 기어 다니기 시작합니다. 아기의 눈동자는 호기심으로 반짝이고 손은 끊임없이 새로운 것을 잡고 탐색하려 합니다. 또한 세상에 대한 이해의 폭이 넓어지며 점점 더 많은 것을 기억하고 배우기 시작합니다. 아기는 주변에서 들리는 소리와 사람들의 표정에서 의미를 파악하며, 이를 통해 의사소통의 방법을 조금씩 배워갑니다.

 뿐만 아니라, 사람들과의 상호작용을 통해 사회적 기술이 발달하고 혼자 일어서거나 물건을 잡는 등의 신체 능력도 점점 더 성숙해집니다. 아기는 이제 자신을 돌봐주는 부모를 분명하게 알아보고 부모와 교감을 나누며 애착을 형성합니다. 부모의 목소리, 표정, 손길 하나하나가 아기에게는 커다란 의미로 다가옵니다. 이 모든 발달은 아기의 식욕, 필요 수유량, 수유 패턴, 수유 기술, 행동 및 의사소통 방식에 직접적인 영향을 미칩니다. 이러한 발달 과정에 맞춰 아기의 수유 방식도 자연스럽게 변화해야 합니다. 발달 단계를 고려하지 않고 기존 방식만 고수한다면 수유가 어려워지거나 문제가 생길 수 있습니다.

많은 부모가 수유 패턴이나 아기의 행동에 갑작스러운 변화가 생기면 불안감을 느낍니다. 하지만 이러한 변화가 아기의 발달 과정에서 흔히 나타나는 것이라는 사실을 잘 모르는 경우가 많습니다. 이로 인해 부모는 종종 아기의 울음이나 불편해하는 모습을 신체적 문제나 통증으로 오해하게 됩니다. 부모가 무심코 아기에게 불필요한 스트레스를 주게 되는 일이 생길 수 있는 것이죠. 수유와 관련된 변화가 어떻게 나타나는지 이해하면 부모는 예상치 못한 상황에서도 덜 불안해하고 더 현명한 선택을 할 수 있습니다.

생후 3개월 이전에는 신경계가 아직 미숙하고 근육도 덜 발달했으며 경험이 부족하기 때문에 스스로 몸을 움직이기 어렵습니다. 하지만 아기가 자라면서 힘이 세지고, 세상을 탐색하는 능력도 함께 발달합니다. 그 결과 아기는 몸을 움직이고 다양한 행동을 조절할 수 있는 능력을 점차 익히게 됩니다.

그렇다면 수유 기술은 어떻게 발달할까요? 일반적으로 아기의 수유 기술은 단계적으로 발전합니다. 처음에는 젖을 빠는 기본적인 동작부터 시작해 시간이 지나면서 입술과 혀를 조화롭게 사용해 더 능숙하게 젖을 먹는 법을 배워갑니다. **다만, 모든 아기가 같은 속도로 성장하는 것은 아닙니다. 어떤 아기는 조금 더 빠르게 또 어떤 아기는 조금 더 느리게 발달할 수 있습니다. 이는 지능의 차이가 아니라, 연습 기회나 주변의 지원 같은 환경적인 요인에서 비롯된 차이입니다.**

출생부터 2개월

이 시기의 아기는 본능적으로 수유를 시작합니다. 젖꼭지가 입에 닿으면 자연스럽게 입을 벌리고 빠는 행동을 합니다. 아기가 배고플 때 이러한 행동을 하기도 하지만 그 행동이 반드시 배고픔을 의미하는 것은 아닙니다. 단순히 무언가를 빨고 싶어 하는 욕구에서 비롯되기도 합니다.

또한 이 시기의 아기는 아직 머리를 스스로 지탱할 힘이 부족합니다. 부모가 손으로 아기의 머리를 받쳐주어야 안정된 자세로 수유를 이어갈 수 있습니다. 수유 도중 아기가 잠들기도 하는데, 이는 빨기, 삼키기, 숨쉬기 같은 반복적인 동작을 계속하면서 피로를 느끼기 때문입니다.

수유 중 아기가 힘을 주며 얼굴을 찡그리는 경우도 있습니다. 이는 위대장 반사라는 자연스러운 현상 때문으로, 신경계가 아직 발달 중인 아기가 수유하면서 대장에 자극을 받아 배에 힘이 들어가기 때문입니다. 특히 조산아의 경우, 수유량을 스스로 조절하기 어려워 과식하거나 적게 먹는 경우가 많아 부모의 세심한 돌봄이 필요합니다.

2~3개월

2개월이 지나면서 아기는 이제 서서히 고개를 들어 주변을 살펴보려 합니다. 짧은 순간이지만 아기가 스스로 머리를 지탱하는 모습을 보면, 성장하고 있음을 실감할 수 있습니다. 빨기 반사도 서서히 사라지기 시작합니다. 아기가 스스로 빨기를 배우며 조절해 나가는 단계로 접어드는 것입니다. 아기는 천천히 입술을 움직이며 자신만의 수유 리듬을 만들어갑니다. 젖병을 가까이 대면 조심스럽게 입을 벌리고, 젖꼭지를 물며 빨기 시작합니다. 이 과정에서 배가 부를 때 신호를 보내는 방법도 배우게 됩니다. 배가 부르면 젖병을 밀어내거나 머리를 옆으로 돌려 이제 충분하다는 것을 표현합니다.

그러나 아직 모든 것이 완벽하지는 않습니다. 아기는 배가 불러도 더 먹으려고 하거나, 반대로 아직 충분히 먹지 않았는데도 수유를 멈추는 경우가 있습니다. 이 모든 과정은 성장 과정에서 당연한 일입니다. 부모가 따뜻하게 보살피고 인내심을 가지고 도와주면 아기는 점차 자신만의 수유 리듬을 만들어갈 것입니다.

3~4개월

아기는 이제 젖병을 알아보고, 수유 시간이 가까워지면 반가운 듯 활짝 웃으며 반응하기도 합니다. 아기가 자신의 요구가 충족될 것을 알게 되면, 금방 투정을 멈추고 기대에 찬 얼굴로 바뀝니다. 수유 중에는 부모와 눈을 맞추며 상호작용을 시도하기도 하고, 잠시 멈춰 사랑스러운 미소를 짓기도 합니다.

수유 중에 아기는 종종 젖병을 향해 두 손을 뻗습니다. 아직 아기는 스스로 젖병을 들 수는 없지만 작은 손으로 젖병을 만지려 애쓰며 세상을 탐색하려는 모습을 보입니다. 또한 배가 부르면 자신만의 방식으로 신호를 보내기 시작합니다. 젖병을 살짝 밀어내거나 머리를 옆으로 돌리며 '이제 충분해요'라는 듯한 표정을 지을 때도 있습니다. 이제 아기는 과식의 위험이 줄어들고 먹고 싶은 만큼만 먹을 수 있게 됩니다.

4~6개월

아기는 이제 수유 시간이 다가오면 이전 수유 경험을 떠올리며 반응합니다. 흥분하거나 기대에 찬 눈빛을 보내기도 하고 조금은 불안한 표정을 짓기도 합니다. 이제 양손으로 젖병을 잡을 수 있게 되었습니다. 두 손으로 젖병을 감싸고는 있지만, 정확한 각도를 유지하기 위해서는 여전히 부모의 손길이 필요합니다. 수유가 끝나갈 때가 되면 아기는 배가 부른 신호를 보냅니다. 고개를 돌리며 젖병을 밀어내거나 입을 꽉 다물며 '이제 됐어요'라는 듯한 표정을 짓습니다.

낮 시간에는 아기가 수유 중에 산만해지기 쉽습니다. 작은 소리나 움직임에도 반응하며 주변을 두리번거리거나 젖병에서 입을 떼고 부모를 바라보기도 합니다. 이런 순간은 아기가 세상에 대한 호기심을 키워가는 과정이며 부모와의 소중한 교감의 순간이기도 합니다.

이 시기가 되면 아기는 부모가 음식을 먹는 모습을 집중해서 바라보며, 손을 뻗어 음식을 잡아보려고 합니다. 입술을 오물거리며 마치 무언가를 씹으려는 듯한 표정을 짓기도 합니다. 이 모든 것이 아기가 새로운 음식을 맛보고 싶어 한다는 신호입니다.

6~8개월

이제 아기는 빨대컵으로 음료를 마실 수 있게 되었습니다. 아직 익숙하지 않아서 입술을 벌리고 쭉쭉 빨아들이는 동작이 어설프지만 조금씩 입안으로 들어오는 우유를 맛볼 때는 만족스러운 표정을 짓기도 합니다.

이제 이유식에도 관심을 보이기 시작합니다. 부모가 아기 앞에 작은 음식을 놓아두면 아기는 조심스럽게 음식을 집어 입으로 가져갑니다. 아직 익숙하지 않아 음식을 입가에 흘릴 때도 있습니다. 낯선 식감에 구역질을 하기도 합니다. 이 모든 과정이 성장의 일부입니다.

아기는 이제 수유나 이유식에 대해 확실히 반응을 나타냅니다. 배가 고프면 입을 벌리고 손을 내미는 등 적극적으로 표현하고 반대로 배가 부르거나 먹고 싶지 않을 때는 고개를 돌리거나 입을 다물며 거부의 의사를 분명히 보여줍니다. 부모가 음식을 주려 할 때 아기가 손을 내밀어 직접 받으려고 하거나 작은 손으로 음식을 잡고 입으로 가져가는 모습은 너무나 사랑스럽습니다.

10~12개월

이제 아기는 빨대컵으로 음료를 마시는 데 능숙해졌습니다. 작은 손으로 빨대컵을 잡고 쭉쭉 음료를 빨아들이며 부모가 도와주지 않아도 스스로 음료를 마실 수 있게 되었다는 사실에 아기와 부모 모두 성취감을 느낍니다. 아기가 배가 고플 때는 음식에 대한 의사를 더욱 분명하게 표현합니다. 손을 뻗어 원하는 음식을 잡거나, 손가락으로 가리키며 자신의 요구를 명확히 합니다. 이제 손가락 음식을 쉽게 다룰 수 있게 된 아기는 두 손으로 조각을 집어 입으로 가져가고는 뿌듯한 미소를 짓기도 합니다. 스스로 먹는 것을 좋아하는 아기는 직접 음식을 집어 먹으며 세상을 탐험하는 중입니다. 그러나 불만을 표현할 수도 있습니다. 종종 작은 손을 뻗어 음식을 떼어내려 하거나 음식을 거부하며 고개를 돌리는 모습을 보일 수 있습니다.

또한 아기는 호기심이 왕성한 시기를 맞이하면서 의도적으로 하이체어 옆으로 음식을 떨어뜨리는 행동을 하기도 합니다. 그때마다 부모의 반응을 유심히 살피며, 떨어진 음식이 어떤 반응을 일으키는지 탐구하는 듯합니다.

이제 아기는 숟가락과 같은 식사 도구를 사용하기 시작했습니다. 작은 손으로 숟가락을 잡고, 이유식을 퍼서 입으로 가져가는 모습이 제법 능숙합니다. 비록 숟가락을 사용하다가 종종 음식을 떨어뜨리기도 합니다. 혼자 음식을 먹고자 하는 의지를 보이는 아기는 부모가 이를 막으려 하면 먹기를 거부하거나 고개를 돌려버릴 때도 있습니다.

손잡이가 달린 빨대컵은 이제 아기에게 익숙한 물건입니다. 스스로 빨대컵을 잡고 음료를 마시는 모습은 자연스럽고, 때로는 일반 컵을 사용해 마실 때도 있습니다. 컵 가장자리를 조심스럽게 입에 가져가며 조금씩 물을 마시는 모습이 사랑스럽기 그지없습니다. 물을 마실 때 컵이 기울어져 얼굴에 물방울이 튀어도, 아기는 재빨리 고개를 들어 다시 시도합니다.

아기는 이제 젖병 없이도 식사를 할 수 있게 되었으나 여전히 젖병에 애착을 보이는 모습도 있습니다. 젖병을 들고 있으면 마음이 편안해지는 듯 젖병을 손에 쥐고 잠시 쉬는 모습을 보일 때가 있습니다. 이러한 모습은 아기가 정서적인 안정감을 찾는 방법이기도 합니다.

아기의 반사행동 오해하지 않기

반사행동은 어떤 자극에 대한 무의식적인 반응입니다. 신생아는 태어나면서부터 다양한 반사행동을 보입니다. 신생아의 움직임은 대부분 자발적인 것이 아니라 반사행동에 의해 일어납니다. 특히 수유와 관련된 반사행동은 아기가 태어나자마자 모유를 빨고 삼키는 데 큰 역할을 합니다. 반사행동은 아기가 자발적으로 먹는 방법을 배울 때까지 계속됩니다. 대부분의 반사행동은 생후 3~4개월쯤 사라지지만 일부는 평생 유지됩니다.

먹이 찾기 반사

아기가 음식을 찾도록 돕는 반사입니다. 신생아의 뺨이나 입 주변을 살짝 건드리면, 아기는 본능적으로 고개를 돌리고 입을 벌려 무언가를 빨려고 합니다. 이 반사는 보통 생후 3~4개월에 사라지며 배고플 때 더 강하게 나타나지만 배고프지 않을 때도 일어날 수 있습니다.

입 벌리기 반사

입 벌리기 반사는 아기가 젖을 잘 물 수 있게 돕습니다. 아기의 인중을 살짝 쓰다듬으면, 아기는 자동으로 입을 크게 벌리고 턱을 내립니다. 이 반사는 보통 생후 3~4개월에 사라집니다.

밀어내기 반사

아기의 입에 무언가 닿을 때 혀가 앞으로 나오는 반응입니다. 이 반사는 수유를 돕지만 이유식을 밀어내는 역할도 합니다. 생후 4~6개월이 되면 사라지며, 이 반사가 사라져야 이유식을 먹을 수 있습니다.

빨기 반사

아기가 입에 닿은 무언가를 자동으로 빠는 반응입니다. 입천장이 자극되면 아기는 젖을 빨기 시작하며, 이 반사는 배고픔과 관계없이 나타날 수 있습니다. 생후 2개월이 지나면 자발적인 움직임으로 바뀌고 생후 3~4개월이 되면 아기는 스스로 수유 여부를 결정할 수 있습니다.

삼키기 반사

삼키기 반사는 아기의 입안에 우유가 고이면 자동으로 유발됩니다. 이때 아기의 혀는 입 뒤쪽으로 움직이며, 성대 반사(후두 반사)가 활성화되어 성대가 닫히고 우유가 기도로 들어가는 것을 방지합니다. 생후 몇 개월 동안 아기의 삼키기 능력은 이러한 반사에 의해 조절됩니다. 하지만 시간이 지나면서 아기는 자발적으로 삼키는 방법을 배우게 되고, 입안에 우유나 음식을 잠시 머금거나 뱉어내는 것도 가능해집니다. 이때 아기의 수유 자세와 유속이 중요해집니다. 아기의 머리와 몸이 올바르게 위치하고, 적절한 유속으로 수유를 하면 아기는 빨기, 삼키기, 성대 반사가 조화를 이루며 안전하고 편안하게 먹을 수 있습니다. 이 과정에서 아기는 점차 빨기와 삼키기를 스스로 조절하는 능력을 키우게 됩니다.

구역 반사

음식물이나 이물질이 기도로 넘어가지 않도록 목 근육이 자동으로 수축하는 반응입니다. 구역질이 일어나면 음식물이나 물체가 아기의 혀 앞으로 밀려 나오게 됩니다. 이 반사는 기도로 무언가가 들어가는 것을 막아주기 때문에 아기의 생명을 지키는 중요한 역할을 합니다. 아기는 먹는 능력이 미숙하기 때문에 작은 음식물이나 물체에도 쉽게 구역 반사가 유발될 수 있습니다. 특히 신생아 시기에는 혀의 중간 부분에 닿기만 해도 구역 반사가 일어날 수 있습니다. 그러나 생후 4~6개월쯤 되면 반사점이 혀 뒤쪽으로 이동합니다. 이는 아기가 이유식을 배우기 시작하는 시기와 맞물립니다. 9개월쯤 되면 혀 뒷부분에 무언가 닿아야만 구역 반사가 유발됩니다.

부모들은 아기가 이유식을 시작할 때 구역질을 자주 보게 되어 걱정할 수 있습니다. 하지만 구역질과 질식은 다릅니다. 질식은 소리 없이 발생하지만, 구역질은 매우 소란스럽게 일어납니다. 아기가 구역질을 한다고 해서 항상 문제가 있는 것은 아닙니다. 오히려 아기가 기도를 잘 보호하고 있다는 신호일 수 있습니다.

위대장 반사

아기가 젖을 먹다가 갑자기 고개를 돌리거나 얼굴을 찡그리며 배변을 시도하는 모습은 위대장 반사 때문입니다. 수유로 인해 아기의 위가 팽창하면 장이 수축하며 내용물을 이동시킵니다. 이는 아기가 변을 보거나 가스를 배출하게 만들 수도 있고 때로는 아무런 배출이 일어나지 않을 수도 있습니다. 종종 이 반사를 복통이나 변비로 착각하기도 하나 위대장 반사는 단순한 소화 과정입니다. 다만, 변비나 유당 과다 섭취, 우유 단백질 알레르기 등 몇 가지 요인이 장 수축을 더 강하게 만들어 불편을 줄 수 있습니다.

배변 반사

직장에 가스나 변이 차면서 일어나는 반사로 수유 중이나 직후에 아기가 배변하는 이유입니다. 부모는 아기가 먹은 우유가 바로 나오는 것으로 오해할 수 있습니다. 하지만 실제로 배출되는 것은 이미 소화된 음식입니다. 아기의 소화 시간은 생후 1~3개월에는 평균 8.5시간, 생후 4~24개월에는 약 16시간이 걸립니다. 이 시간은 아기의 상태와 섭취한 음식에 따라 달라질 수 있습니다. 배변 과정은 복부 근육이 함께 작용해야 합니다. 아기들은 복부 근육이 약하기 때문에 횡격막을 사용해 변을 밀어냅니다. 얼굴이 빨개지거나 힘을 주는 모습은 아기의 정상적인 배변을 위한 노력이며 변비로 오해하지 않아도 됩니다.

빨기 욕구

대부분의 아기는 빨기를 매우 좋아합니다. 아기의 빨기 욕구는 종종 배고픔으로 오해되기도 합니다. 하지만 이는 단순히 안정감과 편안함을 찾으려는 본능적인 욕구에서 비롯됩니다. 실제로 아기는 빨기 행동을 통해 소화를 돕고 울음을 줄이는 등 다양한 긍정적인 효과를 얻습니다. 이 행동은 아기를 진정시키고 하루 동안 쌓인 긴장을 풀어주는 데도 큰 역할을 합니다. 그래서 잠들기 전 아기들이 빨고 싶어 하는 모습을 자주 볼 수 있습니다.

신생아는 주먹을 입 근처로 가져가려는 모습을 자주 보입니다. 이때 아기가 주먹을 빨려고 하지만 손이 저절로 멀어지면 다시 울곤 합니다. 생후 3개월이 되면 아기는 자신의 팔을 더 잘 조절하게 되어 스스로 주먹을 입으로 가져가는 모습을 보입니다. 이때 아기는 주먹 빨기로 빨기 욕구를 충족시키는 법을 배웁니다. 생후 5~6개월이 되면 아기의 타고난 빨기 욕구는 점차 사라지지만 여전히 많은 아기들이 빨기를 통해 안정감을 느낍니다.

물기 행동

아기가 무언가를 입에 물거나 입으로 탐색하는 행동을 말합니다. 생후 3~4개월이 되면 아기는 주변 세상에 대한 호기심이 커지고 물건을 입에 대기 시작합니다. 아직 손으로 물건을 세밀하게 탐색하는 능력은 부족하나 아기의 입은 감각 신경이 발달되어 있어 입으로 탐색하며 많은 정보를 얻습니다. 아기는 물건을 입에 대어보면 그것이 딱딱한지 부드러운지, 거친지 매끈한지, 따뜻한지 차가운지를 느낄 수 있습니다. 아기가 점점 활동이 커지면 손에 닿는 거의 모든 물건을 입에 넣으려 합니다. 이 행동은 또한 아기의 발달과 면역 체계 강화에도 도움을 줍니다.

대부분의 물기 행동은 안전하며 부모가 억제할 필요는 없습니다. 그러나 아기가 입에 넣으면 위험할 수 있는 작은 물건이나 독성이 있는 물건은 주의가 필요합니다. 특히 질식 위험이 있는 작은 장난감이나 중독 위험이 있는 화학 제품과 식물은 아기 가까이에 두지 않는 것이 중요합니다. 아기가 손과 손가락을 더 잘 사용하게 되면 물건을 입으로 탐색하는 행동은 점차 줄어듭니다. 아기는 이제 손을 사용해 물건을 쥐거나 쓰다듬고, 찌르며 탐색하는 능력을 발달시키게 됩니다.

배고픔과 배부름

대부분의 부모가 처음에는 신생아의 신호를 파악하는 데 어려움을 느끼곤 합니다. 이는 신생아의 몸동작이 대부분 반사 작용에 의해 나타나기 때문입니다. 아기가 불편함을 느낄 때 비슷한 울음과 행동으로 표현하는 경우가 많아서 그 원인을 정확히 파악하기가 쉽지 않지요. 하지만 생후 세 달 정도가 되면 그 행동 신호에도 변화가 찾아옵니다. 신생아 때 나타나는 다양한 반사행동이 사라지고 아기가 자신만의 방식으로 감정과 욕구를 더 명확하게 표현하게 되죠. 또한 생후 3개월이 되면 아기의 수유와 수면 패턴이 좀 더 예측 가능해집니다. 아기가 언제 잠들고 깨어나는지를 대략적으로 예상할 수 있게 되면 신호를 읽어내는 일도 한결 쉬워집니다.

그러니 처음에는 신생아의 신호를 해석하는 일이 서툴고 어렵게 느껴지더라도 걱정하지 마세요. ==부모와 아기가 서로의 언어를 배우는 과정과 같습니다. 시간이 지나며 아기의 신호는 점차 뚜렷해지고 부모 역시 이를 더 잘 이해하게 될 것입니다.== 어느 순간 아기의 울음이 단순한 소리가 아니라 아기만의 언어로 들려오는 순간이 오게 될 것입니다. 이 과정을 통해 부모와 아기는 서로의 존재에 조금씩 더 깊이 다가서고 함께 성장해 나갑니다.

배고픔

아기가 배가 고플 때 보이는 신호를 읽어내는 것은 아기와 비언어적인 대화를 시작하는 것과 같습니다. 성인들도 배가 고파지면 평소와 다르게 짜증이 나거나 예민해지곤 하죠. 아기들도 마찬가지입니다. 배고픔이 커질수록 더 조바심을 내고 먹을 것을 기다리며 불편함을 드러내기 시작합니다.

출생 후부터 3개월 동안 아기들은 그야말로 온몸으로 배고픔을 표현합니다. 입술을 쩝쩝거리거나 입술과 손가락 심지어 들어가지도 않는 주먹까지도 입에 가져가는 모습을 보일 때 배고픔의 신호를 보내고 있는 것입니다. 몸을 꿈틀거리며 고개를 좌우로 돌리기도 하고 방향을 찾듯 입을 벌리며 뭔가를 찾으려는 듯한 움직임을 보입니다. 또 뺨이나 입술 근처에 손이 닿기만 해도 본능적으로 입을 크게 벌려 무언가를 기다리죠. 이 모든 움직임은 배가 고프다는 아기만의 신호입니다. 아기의 짜증 섞인 울음도 그 신호 중 하나입니다. 배가 고파지면 그 울음은 점점 더 커지고 울음 속에는 다급함이 묻어나기 시작합니다.

하지만 이 모든 행동이 배고픔만을 뜻하는 것은 아닙니다. 아기는 피곤할 때도 혹은 관심을 느끼고 싶을 때도 이와 비슷한 신호를 보낼 수 있습니다. 빨기라는 행동이 배고픔을 채우는 것 외에도 아기에게는 큰 위안을 주기 때문에 꼭 배가 고프지 않아도 이런 반응을 보이기도 하지요.

생후 3개월이 지나면 아기가 배고픈지 알아보는 것이 조금 더 쉬워집니다. 빨기 반사가 거의 사라지거나 완전히 없어지면서 아기는 더 의식적으로 배고픔을 표현하게 됩니다. 아기가 배가 고프지 않다면 젖병을 줘도 그다지 관심을 보이지 않을 것입니다. 젖병을 몇 번 빨다가 멈추거나 아예 거부하며 고개를 돌릴 수도 있습니다. 그리고 아기가 거부 신호를 보인 후에 계속 먹이려고 시도하면 짜증을 내거나 심지어 화를 내기도 하지요.

아기가 배고프다면 더 분명한 신호로 나타냅니다. 젖병을 보여주었을 때 아기가 눈을 반짝이며 몸을 기울이거나 손을 뻗는 모습, 활짝 입을 벌리며 기다리는 모습은 아주 귀엽고 사랑스럽습니다. 젖꼭지를 물고 힘차게 빨기 시작하는 아기의 얼굴에서는 배고픔을 달래는 만족감이 묻어나죠. 그러나 아기가 칭얼거리거나 주먹이나 장난감을 씹는 행동을 보인다고 꼭 배가 고픈 것은 아닙니다. 이 월령의 아기들은 여러 이유로 이런 행동을 할 수 있어요. ==따라서 아기가 정말로 먹고 싶어 하는지 확인하려면 젖병을 보여주고 반응을 살펴보는 것이 좋습니다. 아기가 기꺼이 젖병을 받아들인다면 아기가 배가 고프다고 확신할 수 있습니다.==

배부름

아기의 배고픔을 알아차리는 것이 중요하듯 배부르고 충분히 만족한 상태인지 파악하는 것도 아주 중요합니다. 배부름과 만족감이 같은 뜻이라 생각할 수 있지만 조금 다릅니다. 배부름은 말 그대로 먹을 만큼 먹어서 배가 찬 상태를 말합니다. 만족감은 그 이상의 감정적이고 심리적인 상태를 포함합니다. 아기는 배가 꽉 차지 않았어도 만족감을 느낄 수 있고 반대로 아무리 배가 불러도 만족하지 못할 수도 있습니다. 따라서 아기가 배부름과 만족감을 동시에 느낄 수 있도록 아기의 신호를 잘 관찰하는 것이 중요합니다. 아기의 몸짓이나 표정, 그리고 먹는 동안 보이는 반응을 통해 아기가 충분히 먹고 행복감을 느끼는지 알 수 있습니다.

아기가 배부름과 만족감을 느끼는 과정은 생각보다 복잡하면서도 흥미롭습니다. 아기가 우유나 음식을 먹기 시작하면 위가 점점 부풀면서 뇌에 신호를 보내기 시작합니다. 이때 뇌는 위가 가득 찼다고 인식하고 배고픔을 느끼게 하는 호르몬인 그렐린의 수치를 낮추고 배부르게 해주는 렙틴이라는 호르몬을 분비합니다. 렙틴이 늘어나면서 아기는 '아, 이제 배가 찼어'라는 느낌을 받고, 먹는 것을 멈추게 됩니다.

하지만 단순히 배가 찬 것만으로 아기가 만족감을 느끼는 것은 아닙니다. 이때 중요한 역할을 하는 것이 바로 콜레시스토키닌이라는 호르몬입니다. 아기가 충분히 먹고 나면, 이 호르몬이 몸 전체에 퍼지며 아기에게 편안함과 안정감을 불어넣어 줍니다. 따뜻한 담요 속에 푹 싸여 있는 듯한 편안함을 느끼게 하죠. 이 호르몬은 졸음을 유도하기도 해 배부르게 먹은 아기가 잠에 빠지는 모습을 볼 수 있습니다.

흥미로운 점은 배부름과 만족감 사이에는 시간이 조금 필요하다는 것입니다. 처음에는 뇌가 위가 가득 찼다고 신호를 보내면서 아기는 배부름을 느낍니다. 하지만 만족감을 느끼기까지는 약간의 시간이 더 필요합니다. 이는 아기가 천천히 여유 있게 수유할 때 더 큰 만족감을 느끼게 되는 이유이기도 합니다. 시간이 지나면서 아기의 몸이 편안함을 주는 호르몬을 충분히 방출하게 되고 그제야 아기는 깊은 만족감과 편안함을 느끼게 됩니다.

따라서 아기가 배부르고도 편안하게 미소 지으며 잠에 빠지는 그 순간은, 아기에게 충분한 시간이 주어졌기 때문에 가능한 것입니다. 아기가 단순히 배를 채운 것뿐만 아니라, 그 후 찾아오는 편안함 속에서 진정한 만족감을 느끼는 과정을 경험하는 것이지요.

아기가 배부르면 스스로 멈춘다는 말을 들어본 적이 있을 것입니다. 하지만 젖병 수유하는 신생아에게는 맞지 않는 말일 수 있습니다. 엄마 젖을 먹을 때와 달리 젖병 수유 시에는 아기가 우유의 흐름을 스스로 조절하기 어려워서 더 빠르게 많이 먹게 될 수 있습니다. 아기가 충분히 만족감을 느끼려면 20분에서 40분 정도의 여유로운 수유 시간이 필요합니다. 이 시간이 지나면 아기의 뇌는 배부름과 만족감을 느끼게 하는 호르몬을 방출하고 아기는 천천히 빨기를 멈추거나 편안한 자세로 손을 펴는 등의 신호를 보입니다. 졸린 듯한 표정을 짓거나 졸음이 와서 잠에 들기도 하지요. 이런 모습은 만족감의 신호일 수 있습니다.

반대로 수유 시간이 너무 짧아서 20분 이내에 급하게 끝난 경우에는 아기가 배부름을 느끼더라도 만족감은 충분히 느끼지 못할 수 있습니다. 아기의 빨기 반사가 다시 작동해 과식하게 될 위험도 있습니다. 흐름이 느린 젖꼭지를 사용해 수유 속도를 조절하는 것도 좋은 방법입니다. 이렇게 하면 아기가 천천히 먹으며 배부름과 함께 충분한 만족감도 느낄 수 있게 됩니다.

생후 세 달이 지나면 아기들은 빨기 반사가 거의 사라져 스스로 빨기를 조절할 수 있습니다. 이제 아기는 더 능숙하게 몸을 움직이며 배가 부른 상태임을 명확히 표현합니다. 이 시기의 아기들은 먹을 때 점차 속도가 느려지고 어느 순간 먹기를 멈춥니다. 입에 젖병을 대줘도 흥미를 잃은 듯 천천히 빨기를 멈추고 더 이상 먹고 싶지 않다는 신호를 보냅니다. 혀로 젖꼭지를 밀어내거나 입을 꽉 다물며 '이제 그만'이라는 메시지를 보내기도 하지요. 옆에서 흥미로운 소리가 나거나 다른 무언가가 보이면, 그쪽으로 시선을 돌리며 쉽게 주의가 산만해지기도 합니다. 이러한 모습은 마치 아기가 '아, 이제 배도 부르고 편안해'라는 것처럼 보입니다.

시간과 상황 파악하기

정해진 시간에 맞춰 먹이고 재우는 것은 부모에게 익숙하고 편안하게 느껴질 수 있습니다. 규칙적인 일정을 지키며 돌보면 잘하고 있다는 자신감이 들기도 합니다. 하지만 아기는 시계에 맞춰 움직이지 않고 자신만의 리듬과 신호를 통해 욕구를 표현합니다. 게다가 그 시간이 아기의 생체리듬과 맞지 않으면 오히려 문제가 발생할 수 있습니다.

이를 해결하기 위해서는 아기의 신호를 관찰하고 더 잘 이해하고 반응하는 것이 중요합니다. 예를 들어, 아기가 보통 일어난 지 1시간쯤 지나면 졸리기 시작하거나, 2시간이 지나면 배가 고파하는지를 유심히 살펴보세요. 이렇게 아기의 리듬을 파악하면, 아기가 울기 전에 필요한 것을 미리 준비할 수 있어 돌봄이 훨씬 수월해질 것입니다.

더불어 아기의 울음이 나타나는 시간과 상황을 함께 고려해 보는 것도 중요합니다. 소음이 심한 곳이나 어두운 환경에서 아기가 울기 시작한다면, 원인이 주변 환경에 있을 가능성이 큽니다. 이럴 때는 환경을 바꿔주면 아기가 한결 편안해질 수 있습니다. ==시간과 상황을 이해하면, 아기의 신호를 더 잘 읽을 수 있습니다. 이를 통해 부모는 아기가 원하는 것을 미리 예상하고 준비할 수 있게 됩니다.== 완벽할 필요는 없지만 부모가 아기와 함께 춤을 추듯이 반응하고 아기의 필요에 맞춰줄 수 있다면 그 과정에서 자신감도 커지고 아기와의 유대감도 깊어지게 됩니다.

생체리듬은 아기가 배고플 때와 졸릴 때를 포함해 몸의 여러 상태를 조절합니다. 대체로 같은 월령의 아기들은 비슷한 리듬을 가지고 있습니다. 보통 몇 번 수유를 하는지, 수유하는 데 걸리는 시간이 어느 정도인지, 얼마나 깨어 있을 수 있는지를 알면 아기가 칭얼거릴 때 단순히 배가 고픈 건지 아니면 졸린 건지를 예측하기가 쉬워집니다. 이런 정보는 아기의 신호를 더 잘 이해하고 반응하는 데 큰 도움을 줄 것입니다.

물론 모든 아기가 평균적인 패턴에 딱 맞는 것은 아닙니다. 아기마다 고유한 리듬이 있어, 어떤 아기는 평균보다 더 오래 자거나 더 자주 먹을 수 있습니다. 아기가 건강하고 행복하게 잘 자란다면, 조금 다르게 행동한다고 해서 걱정할 필요는 없습니다.

상황도 중요한 요소입니다. 아기의 주변이 조용하고 편안한 환경인지, 아니면 시끄럽고 방해가 되는 환경인지 확인해 보세요. 또한 수유 중에 부모가 집중하지 못하거나 아기에게 불필요한 스트레스를 주는 행동을 하고 있지는 않은지 살펴볼 필요가 있습니다. 또한 아기가 충분히 잠을 자지 못하거나 배가 아프거나 속이 더부룩한 상태라면, 이런 신체적 불편함이 아기의 기분과 행동에 직접적인 영향을 줄 수 있습니다. 4개월 된 아기가 수유 후 1시간이 지났고 2시간 전에 낮잠에서 깨어난 상태라면, 칭얼거리는 이유가 피곤함일 가능성이 높습니다. 반대로, 아기가 방금 깨어났고 이전 수유 때 평소보다 적게 먹었으며, 부모가 다른 일을 하고 있었다면, 칭얼거림의 원인은 지루함이나 배고픔일 수 있습니다. 이럴 때는 먼저 아기와 놀아주거나 안아주며 지루함을 달래주고 그래도 칭얼거린다면 수유를 통해 배고픔을 해결해 줄 수 있습니다.

아이를 키울 때 완벽하게 아기의 모든 요구를 이해하고 정확히 반응하기는 어렵습니다. 아무리 숙련된 부모라도 실수를 피할 수는 없습니다. 아기의 욕구는 끊임없이 변하기 때문에 배고픈 듯 보이지만 사실은 졸린 상태일 수도 있고, 지루해 보이지만 실제로는 불편함을 느끼는 경우도 있습니다. 이렇게 신호와 행동이 항상 일치하지 않기 때문에 부모가 정확히 파악하기 어려울 때가 많습니다. 그렇기에 아기를 돌보는 일은 마치 퍼즐을 맞추는 것과 비슷합니다. 아기가 칭얼거리거나 우는 이유를 정확히 알기 위해 하나씩 시도해보며 배고픔, 졸림, 불편함 중 어떤 것이 원인인지 찾아가는 과정이 필요합니다.

아이의 신호를 완벽하게 맞추지 못했다고 해서 자책하지 마세요. 부모로서 아기의 신호를 이해하고 반응할 때 항상 정확할 필요는 없습니다. 아이와 부모 간의 안정적인 정서적 유대감 형성에는 부모의 완벽한 반응이 필수가 아닙니다. 애착 이론 연구에 따르면 부모가 아이의 요구에 약 50% 정도 일관성 있게 반응해도 아이는 안정적인 애착을 형성할 수 있습니다. 쉽게 말해, 부모가 아기에게 충분히 잘 반응하려고 노력하는 것만으로도 아기에게는 큰 의미가 있습니다. 중요한 것은 아이에게 일관되게 관심을 기울이고 실수를 하더라도 다시 시도하면서 아이와의 관계를 키워나가려는 노력 그 자체입니다.

월령에 따른 평균 수면 시계

월령	아침 기상 후 깨어 있는 시간	밤잠 전 깨어 있는 시간	낮잠 횟수
1개월(~60일)	40~60분	1시간	4~6회
2개월(61~90일)	1시간~1시간 30분	1시간 30분~2시간	3~5회
3개월(91~120일)	1시간 30분 정도	2시간	3~5회
4개월(121~151일)	1시간 30분~2시간	2시간 30분	3~4회
5개월	2시간 정도	3시간	3~4회
6개월	2시간~2시간 30분	3시간 30분	2~3회
9개월	2시간 30분~3시간	4시간	2~3회
10개월	3시간 정도	4시간	2회
15개월	낮잠 1회 5~6시간 낮잠 2회 3~4시간	5~7시간	1~2회
24개월	5~6시간		1회

생체리듬 표는 아기의 하루 일과를 이해하고 문제를 해결하는 데 유용한 기준입니다. 이러한 표는 절대적인 기준이 아니라 참고 자료로 활용해야 합니다. 현실의 육아 상황에서는 시간뿐만 아니라 아기의 행동과 상태를 함께 관찰하는 것이 중요합니다. 아기가 생체리듬 표에서 제시하는 수면 시간이나 수유 간격을 벗어난 경우, 단순히 시간을 맞추려고 하기보다는 아기의 행동을 세심히 살펴보아야 합니다. 칭얼거리거나 울음이 잦아지는지, 깨어 있지 못하고 졸려 보이는지, 수유를 거부하거나 반대로 과식하는 모습이 보이는지, 아기가 일어나면서 울음을 터뜨리는지 등의 신호를 관찰하세요. 이런 전반적인 생활패턴을 함께 살펴보면 문제의 원인을 보다 명확히 이해할 수 있습니다. 생체리듬 표는 방향을 제시

하는 나침반일 뿐, 아기의 상태와 행동을 관찰하며 문제를 해결하는 것이 진짜 육아의 핵심입니다.

월령에 따른 평균 생체리듬

구분	낮 수유텀	밤 공복	총 수면 시간	총 낮잠 시간	최대 낮잠 시간	낮잠 변환
신생아	2~3 시간	3~4 시간	16~20 시간	6~8 시간	3시간	4회 이상
2개월	2~3 시간	5 시간	16~20 시간	6~8 시간	3시간	4회 이상
3개월	3~4 시간	6 시간	15~18 시간	5~6 시간	3시간	3~4회
5개월	4 시간	8 시간	14~16 시간	3~4 시간	2시간	2~3회
7개월	4 시간	9 시간	13~15 시간	3~4 시간	2시간	2~3회
10개월	4~5 시간	10~12 시간	13~15 시간	2시간 30분 ~ 4시간	2시간	2~3회
12개월	5~6 시간	12 시간	13~15 시간	2시간 30분 ~ 4시간	2시간	2~3회
15개월			13~14 시간		2~3시간	1~2회
18개월			13~14 시간		2~3시간	1~2회
24개월			12~14 시간		2시간	1회
36개월			12~14 시간		2시간	0~1회

ICRI 영아 생체리듬 협회

수유 Q&A

Q. 65일 된 은호는 새벽 2시에 마지막으로 수유하고 아침 7시에 일어났습니다. 은호가 일어나자마자 수유를 준비했지만 눈을 감은 채 젖병을 물려고 하지 않았습니다. 5시간 동안 공복 상태였는데도 은호가 먹지 않는 이유는 무엇일까요?

A. 은호가 수유를 거부하는 이유는 아직 정신이 완전히 깨어나지 않았기 때문일 가능성이 큽니다. 아기들은 잠에서 깨어난 직후에는 몸과 마음이 졸음에 머물러 먹지 않는 경우가 많습니다. 이럴 때는 은호의 몸과 마음을 서서히 깨우는 것이 중요합니다. 은호가 일어나면 먼저 기저귀를 벗기고 화장실로 데려가세요. 손에 물을 받아 은호의 엉덩이를 씻기고 손과 발도 살살 씻겨주세요. 씻기고 난 뒤, 기저귀를 채우고 눈을 맞추고 부드러운 목소리로 말을 걸어보세요. 그다음 은호를 자연광이 들어오는 창문 앞으로 데려가 아침 햇살을 보여주세요. 해가 뜨지 않았다면 조명을 켜서 집 안을 밝게 만들어

주세요. 밝은 빛은 은호의 생체리듬을 깨우고 낮과 밤의 구분을 도와줍니다. 그동안 은호가 입을 벌리며 빨려고 하거나 손을 입으로 가져가는 등의 배고픔 신호를 보낼 수 있습니다. 이때 수유를 시도하면, 은호가 훨씬 편안하게 받아들일 수 있어요.

Q. 5kg인 은호는 아침 7시 30분에 110ml를 먹고 젖병을 밀어내며 수유를 끝냈어요. 즐겁게 놀다가 8시쯤 갑자기 칭얼거리기 시작했어요. 또 배가 고픈 건가 싶어서 60ml 분유를 타서 줬는데 몇 번 빨더니 그냥 뱉어버리고 계속 칭얼거렸어요. 왜 그런 걸까요?

A. 은호가 다시 배고플 가능성은 낮습니다. 수유를 마칠 때 스스로 젖병을 밀어냈다면 이는 더 이상 먹고 싶지 않다는 신호입니다. 따라서 수유한 지 30분도 채 지나지 않은 상황에서는 배고픔 때문에 칭얼거리는 것은 아닐 가능성이 높습니다. 은호가 7시에 일어났다면 이는 졸린 신호일 수 있습니다. 이 시기의 아기들은 보통 1시간에서 1시간 30분 정도 깨어 있다가 피곤함을 느끼기 시작합니다. 졸린 아기들은 하품을 하거나 눈을 비비고 멍하니 허공을 바라보는 등의 신호를 보낼 수 있습니다.

Q. 은호는 아침에는 유독 오래 깨어 있지 못하는 것 같아요. 오후에는 1시간 30분도 거뜬히 깨어 있는데, 아침에는 금방 졸려 하더라고요.

A. 아침 시간에는 아기의 몸에 수면 호르몬이 아직 남아 있어서 첫 번째 낮잠에 들어가기 전 깨어 있는 시간이 다른 시간보다 짧을 수 있어요. 그래서 오전에는 금방 피곤함을 느낄 가능성이 높답니다.

Q. 125일이 된 리아는 예전에는 3시간마다 150ml씩 잘 먹었는데, 요즘은 오전 7시에 140ml를 수유하고 3시간 뒤인 10시에는 100ml도 먹기 싫어하고 뱉어버려요. 몸무게가 늘었으니 더 잘 먹어야 할 것 같은데, 혹시 무슨 문제가 있는 걸까요?

A. 리아가 자라면서 공복 시간이 더 길어졌을 가능성이 높습니다. 3시간마다 먹던 리아의 수유 간격이 이제는 3시간 30분에서 4시간 정도로 늘어난 것입니다. 따라서 오전 7시에 수유를 했다면, 다음 수유는 10시 30분에서 11시 사이가 적당합니다. 이 시간대에 리아가 배고픈 신호를 보내는지 관찰해 보세요. 만약 11시가 지나도 배고픈 신호가 보이지 않는다면, 젖병을 준비해 리아의 눈앞에 살짝 보여주는 방법을 시도할 수 있습니다. 하지만 먹을지 말지는 리아가 결정하도록 해주세요.

또한 리아가 7시에 일어나서 7시 10분쯤 수유를 했다면, 8시 30분에서 9시 사이에 졸린 신호를 보낼 가능성이 높습니다. 리아를 관찰하다가 졸려 보인다면 조용하고 편안한 수면 환경을 만들어 잠들 수 있도록 도와주세요. 이때 1시간에서 2시간 30분 정도 잘 수 있도록 해주는 것이 좋습니다. 그 이후, 리아가 깨어난다면 다시 10시 30분에서 11시 사이에 배고픈 신호를 확인하면서 수유를 권유해 보세요. 리아의 신호를 따라가며 수유와 수면을 조율하면 생체 리듬에 맞는 건강한 루틴을 만들어갈 수 있을 것입니다.

모유 수유로 이어지는
엄마와 아이의 첫 교감

PART 3

모유 수유의 첫걸음

왜 모유 수유를 하는가

아기와 엄마는 본능적으로 모유 수유를 통해 연결되어 있습니다. 아기들은 태어나면서 엄마의 가슴을 찾아 젖을 빠는 본능을 가지고 태어납니다. 이러한 본능은 다른 포유류에서도 볼 수 있습니다. 새끼 고양이들은 눈을 뜨지도 못한 상태에서도 더듬거리며 엄마의 가슴을 찾아 움직이며 이 본능적 움직임은 생존에 필수입니다. 그러나 이 본능은 여러 요인으로 인해 방해받거나 잘못 이해될 수 있습니다. 많은 엄마가 모유 수유에 이런 본능이 있다는 사실을 알지 못할 때가 많습니다. 하지만 아기의 타고난 본능을 잘 활용하면 모유 수유를 성공적으로 시작할 수 있습니다.

신생아의 본능

신생아는 놀라운 능력을 지니고 태어납니다. 영국의 조산사이자 연구자인 수잔 콜슨 박사는 신생아의 반사 중 많은 부분이 모유 수유에 중요한 역할을 한다는 사실을 발견했습니다. 신생아의 발바닥이 단단한 표면에 닿을 때 나타나는 걷기 반사는 아기가 가슴 쪽으로 다가가는 데 사용된다는 것을 밝혀냈습니다. 이 외에도 모유 수유를 돕는 아기의 반사 행동 20가지가 발견되었습니다. 이 반사들은 아기가 엄마의 가슴 쪽으로 이동하고, 젖을 물고 빨 수 있도록 도와줍니다. 아기는 태어난 직후부터 엄마의 냄새로 엄마를 찾고, 가슴이나 볼, 턱, 입천장이 닿으면 가슴에 가까이 왔음을 느낍니다. 이런 본능적인 감각들이 모유 수유를 준비하도록 돕는 것입니다.

또한 소아과 의사 마셜 클라우스와 사회복지사 필리스 클라우스에 따르면, 건강한 만삭아는 엄마와 눈을 맞추고, 엄마의 목소리를 들으면 그쪽으로 고개를 돌리며 냄새를 통해 엄마를 인식할 수 있다고 합니다. 소아과 의사 베리 브라젤턴의 연구에서도 신생아가 엄마의 목소리를 더 선호하고, 그쪽으로 고개를 돌리는 경향이 있다고 밝혀졌습니다.

이러한 본능적인 행동은 모유 수유 동안 차분한 분위기를 유지하도록 돕습니다. 배가 충분히 찬 아기는 젖을 먹고 곧바로 잠드는 경우도 많습니다. 또한 젖을 빠는 행동과 엄마와의 피부 접촉은 아기 몸에 옥시토신 같은 호르몬을 분비시켜 아기를 편안하게 만듭니다. 이 호르몬은 엄마와의 깊은 애착을 형성하는 데도 중요한 역할을 합니다.

엄마의 본능

많은 엄마가 "모유 수유가 자연스러운 것이라면 왜 이렇게 어려운 걸까요?"라고 묻습니다. 아기에게 모유 수유를 돕는 본능이 있듯 엄마에게도 타고난 본능이 내재되어 있습니다. 아기를 안고 있을 때 엄마의 피부 온도는 아기의 온도에 따라 올라가거나 내려가며 아기의 체온을 조절하는 데 도움을 줍니다. 또한 엄마의 젖꼭지는 아기의 촉감에 민감하게 반응하여 더 단단해지면서 아기가 쉽게 가슴을 찾도록 돕습니다. 그리고 모유 수유 중에는 옥시토신이라는 호르몬이 혈류로 분비되어 아기와 가까이 있고 싶은 감정을 느끼게 됩니다. 또한 이 호르몬은 모유 분비도 촉진합니다.

수잔 콜슨 박사는 엄마의 본능이 아기가 모유를 쉽게 빨 수 있도록 돕는 행동을 유도한다는 사실을 발견했습니다. 엄마들은 이런 본능을 가지고 있습니다. 그러나 자유 의지로 본능적 반응을 따를지 선택할 수 있습니다. 인간의 행동은 본능뿐 아니라 가치관이나 상황에도 영향을 받기 때문에 본능과 다르게 행동하기도 합니다.

모유 수유는 복잡하거나 많은 지식이 필요한 일이 아닙니다. 요즘 엄마들은 과거 어느 때보다 많은 정보를 접하며 경험으로 얻어야 하는 지식을 책으로 배우는 지식으로 대체하는 경향이 있습니다. 이러한 방법은 아기와 엄마가 가진 본능을 거스르게 할 수 있습니다. 수잔 콜슨 박사도 엄마가 모유 수유 중 논리적 사고에 지나치게 의존하면 몸을 편안하게 하고 아기와의 애착을 강화하는 옥시토신과 같은 호르몬 분비가 억제될 수 있다고 지적했습니다.

모유 수유 마인드셋

모유 수유를 성공적으로 하기 위해서는 실질적으로 도움이 되는 방법을 배우는 것뿐만 아니라 감정을 깊이 들여다보는 것도 도움이 됩니다. 스스로 모유 수유를 잘할 수 있다고 느끼는 마음과 실제로 모유 수유가 얼마나 잘 진행되는지 사이에는 깊은 연관이 있습니다. 다시 말해, 모유 수유가 잘되고 있다고 생각하면 수유 기간이 길어지고 더 즐겁게 경험할 가능성이 높아집니다. 모유 수유가 잘되지 않을 때도 자신감을 잃지 않고 긍정적인 태도를 가지면 회복 탄력성이 높아집니다. 또한 충분한 휴식과 식단 관리를 통해 자기 관리를 잘하게 되어 어려움을 극복하고 만족스러운 결과를 얻을 가능성이 큽니다. 옥시토신 시스템도 활성화되는데, 이는 뇌에 항염 효과를 주어 긍정적인 기분을 느끼게 하고, 산후 우울증의 위험을 줄이는 데도 도움이 됩니다.

그러나 불안감이 높고 모유 수유까지 순조롭지 않으면, 자신에 대한 의심과 무력감, 피로감, 죄책감이 커질 수 있습니다. 이러한 감정은 항염증 효과를 약화시키고 스트레스 시스템을 활성화해 원래 계획했던 것보다 더 일찍 모유 수유를 중단하게 될 가능성을 높입니다. 모유 수유를 할 때는 목표에 대한 확신을 가지면서도, 모든 상황이 계획대로 흘러가지 않을 수 있음을 받아들이는 태도가 중요합니다. 이런 마음가짐은 부모로서 자신감을 키워주고, 어려운 상황에서도 변화와 개선이 가능하다는 긍정적인 믿음을 갖게 합니다. 모유 수유를 하기로 결정했다면 그 결정을 내린 이유와 결정을 내린 과정을 기억하는 것이 어려운 순간을 견디는 데 긍정적인 힘으로 작용할 것입니다.

옥시토신의 힘

모유 수유에 문제가 생기면 엄마는 불안과 스트레스를 느끼게 되고, 이는 피로를 가중시켜 수유를 더욱 어렵게 만드는 악순환으로 이어질 수 있습니다. 하나의 문제가 시작되면 다른 요소들이 연이어 영향을 미쳐 엄마와 아기 모두에게 큰 부담이 됩니다. 엄마의 불안이 아기에게 전해지고, 아기의 수면 문제나 피로가 다시 엄마의 스트레스를 심화시키는 경우도 많습니다. 그렇다면 이 악순환을 어떻게 끊어내고 긍정적인 변화를 만들 수 있을까요? 해답은 바로 옥시토신 호르몬입니다.

옥시토신은 엄마와 아기 사이의 애착을 형성하고 감정적 유대감을 강화하는 데 중요한 역할을 합니다. 이 호르몬이 활성화되면 엄마는 아기와 더 깊이 연결된 느낌을 받고, 아기를 온전히 받아들이는 마음이 생깁니다. 이것이 바로 모성애로 느끼는 깊은 애착과 연결의 근원입니다. 또한 옥시토신은 아기를 보호하기 위한 본능적인 반응을 이끌어내기도 합니다. 아기에게 위험이 닥치면 엄마는 본능적으로 아기를 지키는 존재로 변모합니다.

옥시토신은 스트레스 호르몬인 코르티솔의 생성을 억제하여 혈압을 낮추고 전반적인 스트레스를 줄여 몸과 마음을 평온하게 만듭니다. 불안을 줄이고 안정감을 높여 단조로운 상황에서도 편안함을 느끼게 해줍니다. 옥시토신은 신체 변화에도 영향을 미칩니다. 옥시토신은 엄마와 아기의 혈류를 증가시켜, 수유 시 엄마의 유방과 아기의 피부에 혈액이 원활히 공급되도록 돕습니다. 또한 소화를 원활하게 만들어 엄마와 아기가 필요한 영양소를 더 효과적으로 흡수할 수 있도록 돕습니다. 이와 함께 식욕을 증가시켜 엄마와 아기가 필요한 만큼 음식을 섭취할 수 있게 합니다.

아기와의 피부 접촉은 부모와 아기 모두의 옥시토신 수치를 높이는 중요한 역할을 합니다. 아기가 태어나 엄마와 피부를 맞대는 순간은 매우 특별합니다. 아기의 부드러운 피부와 향은 엄마에게 강한 애정을 불러일으키고 엄마의 손길은 아기에게 깊은 편안함을 줍니다. 이런 피부 접촉은 엄마와 아기 모두를 진정시키며 안정감을 느끼게 합니다.

아프리카 남부의 의사 닐스 버그만 박사는 첨단 장비 없이도 신생아 사망률을 획기적으로 줄였습니다. 그는 하루 2~3시간씩 엄마와 아기가 피부로 접촉하는 캥거루 케어를 통해 조산아 생존률을 높였습니다. 캥거루 케어를 받은 아기들은 산소 수치와 심박수가 안정되고 수면 시간이 늘어나는 긍정적인 변화를 보였습니다. 엄마들은 캥거루 케어 덕분에 자신감이 높아지고 아기와의 유대감이 깊어졌다고 느꼈습니다. 버그만 박사는 포유류는 서식지에 따라 고유한 본능을 보이도록 프로그램되어 있고, 아기에게도 엄마의 품과 모유 수유가 생존을 위한 서식지 역할을 하는 것이라고 설명했습니다.

엄마와 아기의 분리는 정서적 애착에 부정적 영향을 줄 수 있습니다. 2차 세계대전 후 유럽의 고아들은 정서적 애착이 부족해 건강과 생존에 어려움을 겪었습니다. 정신과 의사 존 보울비와 르네 스피츠는 정서적 애착이 생존에 중요하다는 사실을 연구를 통해 밝혀냈습니다. 할로우 박사 역시 아기 원숭이들이 차가운 철사로 만든 엄마보다 부드러운 수건으로 만든 엄마에게 매달리는 실험을 통해 부드러운 접촉이 안정감과 애정을 키운다는 점을 확인했습니다. 이러한 연구들은 출생 직후 엄마와 아기가 함께하며 피부 접촉을 하는 것이 모유 수유를 촉진하고 스트레스를 줄이는 데 도움이 된다는 점을 알려줍니다. 엄마의 손길이 전달하는 사랑과 안정감은 아기의 평생에 영향을 미치는 중요한 시작점이 될 것입니다.

생후 첫 주, 모유 수유는 이렇게

아기가 태어난 후 며칠은 엄마와 아기 모두에게 중요한 시기입니다. 이 시기에 모유 수유를 자주 하면 이후 모유 생성량이 늘어나 수유를 더욱 원활하게 이어갈 수 있습니다. 출생 후 2시간 동안 신생아는 깨어 있으면서 빨고자 하는 욕구가 강합니다. 이때 아기는 모유 수유를 가장 잘 받아들입니다. 태어나서 즉시 수유를 시작하면 엄마의 자신감을 높여줄 뿐만 아니라 자궁 수축을 유도하는 호르몬을 자극하여 출혈을 줄이는 데도 도움이 됩니다. 초유의 양은 적지만 신생아의 위 용적에 맞게 준비되어 있습니다. 초유는 노란색이거나 무색입니다. 성분은 혈액에 가까워 백혈구를 통해 유해한 박테리아를 공격하는 역할을 합니다. 또한 아기의 장을 보호막으로 감싸 외부의 박테리아 침입을 막고 엄마로부터 전달된 높은 농도의 항체를 제공합니다. ==초유는 신생아를 질병으로부터 보호할 뿐만 아니라 아기에게 가장 이상적인 음식입니다.== 초유는 단백질이 풍부하고 당과 지방이 적어 소화가 쉽기에 위 크기가 작은 신생아에게 최적의 음식입니다. 초유를 자주 섭취하면 신생아의 첫 번째 대변인 태변과 함께 빌리루빈이 몸에서 배출되어 황달의 발생과 중증도를 줄이는 데도 효과적입니다.

일반적으로 신생아는 가장 이상적인 음식인 초유만으로 충분하며 다른 액체는 필요하지 않습니다. 다만 엄마가 당뇨병이 있거나 아기의 체중이 너무 낮거나 큰 경우, 또는 분만 중 비정상적인 스트레스를 겪은 경우에는 저혈당증이 발생할 수 있어 추가적인 관리가 필요할 수 있습니다. 이 시기에 엄마의 유두가 아니라 젖병의 젖꼭지에 익숙해지면 아기가 가슴을 잘 물기 위해 입을 크게 벌리는 본능이 줄어들 수 있습니다. 모유 수유를 할 때는 젖병처럼 빠르게 젖이 나오지 않아 모유 수유에 대한 흥미를 떨어뜨릴 수 있고 수유 빈도도 줄어들 위험이 있습니다.

따라서 아기가 젖병이 아닌 엄마의 가슴을 제대로 물 수 있도록, 출산 직후 가능한 한 빠르게 모유 수유를 시작하는 것이 중요합니다. 대부분의 아기는 태어나고 나서 약 2시간 후 깊이 잠들게 되며 이때부터 몇 시간 동안은 깨우기 어렵습니다. 만약 이때 모유 수유를 시작하지 못하면 아기가 깨어났을 때 모유를 잘 물지 않거나 수유를 거부할 가능성이 높아집니다. 출산 직후 수유할 기회를 놓쳤거나 아기가 가슴을 잘 물지 못하더라도 낙심하지 마세요. 출산 후 몇 시간이나 며칠 후에도 성공적으로 수유를 시작할 수 있습니다.

적은 양을 자주, 집중적으로 수유하기

태어나기 전까지 아기는 한 번도 배고픔을 느낀 적이 없었습니다. 탯

줄을 통해 영양과 산소를 계속 공급받았기 때문입니다. 태어난 후 아기는 처음으로 배고픔을 느끼고 입을 통해 우유를 받는 새로운 경험을 시작합니다. 그렇기에 신생아는 적은 양을 수유해야 합니다. 적은 양을 자주 먹는 수유 패턴이 건강한 식습관 형성에 도움이 되기 때문입니다. 그러나 많은 부모는 아기에게 한 번에 가능한 한 많은 양을 먹이고 수유 횟수를 줄이는 방식을 권장받습니다. 이는 과식으로 이어질 수 있고 나중에 비만 위험이 높아질 수 있습니다.

적은 양을 자주 먹이는 또 다른 이유는 아기들이 출생 시 이미 많은 수분을 지니고 태어나기 때문입니다. 태아는 자궁 안에서 태지로 덮인 상태로 물속에 있기 때문에 태어날 때 수분이 풍부한 상태로 태어납니다. 출생 후 아기는 이 수분을 배출하기 시작하며, 체중이 약간 줄어드는 이유도 바로 이것 때문입니다.

연구에 따르면, 생후 첫날 신생아의 위는 구슬 크기 정도에 불과합니다. 한 번에 5~10ml 정도의 양만 소화할 수 있는 것이죠. 생후 3일째가 되어서야 위장은 탁구공 크기 정도로 확장되어 더 많은 모유를 먹을 수 있습니다. 따라서 신생아에게는 적은 양을 자주 수유하는 방식이 가장 적합합니다.

신생아의 평균 수유량

일수	평균 수유량(ml)
3일	30ml
1주	45ml
2주	60~75ml
1개월	90~120ml

신생아에게 모유 수유를 자주 하는 것은 아기와 엄마 모두에게 많은 이점을 제공합니다. 일본의 한 연구에 따르면, 출생 직후 첫 24시간 동안 자주 모유 수유한 아기들은 체중 감소가 적었습니다. 이 아기들은 배변 횟수가 많고 황달 증상이 줄어드는 경향을 보였습니다. 생후 2일, 3일, 5일째에 모유 섭취량도 더 많았다고 밝혀졌습니다.

==신생아는 위 크기가 매우 작아 한 번에 많은 양을 섭취할 수 없습니다. 그렇기에 자주 모유 수유하면 아기는 필요한 영양분을 지속적으로 얻을 수 있고 젖을 물고 빨기를 더 쉽게 배울 수 있습니다.== 동시에 엄마의 옥시토신 분비도 늘어나 유대감 형성에도 긍정적인 영향을 미칩니다.

신생아는 하루 8번에서 12번 정도 모유 수유를 하지만 일정한 간격으로 모유 수유를 하지 않습니다. 생후 6주까지는 규칙적인 스케줄을 따르기 어렵기 때문입니다. 6주 이내의 아기들은 특정한 시간대에 30분 또는 1시간마다 모유 수유를 집중적으로 원할 수도 있습니다. 반대로 다른 시간대에는 수유 간격이 길어질 수 있습니다. 밤에 긴 수유 간격이 생기면 좋겠지만 초기에는 낮 동안에 수유 간격이 더 길어집니다. 처음 몇 주 동안 이는 흔한 일이며, 아기가 충분히 먹지 못하고 있다는 신호도 아니고 모유 수유에 문제가 있다는 신호도 아닙니다. 이는 오히려 아기가 모유 생성이 잘 이루어지도록 돕고 있다는 신호입니다.

첫 주의 모유 수유 기본 핵심

◆ **한쪽만 수유할까요, 양쪽 다 수유할까요**

답은 아기의 반응에 따라 결정하는 것입니다. 아기가 건강하고 모유 수유를 잘하고 있다면 언제 반대쪽으로 옮길지 스스로 신호를 보낼 수 있습니다. 예를 들어, 아기가 한쪽 가슴에서 계속 잘 먹고 만족스러운 모습을 보인다면 한쪽만 먹이는 것도 괜찮습니다. 이 경우, 반대쪽 가슴이 불편하다면 젖을 약간 짜서 유선이 막히지 않도록 관리해야 합니다. 다만, 양이 부족한 경우에는 상황이 달라집니다. 아기가 한쪽 가슴을 5~7분 정도 먹다가 양이 적어 짜증을 내거나 먹는 것을 멈추고 잠들려는 모습을 보인다면, 반대쪽 가슴으로 옮겨 수유를 시도해 봅니다.

♦ 한쪽 가슴을 완전히 비우기

예전에는 한쪽 가슴에서 10~15분 정도 수유한 뒤 반대쪽으로 옮기는 방법이 일반적이었습니다. 이 방식이 많은 엄마와 아기에게 잘 맞았지만, 모든 경우에 효과적이지는 않았습니다. 엄마들은 충분한 모유를 생성하고 있었는데도 아기들의 체중이 잘 늘지 않는 경우가 있었습니다. 또 아기들은 배앓이를 자주 겪었고 초록색 거품이 섞인 변을 보곤 했습니다. 원인은 10~15분 후에 아기를 반대쪽 가슴으로 옮기라는 일반적인 조언을 따랐기 때문이었습니다.

영국의 생리학자 마이클 울리드리지 박사와 조산사 클로이 피셔가 이 문제를 연구한 결과, 모유 내 지방 함량이 시간이 지남에 따라 변한다고 설명했습니다. 모유는 처음 나올 때 지방 함량이 낮고 가슴이 비워지면서 점차 지방 함량이 높은 모유가 나옵니다. 그러나 아기를 너무 빨리 반대쪽 가슴으로 옮기면 지방이 적은 모유만 먹게 됩니다. 그 결과 아기는 저지방 모유로 배를 채우게 되어 소화가 빨라지고 가스와 산통이 생기며 체중이 잘 늘지 않게 됩니다. 해결책은 간단합니다. 첫 번째 가슴에서 충분히 먹을 때까지 아기를 두는 것입니다. 이렇게 하면 아기는 저지방 모유와 고지방 모유를 모두 섭취하여 모유가 장 내에 오래 머무르게 되고 배앓이와 산통을 예방하며 체중 증가에도 도움이 됩니다.

◆ 아기의 리드를 따르는 수유

한쪽 가슴에서 아기가 스스로 젖을 놓을 때까지 수유하면 모유 수유가 훨씬 간단해집니다. 시계를 확인하거나 모유의 지방 함량을 걱정할 필요도 없습니다. 아기가 한쪽 가슴에서 충분히 먹고 스스로 흡착을 풀면 기저귀를 갈아주며 반대쪽 가슴을 먹을 준비를 도와주면 됩니다. 아기가 깨어나 반대쪽 가슴을 먹고 싶어 하면 주고 원하지 않으면 그대로 두어도 괜찮습니다.

보통 모유량이 늘어나는 3~4일째가 되면 대부분의 아기는 한쪽만 먹기도 하고, 양쪽을 모두 먹기도 합니다. 어른들처럼 아기 중에도 빨리 먹는 아기가 있고 천천히 먹는 아기가 있습니다. 아기마다 먹는 속도가 다르기에 수유 시간을 시계로 측정하는 것은 큰 의미가 없습니다. 아기만이 한쪽 가슴에서 모유 흐름이 느려졌는지, 다른 쪽으로 옮길 준비가 되었는지 스스로 판단할 수 있습니다. 또한 아기만이 충분한 양을 먹었는지, 전유와 후유를 적절한 비율로 섭취했는지를 알 수 있습니다. 아기에게 이 결정을 맡기는 것이 건강한 식습관 형성의 시작입니다.

◆ 모든 아기가 다릅니다

모든 엄마와 아기에게 동일한 수유 패턴을 권장하는 육아 방식은 주의해야 합니다. 모유 저장 용량이 큰 엄마는 아기가 한쪽 가슴만 먹어도 만족하는 경우가 많습니다. 반면, 저장 용량이 작은 엄마는 아기가 양쪽 가슴에서 모두 먹고 싶어 할 때가 더 많습니다. 엄마와 아기는 각각 다르기에 모든 상황에 맞는 일률적인 수유 규칙은 존재하지 않습니다.

밤에 더 자주 깨서 모유 수유하는 이유?

연구에 따르면, 대부분의 아기들은 태어날 때 밤과 낮의 구분이 반대라고 합니다. 아기들은 낮에는 더 많이 자고, 밤에는 모유 수유를 더 자주 요구하는 경향을 보입니다. 호주의 간호사 스테파니 벤슨이 모유 수유 엄마와 아기 37명을 대상으로 출생 후 60시간 동안 관찰한 결과, 새벽 3시에서 오전 9시 사이에는 수유 횟수가 가장 적었고, 낮 시간이 되면서 수유 빈도가 점차 증가했습니다. 반면, 밤 9시부터 새벽 3시까지는 수유 횟수가 가장 많았습니다. 그 이유에는 몇 가지 이론이 있습니다. 가설 하나는, 아기들이 배 속에 있을 때 낮 동안 엄마가 움직이며 활동하면 흔들리면서 푹 잠들고, 밤에 엄마가 가만히 있으면 깨기 때문이라고 합니다. 태어나서도 배 속에서의 상황을 기억하는 것이죠. 정확한 이유는 아직 밝혀지지 않았지만, 이런 패턴은 신생아에게 매우 흔하게 나타납니다.

생후 첫 주, 모유 수유 확인 방법

처음 모유 수유를 시작하면 제대로 되고 있는지 걱정하는 경우가 많습니다. 젖병을 사용해 본 경험이 있는 엄마들은 아기가 얼마나 먹는지 눈으로 확인할 수 없어 불안해하기도 합니다. 다행히도 아기가 충분히 모유를 먹고 있는지 확인할 수 있는 여러 가지 방법이 있습니다.

출생 후 1~4일

◆ **엄마의 가슴**

출산 직후부터 모유량이 증가하는 3~4일째까지는 가슴이 꽉 차는 느낌을 받지 못하고 가슴이 부드럽게 느껴질 것입니다. 이는 아기에게도 유리한데, 가슴이 딱딱해지기 전에 부드러운 가슴에서 젖을 빠는 연습을 할 수 있기 때문입니다. 이러한 연습 덕분에 아기는 모유 생성이 증가하면서 가슴의 질감이 변화하더라도 쉽게 적응할 수 있습니다.

♦ **아기의 기저귀**

　첫 며칠 동안 초유의 양이 적은 이유는 아기의 위가 작아 많은 양을 소화할 수 없기 때문입니다. 또한 태어날 때 체액을 충분히 가지고 있어 많은 수분이 필요하지 않습니다. 초유의 양이 적기 때문에 젖은 기저귀의 수도 모유량이 늘어날 때까지는 적습니다. 아기가 소량씩 자주 수유하면 모유도 점차 증가합니다. 첫 주가 끝날 무렵에는 아기의 소변 배출량이 약 10배 정도로 늘어날 것입니다

♦ **아기의 대변**

　아기가 처음 보는 변을 태변이라고 합니다. 태변은 검고 끈적한데, 모유로 만들어진 것이 아니라 출생 전 아기의 장에 남아 있던 물질로 이루어져 있습니다. 태변을 빨리 배출하는 것은 신생아 황달을 예방하는 데 중요합니다. 초유는 태변이 빨리 배출되도록 돕습니다. 아기가 모유 수유를 잘하고 있다면 3~4일째에 변의 색이 검은색에서 녹색으로 변하기 시작합니다. 넷째 날 이후에도 아기가 검은 태변을 본다면 전문의에게 검사를 받는 것이 좋습니다. 다섯째 날이 되면 아기의 변은 노란색으로 바뀌어야 합니다.

　아기의 변을 기록하는 것이 좋고 변을 셀 때는 손가락 한 마디 이상의 크기를 하나로 계산합니다. 아기의 변이 예상보다 빨리 녹색이나 노란색으로 변하면, 이는 모유 수유가 잘 진행되고 있음을 의미합니다. 모유 수유 중인 아기의 변은 어른의 변과 전혀 다르며 냄새도 다릅니다. 변은 묽고 액체와 작은 덩어리가 섞여 있는 형태입니다. 변에 씨가 박힌 듯 보이거나 물 같은 형태도 있는데 둘 다 정상입니다.

태변이 완전히 배출된 후 아기의 정상 변은 연한 갈색, 노란색, 초록색 등 다양하게 나타날 수 있습니다. 모유는 아기의 장에 긍정적인 영향을 주어, 모든 수유를 모유로 진행하는 경우 변의 냄새가 거의 나지 않고 자극적이지 않습니다. 그러나 아기가 분유를 먹게 되면 장내 세균군이 바뀌어 변의 냄새도 달라집니다.

◆ **아기의 체중**

신생아는 출생 후 며칠 동안 수분을 배출하며 체중이 줄어드는 경향이 있습니다. 한 연구에 따르면, 모유 수유가 충분한 신생아들은 출생 후 3~4일 동안 체중이 출생 체중의 최대 7% 이상 줄지 않았습니다. 신생아의 체중이 출생 체중의 10% 이내로 줄어드는 것은 정상으로 간주됩니다. 그러나 아기가 출생 체중의 7~10%를 잃었다면 모유 수유 방법을 점검하여 제대로 먹고 있는지 확인할 필요가 있습니다. 보통 생후 4일째가 체중이 가장 낮은 시점입니다. 초보 부모들은 종종 자신의 체중을 먼저 잰 후 아기를 안고 재는 방식을 시도합니다. 그러나 이 방법은 정확도가 떨어집니다. 아기 체중계를 사용하고 기저귀를 뺀 상태에서 아기의 체중을 측정하는 것이 바람직합니다.

◆ **아기의 수유 패턴**

신생아의 수유 패턴은 생후 며칠 동안 다양합니다. 제한 없이 모유 수유를 할 경우 일부 아기들은 한쪽 가슴에서 충분히 먹은 뒤 반대쪽으로 옮겨 수유를 이어가며 이런 방식으로 몇 시간 동안 양쪽 가슴에서 번갈아 수유를 지속하는 경우도 있습니다. 그 후 몇 시간 동안 푹 잠을 자기도 합니다. 이러한 패턴은 모유가 늘어나는 3~4일째까지 반복될 수 있습니다. 반면, 일부 아기들은 짧게 10~15분 정도 수유하면서 24시간 내내 30~40분 간격으로 수유를 요구할 수 있습니다. 이러한 패턴은 오래 지속되지는 않습니다. 아기의 요구에 따라 초반에 자주 수유하면 모유가 빠르게 증가합니다.

산모가 출산 중에 진통제를 사용했거나 분만 시간이 길고 힘들었던 경우, 일부 아기들은 초반 며칠 동안 수유에 관심이 없거나 졸려 보일 수 있습니다. 그러나 이런 아기들 역시 다른 아기들만큼 엄마의 모유가 필요합니다. 아기가 24시간 동안 최소 8번 이상 깨어나 수유하지 않거나 수유 중 몇 분 만에 잠든다면 엄마의 도움이 필요할 수 있습니다. 아기가 가볍게 잠든 상태일 때(눈이 움직이거나 입을 살짝 여는 등) 젖을 물려보세요. 초반 며칠 동안 가장 중요한 것은 수유 횟수입니다. 하루에 최소 8~12회 이상 수유하는 것을 목표로 삼으세요.

출생 후 4~7일

♦ **엄마의 가슴**

초기 며칠 동안 자주 수유했다면 모유가 늘어도 가슴이 꽉 찬 느낌이 들지 않을 수 있습니다. 그러나 대부분 모유가 늘면서 가슴에 약간의 팽창감을 느끼게 되며 가슴이 커지고 무거워지고 민감해지기도 합니다. 이 시기에는 모유가 만들어지는 것 외에도 혈류가 증가해 유방 조직이 부풀어 오릅니다. 출산 중 정맥주사를 맞았다면 추가적인 체액으로 인해 부기가 더 심해질 수 있습니다.

초반 며칠 동안 모유가 원활히 배출되지 않으면 유방이 과도하게 부풀어 오르는 울혈이 생깁니다. 울혈이 발생하면 가슴이 단단하고 뜨거워지며 불편할 수 있습니다. 다행히 울혈은 12~48시간 내 해소됩니다. 아기가 모유 수유를 잘하고 있다면 가슴의 팽창감은 대개 2~3주 정도 지속됩니다. 출산 후 호르몬이 안정되고 모유 생산이 자리 잡으면서 가슴은 평소처럼 부드러워지고 팽창감도 줄어듭니다.

♦ **아기의 기저귀**

3~4일째부터 모유가 늘어나면서 아기의 기저귀 수가 급격히 증가합니다. 첫 며칠 동안 하루에 1~2개에 불과했던 기저귀가 이제 하루에 5~6개로 늘어납니다. 아기가 생후 일주일이 되면, 구슬 크기였던 위가 거의 달걀 크기로 늘어나면서 더 많은 양의 모유를 섭취할 수 있습니다. 그 결과 기저귀 사용도 늘어납니다.

♦ **아기의 대변**

아기의 대변에도 변화가 나타납니다. 출생 당시의 검은색 태변은 모두 배출되어야 합니다. 생후 4~7일 된 아기의 변은 완전히 모유로만 만들어집니다. 아기의 변은 아기가 충분한 양의 모유를 섭취하고 있는지, 엄마의 모유 생산이 원활한지를 보여주는 중요한 지표가 됩니다.

대변은 지방 함량이 높은 후유에서 나오기 때문에 아기가 충분한 시간 동안 가슴을 잘 비워낼 수 있어야 합니다. 아기가 저지방 우유만 섭취할 경우 기저귀는 충분히 젖어도 지방 함량이 높은 후유를 충분히 먹지 못해 변이 적거나 나오지 않을 수 있습니다. 아기가 대변을 보지 않는다면 이는 문제의 신호일 수 있습니다. 아기가 모유를 효과적으로 먹지 못하거나 엄마의 모유 생산이 충분하지 않을 수 있습니다. 아기가 유방을 제대로 비우지 못하면 엄마의 모유 생산이 충분히 자극받지 않아 수유에도 영향을 미칠 수 있습니다.

♦ 아기의 체중

아기의 체중은 모유 수유가 잘되고 있는지를 확인하는 중요한 지표입니다. 아기가 대변을 적게 보는 것이 문제가 되는지 아니면 정상인지 궁금하다면 아기의 체중을 살펴보세요. 아기는 보통 생후 3~4일에 최저 체중에 도달합니다. 완전 모유 수유를 하는 아기의 경우, 최저 체중을 기준으로 매주 200~230g 정도 체중이 늘어납니다. 남아는 여아보다 체중 증가 속도가 약간 더 빠른 경향이 있습니다.

♦ 아기의 수유 패턴

모유가 늘어나면서 수유 중에 삼키는 소리도 더 자주 들리며 수유 후 더 편안해하는 모습을 보일 것입니다. 이는 모유가 충분히 생성되면서 자연스럽게 나타나는 현상입니다. 하지만 아직 대부분의 아기에게는 규칙적인 수유 패턴이 자리 잡히기에는 이른 시기입니다. 생후 일주일 된 아기의 위는 달걀보다 조금 작은 크기로 미성숙한 상태이기 때문에 특정 시간대에 집중적으로 수유를 하려는 행동은 정상입니다. 4~5시간 정도 이어서 자는 것도 흔한 패턴입니다. 이러한 집중 수유는 생후 약 6주까지 대부분의 모유 수유 아기에게서 나타나며 아기의 위가 커지고 모유를 보다 효율적으로 섭취하게 되면 자연스럽게 변화할 것입니다.

대부분의 신생아는 한 번의 수유에서 20~40분 동안 적극적으로 모유를 먹다가 중간에 잠시 멈춥니다. 아기가 첫 번째 유방을 비우고 나서 기저귀를 갈아주며 관심을 유도한 후 다른 쪽 가슴을 물려주세요. 아기들은 보통 어떤 수유 때에는 한쪽 유방만, 다른 수유 때에는 양쪽 유방을 모두 먹습니다. 수유 시간이 평균적이지 않더라도, 아기의 체중이 잘 늘고 있다면 걱정할 필요가 없습니다. 아기가 건강하게 성장하고 있다면 모든 것이 잘 진행되고 있는 것입니다.

모유 수유
첫 40일의 기적

2

40일 동안의 모유 수유

　모유 수유를 시작할 때는 나름의 기대를 품게 되지만 현실은 예상과 다를 때가 많습니다. 첫 40일은 엄마가 모유 수유에 적응하며 자리를 잡기 위해 많은 노력이 필요한 시기입니다. 초반에는 모유 수유가 낯설고 어색하게 느껴질 수 있습니다. 하지만 몇 주가 지나면서 엄마와 아기는 점차 서로의 리듬을 맞추며 조화를 이루게 됩니다. 모유 수유는 장기적으로 시간과 비용을 절약해 줍니다. 첫 40일 동안의 여정은 엄마의 선택에 따라 쉽게 혹은 어렵게 만들 수 있습니다. 이러한 선택들은 모유 수유뿐만 아니라 자녀와의 관계 형성에 기초가 되며, 아기의 신체적·정신적 건강에도 영향을 줄 수 있습니다.

첫 40일의 모유 수유 기본 핵심

◆ **놀라운 첫 40일의 모유량**
　첫 40일은 모유 생산을 안정적으로 자리 잡게 하는 데 있어 가장 중요한 시기입니다. 출산 후, 엄마의 몸은 모유를 만들기 위한 준비를 마친 상태입니다. 임신 중에 분비된 호르몬이 유선을 성장시키고 유방을 모유 수유에 적합하게 변화시켰기 때문입니다. 아기가 태어나 태반이 자궁에서 분리되면, 호르몬 체계가 변하면서 모유 생산이 본격적으로 시작됩니다.

생후 첫째 주 동안 자주 모유 수유를 하면 모유 생산량은 10배로 증가합니다. 출산 후 하루 약 30ml였던 모유 생산량은 5~7일째에 하루 약 300~360ml로 증가합니다. 이때 아기의 위 크기도 구슬 크기에서 달걀 크기로 확장됩니다. 한 번의 수유에서 약 30~45ml를 편하게 섭취할 수 있습니다. 둘째 주와 셋째 주에도 자주 수유하면 모유 생산량은 계속 증가합니다. 아기는 한 번에 약 60~90ml를 섭취하며, 하루에 약 600~750ml를 먹습니다. 이 시기에는 아기가 더 자주 수유하고 수유 시간도 늘어납니다. 이는 단순히 배가 고파서가 아니라, 성장에 필요한 모유를 충분히 얻기 위해 엄마의 몸에 모유를 더 많이 생산하라는 신호를 보내는 행동입니다. 이러한 성장 급증기는 생후 2~3주, 6주, 3개월에 주로 발생합니다. 넷째 주에 아기는 한 번의 수유에서 90~120ml를 섭취합니다. 한 달이 지나면 엄마는 아기가 필요로 하는 하루 모유량을 거의 생산하게 됩니다.

==첫 40일 동안은 완전 모유 수유를 유지하는 것이 가장 이상적입니다. 이 시기에 모유량이 충분히 늘지 않으면, 이후에 모유량을 늘리는 일이 훨씬 어려워질 수 있기 때문이죠.== 출산 후 한 달이 지나서도 모유량을 늘리는 데 성공한 사례가 있지만, 초기 관리를 소홀히 하면 아무리 노력해도 모유 생산이 어려운 경우가 있습니다. 출생 후 1~2주 동안의 잦은 모유 수

유가 유방의 프로락틴 수용체를 활성화하여 최대 모유 생산량을 결정합니다. 그런데 이 시기에 충분한 프로락틴 수용체를 활성화하지 못하면 이후 모유 생산량이 제한될 수 있습니다. 그 결과, 출산 직후 초기 2주 동안 모유량을 늘리는 데 들였던 노력보다 더 많은 노력이 필요할 수 있습니다.

♦ 24시간 동안 섭취하는 수유량

모유 생산을 이해하려면 단순히 하루 동안 얼마나 많은 양이 만들어지는지만 확인하는 것으로는 부족합니다. 유방의 모유 생산 방식은 수도꼭지처럼 일정한 양을 계속 내보내는 방식이 아닙니다. 대신, 시간대와 아기의 수유 패턴에 따라 달라지며 하루 동안 일정한 리듬에 맞춰 조절됩니다.

예를 들어, 아침 시간은 일반적으로 모유 생산이 가장 활발한 시간대입니다. 유축을 하는 엄마들은 이 시간에 다른 시간대보다 모유량이 늘어나는 경험을 자주 합니다. 완전 모유 수유를 하는 엄마들 역시 아침 수유 간격이 다른 시간대보다 길어지는 것을 체감합니다. 왜 이런 차이가 있을까요? 이는 모유 생산에 중요한 호르몬인 프로락틴의 변화 때문입니다. 프로락틴은 새벽에 최고치를 기록하며 모유 생산이 가장 활발해집니다. 또한 밤사이 아기들이 수유를 덜 하게 되면서 유방에 모유가 더 많이 축적되는 것도 주요 원인으로 볼 수 있습니다.

오후에는 모유 생산량이 낮아지기 때문에 아기들이 필요한 모유를 얻기 위해 수유를 더 자주 요구하는 경향이 있습니다. 아침에 수유 간격이 몇 시간씩 길어졌던 아기가 오후가 되면 1시간, 30분의 간격으로 모유를 찾는 경우도 흔합니다. 유축을 하는 엄마들 역시 오후 시간대에 유축량이 줄어드는 것을 체감합니다. 그러나 이는 자연스러운 생리적 변화일 뿐, 모유가 부족하다는 의미는 아닙니다.

이렇게 수유를 자주 찾는 시간대는 주로 엄마가 저녁 식사를 하는 시간과 겹칩니다. 경우에 따라 빈번한 수유는 저녁 내내 이어질 수도 있습니다. 하지만 중요한 것은 하루 24시간 동안 아기가 섭취하는 모유의 총량입니다. 저녁 시간의 마라톤 수유는 보통 출생 후 초기 40일 동안 집중적으로 나타나는 현상입니다. 시간이 지나 아기가 성장하고 위 크기가 커지면, 모유를 더 효율적으로 섭취하는 방법을 배우며 점차 예측 가능한 수유 패턴을 형성하게 됩니다.

♦ **정해진 스케줄 VS 고유의 리듬**

엄마의 유방이 매시간 똑같은 양의 모유를 생산하고, 모든 엄마가 같은 양의 모유를 만든다면, 정해진 스케줄에 따라 모유 수유를 하는 것이 효과적일 수도 있습니다. 하지만 실제 상황은 그렇지 않습니다. 유방에 저장할 수 있는 모유량은 엄마마다 다릅니다. 이 차이는 아기의 성장과 체중 증가를 위해 수유를 얼마나 자주 해야 하는지에 영향을 미칩니다. 또한 엄마의 모유량은 아기의 수유 리듬에도 영향을 미칩니다. 생후 40일 이내에는 아기의 요구에 맞춰 유연하게 조정하는 것이 중요합니다.

그러나 초보 부모들은 빨리 일정한 수유 시간을 맞추고 싶어 합니다. 그럼에도 이 시기에는 정해진 수유 시간을 따르는 것이 오히려 맞지 않을 수도 있습니다. 사실 아기가 건강하고 수유가 잘 이루어지고 있다면, 본능적으로 필요한 양의 모유를 충분히 섭취하고 있을 가능성이 높습니다. 그러나 부모가 정해진 시간에만 수유하려 하면, 아기의 수유 주기가 혼란스러워지고, 모유 생산량이 줄거나 아기가 필요한 양을 충분히 얻지 못할 위험이 있습니다.

> **생후 첫 40일, 모유 수유가 잘되고 있는지 알아보는 방법**

◆ 엄마의 가슴

아기가 잘 수유하고 있다면 유방의 팽창감은 보통 2~3주 동안만 지속됩니다. 출산 후 호르몬이 안정되고 모유 생산이 자리 잡으면 유방은 다시 자연스럽게 느껴지기 시작하고 수유 간격 사이의 팽창감도 줄어듭니다. 이 시점에는 모유가 아주 과도하게 생산되거나 수유 간격이 지나치게 길어지지 않는 한 유방이 팽창된 느낌이 들지 않을 것입니다.

◆ 아기의 대변

생후 첫 주 이후에도 아기의 대변은 수유가 잘 이루어지고 있는지, 엄마의 모유 생산이 충분한지를 나타내는 중요한 지표입니다. 아기가 유방을 오래 물고 있어도 효과적으로 빨지 못하면, 지방 함량이 낮은 초기 모유만 먹게 될 수 있습니다. 이 경우 젖은 기저귀의 개수는 많을 수 있지만 아기에게 필요한 칼로리는 부족할 수 있습니다. 이는 대변이 예상보다 적게 나오는 것을 통해 쉽게 파악할 수 있습니다. 아기가 예상한 만큼의 대변을 보지 않는다면 아기가 효과적으로 수유하지 못하거나 엄마의 모유 생산이 부족함을 의미할 수 있습니다. 생후 첫 40일 동안 완전 모유 수유 중인 아기가 하루에 손가락 한 마디 이상의 대변을 3~4회 이상 보지 않는다면 더 세심하게 살펴봐야 합니다.

◆ **아기의 체중**

아기의 체중은 모유 수유 상태를 평가하는 가장 확실한 기준입니다. 아기가 분유를 먹지 않고 모유만 섭취하는 경우, 생후 3~4일째부터 체중 감소가 멈추고 매주 평균 200~230g 정도 체중이 늘어납니다. 모유만 먹는 아기 중에는 평균 증가량보다 더 많이 체중이 늘어나는 경우도 자주 나타납니다. 또한 남자아기는 여자아기보다 체중이 더 빠르게 늘어나는 경향이 있습니다. 아기의 최소 체중 증가는 일주일에 140g입니다. 만약 아기의 체중 증가가 이보다 적다면 전문가의 도움을 받아야 합니다.

◆ **아기의 수유 패턴**

엄마와 아기의 상태는 모두 다르기 때문에, 아기가 스스로 정한 수유 리듬에 따라 수유를 하면 다른 아기들과 수유 횟수나 수유 시간이 달라질 수 있습니다. 어떤 아기는 짧은 수유 간격으로 자주 수유하는 반면, 또 어떤 아기는 긴 수유 간격을 두고 한 번에 많은 양을 먹을 수도 있습니다. 아기의 위는 작고 소화 능력도 완전히 발달하지 않았기 때문에, 특정 시간대에 수유를 자주 요구하는 것은 흔한 현상입니다. 많은 신생아가 하루 중 특히 저녁 시간에 수유를 몰아서 하는 경우가 많습니다. 이를 집중 수유라고 하며, 이 시기에는 아기가 30분에서 1시간 간격으로 자주 모유를 찾을 수 있습니다. 그러나 집중 수유를 오래 지속하지는 않습니다. 첫 40일이 지나면 보다 규칙적인 수유 패턴이 나타나기 시작합니다. 아기의 위가 자라서 한 번에 더 많은 모유를 섭취할 수 있게 되면 수유 간격도 길어집니다. 또한 아기가 모유 수유에 익숙해지면 모유를 더 빠르고 효율적으로 먹게 되어, 집중 수유의 필요성도 점차 줄어듭니다.

모유 수유를 포기하는 주된 이유 중 하나는 모유량이 부족한 것이 아닐까 하는 불안감 때문입니다. 많은 부모는 신생아가 하루에 8~12회 수유해야 한다는 말을 듣고 2~3시간 간격으로 일정하게 수유할 것이라 기대합니다. 그러나 아기들이 특정한 시간대에 집중 수유를 시작하면 부모들은 모유 수유에 문제가 있다고 오해할 수 있습니다. 그러나 아기가 평균을 따르지 않더라도 문제가 있는 것은 아닙니다. 체중이 매주 꾸준히 증가하고 아기가 활발하게 움직이며 잘 깨어 있는 상태라면 건강하게 잘 자라고 있다는 신호입니다.

모유 수유는 정상 범위가 다양하며, 평균 수치는 단지 참고 지표일 뿐입니다. 다만 아기의 수유 패턴이 평균에서 크게 벗어난다면 체중 증가 여부를 확인하는 것이 중요합니다. 또 다른 예로 생후 40일 이전 아기가 4시간 동안 길게 자는 것도 정상입니다. 아기가 하루에 최소 8~12번 수유를 하고 체중이 꾸준히 증가하고 있다면 밤에 오랜 시간 잠을 자더라도 굳이 깨워서 수유할 필요는 없습니다.

모유 수유, 이것만은 주의하세요

♦ **스케줄 수유**

아기는 자신의 필요에 따라 수유 횟수와 수유 시간을 늘리면서 엄마의 모유량을 증가시킵니다. 하지만 정해진 일정에 맞춰 수유를 제한하면 엄마의 모유 생산량이 줄어들고 아기의 체중 증가에도 지장이 생길 수 있습니다. 출생 후 첫 한 달 동안 모유량이 적다면 이를 증가시키기 위해 많은 시간과 노력이 필요합니다. 아기가 성장하면 수유 간격은 점차 규칙적이고 길어지기 때문에, 모유 생산이 안정되는 첫 40일 이후에 일정에 맞춰 먹이는 수유를 하는 것이 바람직합니다.

◆ **규칙적인 보충 수유**

아기가 보충 수유를 하게 되면 엄마의 몸은 모유를 덜 만들라는 신호를 받게 됩니다. 하지만 모유 생산량을 늘리는 방법은 물이나 특정 음식을 섭취하는 것이 아니라 유방을 얼마나 자주 비우느냐에 달려 있습니다. 유방이 모유 수유로 자주 비워지면 더 많은 모유가 생산되고, 모유 수유를 하지 않아 가득 찬 상태가 지속되면 모유 생산이 줄어듭니다.

유방을 자주 비우기 위해서 모유 수유에 익숙해지는 초기 40일 동안은 완전 모유 수유만을 권장합니다. 초기 단계에서 보충 수유를 위해 젖병을 사용하면 아기가 모유 수유를 거부하거나 얕은 젖 물림으로 인해 엄마의 유두에 통증을 유발할 수 있습니다. 또한 모유가 자주 비워지지 않아 수유에 어려움을 겪을 수 있습니다. 하지만 초기 40일이 지나 아기가 모유 수유에 익숙해지면 이러한 문제가 발생할 가능성이 줄어듭니다.

◆ **규칙적인 공갈 젖꼭지 사용**

공갈 젖꼭지의 목적 중 하나는 수유 시간을 늦추는 것입니다. 하지만 아기의 배고픔 신호를 놓쳐 수유 횟수가 줄어들면 엄마의 모유량에도 지장이 생깁니다. 모유 생산이 안정된 후에는 공갈 젖꼭지 사용이 큰 영향을 미치지 않지만 초기 40일 동안은 사용을 자제하는 것이 좋습니다.

성공적인 모유 수유 자세

자세의 기본

♦ **유두는 연구개에 도달해야 합니다**

모유 수유를 할 때는 유두의 이상적인 위치가 있습니다. 이 위치는 유두가 아기 입안 쪽으로 충분히 들어가 단단한 입천장(경구개)에서 부드러운 입천장(연구개)으로 바뀌는 지점입니다. 유두가 이 위치에 도달해야 하는 이유는 2가지입니다. 첫째, 수유할 때 유두에 마찰과 압박을 덜 받도록 하여 엄마가 편안함을 느낄 수 있게 해줍니다. 둘째, 아기에게 더 많은 양의 모유가 전달되어 수유에 집중할 수 있게 합니다.

♦ **모유 수유 자세는 편안해야 합니다**

아기에게 모유 수유하기 전에 어떤 수유 자세가 편할지 생각해 보세요. 사람마다 팔 길이, 유방 크기, 키가 모두 다르기에 하나의 자세로 모든 엄마에게 맞추기는 어렵습니다. 또 모유 수유가 체력적으로 힘들다고 여겨지는 이유 중 하나는 많은 엄마들이 아기의 무게를 오랫동안 팔로 지탱하며 근육에 무리를 주는 자세를 사용하기 때문입니다. 이상적인 모유 수유 자세는 1시간 정도 목, 어깨, 팔 근육을 편안하게 이완시킬 수 있는 자세입니다.

> **모유 수유 실전**

♦ 반쯤 기대어 누운 자세

반쯤 기대어 누운 자세는 엄마와 아기 모두에게 수유를 더 편안하고 쉽게 해주는 자세입니다. 특히 수유에 익숙하지 않은 초기 며칠이나 몇 주 동안 매우 유용합니다. 엄마는 소파나 침대에 반쯤 누운 상태로 편하게 몸을 뒤로 기대고, 아기를 가슴 위에 엎드리듯 올려놓으면 됩니다. 이렇게 하면 중력의 도움으로 아기와 엄마가 자연스럽게 밀착하며, 아기의 무게가 엄마의 몸에 실리기 때문에 수유 시 부담이 크게 줄어듭니다. 만약 수유 중 불편함이 느껴진다면, 엄마가 기대는 각도를 조금 조정하거나 아기의 몸 방향을 바꿔보세요. 유방은 둥근 형태이기 때문에 아기는 다양한 위치에서도 편안하게 젖을 물 수 있습니다.

♦ 똑바로 앉아서 수유하는 자세

==아기가 유방을 깊이 물 수 있도록 도와주는 것은 모유 수유를 편안하게 만드는 핵심 요소입니다.== 젖을 물릴 때 단순히 유두를 아기의 입 중앙에 정확히 맞추기보다 비대칭적으로 물리게 하는 것이 훨씬 더 편안하고 효과적입니다. 우선 아기의 아래턱이 유두에서 최대한 멀리 떨어지도

록 위치를 잡아야 합니다. 이러한 방식이 왜 더 편안한지 이해하기 위해 잠시 사람의 턱 움직임을 떠올려보세요. 우리가 음식을 먹을 때 위턱은 고정된 반면, 아래턱만 위아래로 움직입니다. 마찬가지로 아기가 젖을 물 때도 아기의 아래턱이 유두에서 멀리 떨어져 있으면 수유가 더 편안해집니다. 아기의 아래턱이 유두 바로 아래에 위치하게 되면 얕은 젖 물림이 생겨 유두가 아기 입안 깊숙이 들어가지 못합니다. 이 경우 유두가 얕게 자리 잡아 아기와 엄마 모두 불편함을 느끼게 될 수 있습니다.

> **이렇게 하세요!**

◆ 유두와 아기의 코를 맞추기

유두를 아기의 입술과 같은 선상에 맞추지 말고, 아기의 코나 인중에 맞춰야 합니다. 이 위치는 아기가 입을 크게 벌릴 때 아래턱이 유두에서 최대한 멀어져 비대칭적인 젖 물림을 하기에 이상적인 위치가 됩니다.

◆ 머리를 약간 뒤로 젖히기

아기의 머리가 약간 뒤로 기울어지게 잡아줍니다. 물을 마시는 어른들을 생각해 보세요. 어른들은 물을 쉽게 삼키기 위해 머리를 살짝 뒤로 젖힙니다. 반면, 고개를 앞으로 숙이고 마시는 것을 상상해 보세요. 삼키기 어렵겠죠? 아기를 잡는 방식에 따라 삼키기 쉬운 자세가 만들어질 수 있습니다. 아기의 목덜미를 잡고 엉덩이를 엄마 몸에 가깝게 당기면 머리가 자연스럽게 약간 뒤로 기울어져 편안하게 삼킬 수 있는 자세가 됩니다.

◆ **턱을 먼저 대기**

　아기의 턱을 먼저 유두에 닿게 하면 반사적으로 입을 크게 벌려 젖을 깊이 물 수 있는 자세가 만들어집니다. 아기의 입이 유두를 감싸기 전에 턱이 먼저 닿으면, 유두가 아기 입안 깊숙이 들어가 편안하고 효과적인 젖 물림이 가능합니다. 이렇게 하면 얕은 젖 물림을 예방할 수 있고, 수유 중 엄마가 느끼는 통증도 줄어듭니다.

TIP

이렇게 하지 마세요!

아기의 머리 뒤쪽을 누르는 것
아기의 머리를 지지할 때는 엄마의 손바닥을 아기의 등과 어깨에 부드럽게 대고, 엄지와 손가락으로 아기의 귀 뒤쪽을 받쳐주는 것이 좋습니다. 이때 엄마가 손으로 아기의 머리를 고정하는 것이 아니라, 아기의 머리를 부드럽게 지탱해 주는 느낌으로 잡아주세요. 대부분의 아기는 머리 뒷부분을 누르면 뒤로 밀어내려는 반응을 보입니다. 머리를 누르면 아기의 턱이 가슴 쪽으로 당겨져 고개가 앞으로 숙여집니다. 이 자세는 삼키기 어렵게 만들어 원활한 수유를 방해할 수 있습니다. 또한 아기의 코가 엄마의 가슴에 눌리면서 호흡이 어려워질 위험이 있습니다. 아기들은 먹는 것보다 숨 쉬는 것을 우선하기 때문에 호흡이 불편하면 수유를 중단할 가능성이 큽니다.

아기의 발바닥이 딱딱한 표면에 닿는 것
아기의 발바닥이 단단한 표면에 닿으면 반사적으로 발을 밀어내려는 본능이 작동해 자세가 흐트러질 수 있습니다. 이를 방지하려면 아기의 발을 엄마 몸에 밀착시키면 됩니다.

엄마와 아기 사이에 공간이 생기는 것
엄마와 아기 사이에 틈이 생기면 아기가 불안감을 느낄 수 있습니다. 이때 아기는 몸을 웅크려 그 틈을 메우려 하지만, 오히려 몸이 엄마로부터 멀어져 젖을 제대로 물기 어려워질 수 있습니다. 이를 방지하려면 엄마와 아기의 몸이 밀착되도록 자세를 잡아주는 것이 중요합니다.

아기의 본능 이용하기

　엄마가 아기의 본능을 잘 이해하지 못하면 아기를 가슴 가까이에 올려놓기만 해도 모유 수유가 자연스럽게 이루어진다고 생각할 수 있습니다. 그러나 아기는 특정 자극이 있어야 본능적으로 반응합니다. 아기의 본능을 유발하세요. 이를 이용하면 어떤 자세에서도 수유를 훨씬 더 수월하고 편안하게 할 수 있습니다. 엄마의 가슴으로 아기의 턱을 가볍게 터치하면 아기가 입을 크게 벌리고 혀를 내리는 반사가 나타납니다. 그다음 아기의 턱이 가슴에 닿도록 아기를 가슴 쪽으로 밀착시키세요. 가슴을 아기 쪽으로 움직이는 것이 아니라 아기를 가슴 쪽으로 움직이는 것입니다. 이와 같이 엄마가 뒤로 기대고 아기가 엄마의 가슴 위에 엎드린 자세는 아기의 턱, 몸통, 엉덩이, 다리, 발이 엄마의 몸에 닿아 아기의 본능적인 수유 반사를 유발합니다. 이 자세에서 입을 크게 벌리면 중력 덕분에 아기의 몸과 턱이 엄마의 가슴에 닿아 가슴을 깊숙이 물게 됩니다. 반면 똑바로 앉아서 수유할 때는 중력을 거스르기에 더 많은 노력이 필요합니다. 이 자세는 첫 몇 주 동안 아기가 가슴을 깊이 물 수 있도록 아기 윗 어깨의 뒷부분을 살짝 밀어주는 것이 필요합니다.

　신생아는 자신의 움직임을 잘 조절할 수 없습니다. 성장하면서 처음에는 머리와 목, 그다음에는 팔, 마지막으로 다리를 제어할 수 있게 됩니다. 생후 4~6주가 되면 아기는 머리와 목을 훨씬 잘 조절할 수 있어 스스로 깊이 물리고 더 석극적으로 움직일 수 있습니다. 과거에는 아기가 깊게 젖을 물고 수유할 때 엄마가 더 편안함을 느낀다는 사실이 잘 알려져 있지 않았습니다. 유두에 상처가 생긴 엄마들에게도 "50일만 참으세요.

그러면 유두가 단단해져서 통증이 사라질 겁니다"라고 조언했습니다. 이제는 오랫동안 모유 수유를 해도 유두가 단단해지지 않는다는 것이 분명하게 밝혀졌습니다. 물론 시간이 지나면 유두 통증이 줄어들긴 합니다. 그러나 수유 때마다 아픔을 참는 것은 매우 고통스러운 일입니다.

그렇다면 50일만 지나면 유두 통증이 줄어든다고 말한 이유가 무엇일까요? 그 이유는 아기가 머리와 목을 조절하는 능력이 발달하여 어떤 자세에서든 스스로 깊은 젖 물림을 할 수 있기 때문입니다. 그러나 목을 가눌 수 없는 50일 전 아기들은 본능을 유발하기 위해 도움이 필요합니다.

아기가 가슴의 높이에 정렬되어 있고 코와 유두가 같은 선상에 있고 머리가 살짝 뒤로 젖혀져 있고 턱이 먼저 닿아서 입을 크게 벌린 상태라도 마지막에 아기의 어깨 뒷부분을 밀어주는 동작이 없으면 유두가 아기의 연구개 부분까지 도달하지 합니다. 이 동작이 없으면 아기가 얕은 젖 물림을 하게 됩니다.

아기가 깊은 젖 물림을 하고 나면 아기의 코 윗부분에 유륜이 살짝 보일 것입니다. 유륜 전체를 아기의 입에 넣을 필요는 없습니다. 중요한 것은 아기의 아래턱이 유방의 많은 부분을 깊게 물고 있다는 점입니다. 이것이 깊은 젖 물림의 핵심입니다. 그다음은 아기의 코가 막혔는지 확인하세요. 만약 그렇다면 아기의 엉덩이를 더 가까이 당겨주세요. 그러면 아기의 코가 가슴에서 자연스럽게 떨어지게 됩니다.

또 고개를 살짝 젖혀 아래턱부터 가슴에 깊게 맞닿도록 해줍니다. 입보다 큰 샌드위치를 먹으려고 할 때를 떠올려보세요. 우리가 큰 샌드위치를 먹을 때 샌드위치를 입에 바로 밀어 넣지 않고 아래쪽 빵을 먼저 아랫입술과 턱에 닿게 한 다음, 남은 부분을 입안으로 넣듯 천천히 먹습니다. 아기에게 젖을 물릴 때도 비슷하게 생각해 보면 됩니다.

가슴을 살짝 굴리듯 아기 입에 맞춰 물리면 아기의 입이 가슴 조직을 더 많이 물게 되어 유두가 편안한 위치에 자리 잡을 수 있게 됩니다. 이 방식이 왜 중요한지를 설명하기 위해 한 연구자는 재미있는 실험을 했습니다. 입술 자국을 물풍선에 찍어 2가지 방법의 차이를 비교한 것입니다. 한 방법은 물풍선을 정면으로 입안에 밀어 넣는 것이었습니다. 입을 크게 벌렸음에도 불구하고 풍선의 작은 부분만 입에 들어갔습니다. 반면 다음 방법으로는 물풍선의 아랫부분을 아랫입술에 먼저 맞춘 후 굴리듯 입안으로 넣었습니다. 이때는 물풍선의 더 많은 부분이 입안에 들어갔습니다. 아기가 젖을 더 깊이 물고 편안하게 수유할 수 있게 하려면 가슴의 아랫부분을 아기의 아랫입술에 맞춘 후 천천히 굴리듯 입안으로 넣어주는 것이 중요합니다.

> **TIP**
>
> ### 모유 수유의 AOP 원칙
>
> **Angle(각도)** 코가 유두가 맞추어져 있고, 머리는 살짝 뒤로 젖혀져 있으며, 턱이 먼저 닿고, 어깨, 엉덩이, 다리, 발이 엄마와 밀착됨
>
> **Open(열림)** 입을 크게 벌리기
>
> **Push(밀기)** 젖을 물릴 때 아기의 어깨를 부드럽게 밀어 유두가 연구개에 도달하도록 돕기

아기의 건강을 지키는
분유 수유 성공 전략

PART

4

분유 수유의 첫걸음

1

젖병 수유 자세가 중요한 이유

 젖병으로 수유할 때 아기의 자세와 각도는 생각보다 중요한 역할을 합니다. 좋은 자세는 아기가 편안하게 젖병을 빨고 잘 먹을 수 있게 돕지만 잘못된 자세는 아기가 불편해하거나 공기를 삼키는 등의 문제가 생길 수 있습니다. 사실, 수유와 관련된 많은 문제가 잘못된 자세에서 비롯되는 경우가 많습니다.

 왜 수유 자세가 중요할까요? 수유는 빨기와 삼키기, 숨쉬기를 조화롭게 연결하는 복잡한 과정입니다. 수유 자세는 아기의 몸이 어떻게 정렬되어 있고, 머리와 젖병이 어떻게 맞춰져 있는지까지 포함합니다. 아기의 해부학적 특성, 빨기 능력, 발달 상태에 맞춘 최적의 수유 자세는 수유가 편하도록 돕는 기본 조건입니다. 반면, 잘못된 자세는 아기의 신체적 특성과 빨기 능력에 맞지 않아서 젖 물림, 빨기, 흡입, 삼키기, 호흡을 방해할 수 있습니다. 100일이 넘은 아기는 스스로 몸을 조절할 수 있습니다. 하지만 100일 이전 아기는 자세를 바꾸는 것이 쉽지 않기 때문에 아기를 안고 젖병을 잡는 자세가 중요합니다.

모든 아기를 완벽히 충족할 수 있는 단일한 수유 자세는 없습니다. 아기의 해부학적 구강 구조와 빠는 힘에 따라 적합한 자세가 달라지기 때문입니다. 하지만 최적의 수유 자세를 위해 변하지 않는 몇 가지 중요한 요소는 있습니다. 아기의 머리 위치, 얼굴과 입에 맞는 젖병의 위치, 아기의 몸 각도와 정렬, 아기의 높이, 그리고 부모가 편안함을 느끼는 자세 등입니다.

모유 수유는 가장 이상적인 기준입니다. 그러나 모유 수유 자세를 젖병 수유 자세에 그대로 복제하는 것은 현실적으로 어렵습니다. 그럼에도 젖병 수유를 할 때 가능한 한 모유 수유와 비슷한 경험을 주기 위해 노력하는 것이 필요합니다.

머리 위치

아기의 머리 위치는 빨기 능력에 영향을 미칩니다. 또 아기의 구강 구조, 혀와 턱의 움직임, 얼굴 근육에 영향을 줍니다. 신생아는 스스로 머리 무게를 지탱할 수 없습니다. 2달 정도까지도 머리나 몸의 위치를 의도적으로 바꾸지 못합니다. 이 시기에는 자발적인 움직임이 제한되기 때문에 부모가 머리 위치에 주의를 기울여야 합니다.

물을 한 모금 머금고, 고개를 한쪽 어깨 쪽으로 돌려 삼켜보세요. 고개를 살짝 옆으로 기댄 채로요. 그다음에는 추운 날 몸이 움츠려지는 듯한 자세로 턱을 아래 가슴에 붙이고 삼켜보세요. 또 고개를 뒤로 젖혀 천장을 보며 삼켜보세요. 머리를 젖힌 상태에서 삼키는 게 얼마나 불편한

지 느껴지셨나요? 고개를 정면으로 두고, 자연스럽게 숨을 들이마시며 삼켜보세요. 편안하고 쉽게 삼켜지는 걸 느낄 수 있을 겁니다. 이렇게 해 보면, 머리가 자연스러운 자세에 있을 때 삼키기가 훨씬 쉽다는 걸 깨닫게 될 겁니다. 아기도 마찬가지입니다. 이러한 작은 차이가 수유를 더 편안하게 만듭니다.

① 수유할 때 머리와 어깨가 지지되지 않으면, 어깨가 뒤로 밀리고 목이 구부러져 머리가 앞으로 쏠리며 턱이 가슴에 붙는 자세가 됩니다. 이때 혀가 뒤로 밀리고 얼굴 근육이 당겨집니다. 이 자세는 아기의 빨기 능 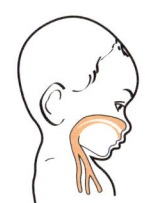 력이 떨어져 수유가 어려워질 수 있습니다. 8주 이하의 아기는 수유 중에 자세를 스스로 조정할 힘이 부족합니다. 2달이 넘은 아기는 머리를 옆으로 돌려 자세를 조정하려고 할 수 있지만, 이런 자세는 빨기와 삼키기에 이상적인 자세는 아닙니다.

② 어른도 머리를 오랫동안 뒤로 젖힌 상태를 유지하기 힘든 것처럼 아기에게도 이런 자세는 부담이 됩니다. 목, 어깨, 등이 제대로 지지되지 않으면 아기의 머리는 뒤로 젖혀지고, 목이 과도하게 늘어나게 됩니다. 그 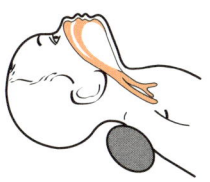 결과, 턱의 위치가 바뀌고, 혀가 뒤로 당겨져 기도가 막힐 수 있습니다. 이는 아기의 빨기 능력을 크게 방해합니다.

③ 또한 머리가 옆으로 돌아가거나 한쪽으로 기울어진 자세는 얼굴의 한쪽 근육은 짧아지고, 반대쪽 근육은 늘어나며 혀가 중심에서 벗어나게 됩니다. 이런 자세에서는 빨기, 삼키기, 호흡 패턴이 조화를 이루기 어려워지고, 수유의 질도 떨어집니다.

아기의 머리가 앞으로 구부러지거나, 과하게 뒤로 젖혀지거나, 옆으로 기울어진 상태에서는 우유가 폐로 들어가거나, 아기가 과도하게 공기를 삼켜 위가 더부룩해질 수 있습니다. 이처럼, 아기의 머리 위치와 자세는 수유에 큰 영향을 미치므로 아기가 편안하게 수유할 수 있는 상태를 유지해 주는 것이 중요합니다.

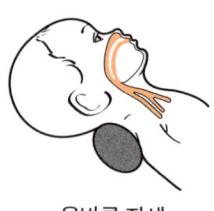
올바른 자세

젖병의 위치

젖병을 들고 있는 각도는 아기의 머리 위치만큼이나 중요합니다. 젖병이 아기의 얼굴과 입에 어떤 각도로 놓이냐에 따라 안정감과 유속이 달라질 수 있습니다. 젖병 꼭지를 잘 물기 위해서는 젖병을 아기의 얼굴과 약 90도 각도로 들어야 합니다. 이 각도는 젖꼭지가 아기의 입 안쪽 깊숙이 위치하여 혀에 안정되게 놓이도록 합니다. 젖병을 너무 낮게 들게 되면 젖병의 꼭지가 입천장과 아래턱을 누르게 됩니다. 이것을 보상하기 위해서 턱을 가슴 쪽으로 떨어

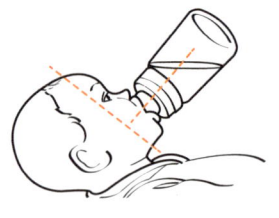

뜨리게 되면서 머리가 구부러지는 자세가 초래될 수 있습니다.

반대로 병을 너무 높게 들면 젖꼭지가 혀의 뒷부분과 윗입술을 압박하게 됩니다. 어느 정도 성장한 아기는 몸은 앞으로 밀고 머리는 뒤로 젖혀서 젖꼭지를 무는 것을 유지하려 할 수 있습니다. 젖병이 옆으로 기울어져 혀 중앙에 위치하지 않으면 젖병 꼭지가 한쪽 볼을 누릅니다. 이렇게 젖병을 너무 낮게, 혹은 높게 또는 옆으로 위치하는 것은 아기가 젖병을 빨 때 흡착을 유지하면서 효과적으로 빠는 것을 어렵게 만듭니다. 이러한 자세로 수유를 하면 공기를 삼킬 위험이 높아지고 수유 중에 헛구역질을 유발할 수 있습니다.

젖병의 위치는 우유가 나오는 속도에도 영향을 미칩니다. 젖병이 수직으로 들리면 우유가 나오는 속도는 가장 빠릅니다. 반대로 수평으로 들게 되면 유속이 가장 느리지만 공기의 양은 많아집니다.

아기 몸의 각도

수유 중에 아기는 완전히 세워져 있을 수도 있고, 반쯤 세워져 있을 수도 있습니다. 수직으로 아기를 세운 자세로 수유하면 중력으로 인해 아기가 우유를 삼키는 것을 도울 수 있습니다. 아기의 몸이 세워져 있기 때문에 역류할 가능성이 낮아집니다. 흡인과 중이염의 발생위험도 낮아지게 됩니다. 이 자세는 젖꼭지 끝부분에 우유가 채워지는지 확인하는 것이 중요합니다. 수직으로 아기를 세워 수유할 때 젖병은 수평으로 들게 되면서 젖병 꼭지 부분에 우유가 적고 공기가 차는 위험이 높아지기 때문입니다.

아기를 완전히 누운 자세로 수유하게 되면 중력의 힘을 받지 못하게 됩니다. 그로 인해 삼키는 것이 어려워지고 입안에 우유가 가득 고여 있을 수 있습니다. 입에서 위로 우유의 이동이 느려지고 역류의 위험이 높아집니다. 흡인과 중이염의 위험도 높아지기 때문에 피할 것을 권장합니다.

반쯤 세워서 45도로 수유하는 경우는 머리와 몸이 최적의 수유 자세로 지지될 수 있습니다. 이 자세는 중력을 어느 정도 받는 자세이기 때문에 중력이 삼키는 것을 돕습니다. 누워서 수유하는 자세보다는 역류가 덜 발생합니다. 반쯤 세워진 자세가 일반적으로 권장되는 자세입니다.

아기의 몸의 정렬

아기는 몸 전체를 사용하여 수유합니다. 입이 핵심 역할을 하지만 아기의 팔과 등, 엉덩이는 빨고 삼키고 숨 쉬는 리듬을 조화롭게 이루도록 돕는 역할을 합니다. 아기 몸의 정렬과 몸의 움직임은 머리 부분에 안정감을 주고 빨기 능력과 편안함에 영향을 미칩니다.

아기의 팔은 몸 앞쪽에서 편안히 긴장을 푼 상태여야 하며, 손은 젖병에 닿거나 가까이 위치하는 것이 좋습니다. 팔이나 손이 움직이지 못하도록 묶거나 잡지 마세요. 너무 꽉 잡아 팔이 앞으로 밀리거나 한쪽 팔이 부모의 등 뒤로 돌아가 있으면 긴장을 초래하여 삼키기 어렵게 만듭니다. 또한 팔을 강제로 잡아 내리지 마세요. 팔이 옆에 내려져 있으면 몸이 뻣뻣해지고 엉덩이가 뻗어지며 흡입 능력에 부정적인 영향을 미칠 수 있습니다. 모유 수유 중에는 아기의 팔이 엄마의 등 뒤로 놓일 수 있지만, 젖병 수유 시에는 적절하지 않습니다. 이는 아기의 몸과 머리의 정렬에 영향을 미쳐 젖병을 올바른 각도로 물기 어렵게 합니다.

　미숙아는 신경계가 미숙해 쉽게 놀랍니다. 그래서 수유할 때 속싸개를 사용하면 자궁과 유사한 환경을 조성하는 장점이 있을 수 있습니다. 하지만 아기가 성장하면 이러한 방법은 더 이상 적절하지 않을 수 있습니다. 수유 중에 속싸개를 하면 아기가 쉽게 잠들 수 있습니다. 일부 아기들은 억제된 상태에서 더 잘 먹는 모습을 보이기도 합니다. 아기를 속싸개로 감싸고 수유하기로 선택했다면 팔을 가슴 중앙에 두고 손을 가슴 위에 놓아야 하며 옆으로 내려놓지 않아야 합니다. 아기가 지금은 불편함을 느끼지 않더라도 앞으로 불편해할 가능성이 있습니다. 출생 후 아기는 몸의 움직임과 목소리를 통해 의사를 표현합니다. 수유 중 아기의 팔을 속싸개로 감싸면 자신의 요구를 표현하고 의사소통하는 능력을 제한하게 됩니다. 이는 아기의 마음을 알지 못하게 만들고 무의식적으로 아기를 침묵시키는 것과 같습니다.

　아기가 옆으로 누워 있더라도 목과 등은 정렬되어 있어야 합니다. 머리만 옆으로 돌리지 않아야 합니다. 아기의 엉덩이는 다리가 편안하게 구부러진 상태로 있어야 합니다. 아기가 뻣뻣하게 긴장하며 다리를 펴고 있다면 이는 다리와 몸통, 어깨, 목, 턱, 얼굴 근육까지도 긴장되게 만듭니다. 몸을 뻣뻣하게 만들면서 신호를 보낸다면 이는 스트레스의 신호일 수 있습니다. 배부른 신호를 무시하고 있는 것은 아닌지 확인하세요.

가장 많이 사용하는 요람 자세

　요람 자세는 아기의 머리를 양육자의 팔꿈치 부분 위에 올려놓는 것입니다. 그런데 양육자가 자주 보이는 실수 중 하나는 팔꿈치를 너무 등쪽으로 내려 아기의 목과 어깨 부분을 지지하지 못한다는 점입니다. 그 결과 아기의 머리가 과도하게 뒤로 젖혀지거나 옆으로 기울여집니다. 아기는 어떠한 지지 없이는 머리를 45도 각도로 지탱할 수 없습니다. 그렇기 때문에 아기가 똑바로 앉으려고 시도할 수 있습니다. 이때는 팔뚝이 아기의 목과 어깨 윗부분을 지지하기만 하면 됩니다. 의자 팔걸이나 쿠션을 사용하는 것도 도움이 됩니다.

　아기의 머리가 뒤로 젖혀지거나 옆으로 기울어지면 아기가 불편함을 느낄 수 있습니다. 이런 경우, 부모가 아기를 완전히 세워서 아기의 머리를 자신의 어깨나 가슴에 기대게 할 때가 있습니다. 이 자세는 머리가 뒤로 젖혀지거나 옆으로 기울어진 상태보다는 나을 수 있지만, 여전히 이상적인 자세는 아닙니다. 아기의 목이 살짝 구부러질 수 있기 때문입니다. 아기가 편안하게 수유할 수 있도록 부모의 팔 위치를 조정하는 것이 더 효과적입니다.

　요람 자세는 건강한 아기에게 적합한 수유 자세입니다. 하지만 빨기와 숨쉬기 리듬이 불규칙한 아기에게는 최선의 자세가 아닐 수 있습니다. 예를 들어, 빨기와 삼키기, 숨쉬기 사이의 리듬이 맞지 않거나 자주 사레가 걸리거나 삼킴에 어려움을 겪는 아기는 특별한 도움이 필요합니다. 이 경우, 아기를 반쯤 세워 고개를 옆으로 돌린 자세로 수유하라는 조언을 받을 수 있습니다. 하지만 중요한 점은 아기가 매일 성장한다는 사실입니다. 시간이 지나면서 얼굴과 입의 구조가 발달하고, 자율적으로 빨 수 있는 능력과 힘이 생깁니다. 생후 50일 이전에는 적합했던 자세나 방법도 아기가 성장하면서 더 이상 알맞지 않을 수 있습니다. 특히, 고개를 돌려 수유하는 방식은 아기의 발달 단계에 따라 부적절해질 수 있습니다.

> **TIP**
>
> **최적의 수유 자세는 7가지 요소가 채워져야 합니다**
>
> ① 아기의 몸은 약 45도로 반쯤 세워져 있는가.
> ② 아기의 어깨, 등, 엉덩이는 일직선에 놓여 있는가.
> ③ 목과 어깨 윗부분, 머리 뒷부분이 부모의 팔에 기대 자연스러운 각도인가.
> ④ 아기의 팔은 자유롭게 움직일 수 있는가.
> ⑤ 수유 중 양육자와 눈을 마주치고 교감할 수 있는가.
> ⑥ 젖병 각도는 적절한가.
> ⑦ 아기의 얼굴과 몸을 보고 아기가 보내는 행동 신호를 해석할 수 있는가.

아기에게 딱 맞는
젖병과 젖꼭지를 선택하는 방법

지금 쓰고 있는 젖병이 아기에게 정말 잘 맞는지 한 번 생각해 본 적이 있나요? 아기마다 선호하는 젖병과 젖꼭지의 특징은 천차만별입니다. 젖병과 젖꼭지는 크기와 모양부터 소재와 기능까지 다양해 아기에게 맞는 것을 찾는 데 시간이 걸릴 수 있습니다.

==아기에게 적합한 젖병을 찾으려면, 아기가 수유하는 모습을 관찰하는 것이 먼저입니다.== 첫 번째로 고려할 사항은 수유 시간이 권장 시간 안에 있는지입니다. 젖병 수유를 하는 경우, 출생부터 100일 이전에는 적절한 수유 시간이 20분에서 40분이며, 100일에서 6개월 사이에는 10분에서 20분이 적당하고, 6개월 이상이 되면 5분에서 10분 사이로 줄어듭니다. 두 번째는 아기가 수유할 때 편안한지 살펴봐야 합니다. 아기가 수유 중에 편안한 모습을 보인다면 그 젖병이 적합하다고 볼 수 있습니다. 세 번째로는 아기가 성장을 위해 충분한 양을 수유하고 있는지 확인해야 합니다. 네 번째로는 수유 중에 혀 차는 소리가 반복적으로 들리거나, 구

토나 사례가 발생하는지 확인하는 것입니다. 다섯 번째로는 젖병에서 흡착을 풀었을 때 거품이 과도하게 생기지 않는 것입니다.

젖병 꼭지

젖병 꼭지는 젖병에서 가장 중요한 부분입니다. 아기에게 맞는 젖병 꼭지를 선택할 때는 우유가 나오는 속도, 꼭지의 길이와 소재, 젖병 구멍과 모양 등 여러 요소를 고려해야 합니다.

첫 번째로, 젖꼭지 구멍의 크기는 얼마나 빠르게 많은 양이 나올지를 결정합니다. 신생아 시기에는 유속이 느린 것이 좋습니다. 젖병회사에서는 아기의 월령에 따른 유속에 대한 가이드를 제공하지만, 권장되는 젖꼭지를 선택하더라도 아기마다 몸무게, 빠는 힘, 빠는 능력, 지구력이 달라 유속이 맞지 않을 수 있습니다.

두 번째로, 입안에 들어오는 젖꼭지의 길이입니다. 이상적인 길이는 젖꼭지 끝이 아기의 입안에서 단단한 경구개와 부드러운 연구개 사이에 자리 잡는 것입니다. 젖꼭지가 너무 길면 구토와 구역질을 유발할 수 있고, 반대로 너무 짧으면 흡입력이 떨어져 혀 차는 소리가 날 수 있습니다.

세 번째로, 젖꼭지의 소재도 고려해야 합니다. 젖꼭지는 주로 실리콘과 라텍스 소재로 만들어집니다. 실리콘의 경우 두꺼우면 아기가 빨기 어렵고, 얇으면 부드러워 빨기 쉽습니다.

네 번째로, 젖꼭지 끝의 구멍 모양입니다. 젖꼭지의 구멍 모양은 우유가 나오는 속도에 영향을 줍니다. 일반적으로 구멍은 원형이지만, 걸쭉한 분유를 사용할 때는 X나 Y 형태의 컷이 더 적합할 수 있습니다. 수유를 시작하기 전, 젖병을 거꾸로 들어 우유가 적절하게 흘러나오는지 확인하는 것이 중요합니다. 이를 통해 아기가 수유 중 불편함을 느끼지 않도록 할 수 있습니다.

마지막으로, 젖꼭지의 모양을 고려해야 합니다. 젖꼭지 바닥과 끝부분의 각도를 의미하는 경사는 젖꼭지 선택에 중요한 요소입니다. 젖꼭지 모양에 따라 경사가 달라지며, 이는 아기가 젖꼭지를 물 때 입을 얼마나 크게 벌려야 하는지에 영향을 줍니다. 지름이 좁은 젖꼭지는 종 모양과 비슷해서 입을 작게 벌려도 됩니다. 완전 젖병 수유를 하는 아기에게는 유리할 수 있지만, 모유 수유와 병행하는 아기에게는 불리할 수 있습니다. 이는 모유 수유 시 아기가 입을 크게 벌려야 하는데, 젖병 수유에 익숙해지면 이 동작이 어려워질 수 있기 때문입니다. 중간 지름 젖꼭지는 아기가 입을 크게 벌리도록 하여 모유 수유를 병행하는 아기에게 적합합니다. 지름이 넓은 젖꼭지는 돔처럼 바닥이 넓고 길이가 짧아 아기가 끝부분만 빨게 됩니다. 이런 모양의 젖꼭지는 입이 작은 아기에게 맞지 않을 수 있고, 길이가 짧아 혀 차는 소리가 날 수 있습니다. 그러나 아기가 편안하게 먹는다면 굳이 바꿀 필요는 없습니다. 교정 젖꼭지는 바닥이 넓고 가운데가 좁아 특수한 모양으로 설계되어 있습니다.

좁은 지름 젖꼭지　　중간 지름 젖꼭지　　넓은 지름 젖꼭지　　교정용 젖꼭지

적절한 유속

유속이 너무 빠르면 아기가 먹는 데 어려움을 겪습니다. 빠른 속도를 맞추려다 보면 우유가 기도로 들어갈 위험이 있어 아기가 기침을 하기도 합니다. 또한 급하게 먹으면서 공기를 많이 삼키면 속이 더부룩해질 수 있습니다. 이렇게 되면 배는 부르지만 충분히 먹지 못한 느낌이 들어 아기가 불편해할 수 있습니다. 더 심한 경우 과식으로 인해 위가 팽창하면서 수유 중이나 수유 후에 우유를 토할 수도 있습니다.

이럴 때는 먼저 아기의 월령에 맞는 적절한 수유 시간을 확인하세요. 아기가 너무 빨리 먹는다면 유속이 느린 젖꼭지로 바꿔주는 것이 좋습니다. 이렇게 하면 먹는 속도가 천천히 조절되어 아기가 편하게 먹을 수 있습니다. 반대로, 유속이 너무 느리면 아기는 충분히 먹지 못하고 실망해서 울거나 공기를 삼킬 수 있습니다. 또 먹다 포기하고 수유 도중에 잠들 수도 있습니다. 이럴 때는 진공 문제로 유속이 느려진 건 아닌지 확인해보세요. 진공 문제가 아니라면, 아기의 월령에 맞는 다음 단계의 젖꼭지로 바꿔보세요. 아기의 먹는 속도를 관찰하며 알맞은 유속을 찾는 것이 중요합니다.

젖꼭지의 길이

섯쏙지의 길이는 아기 입안에 들어가는 젖꼭지 부분을 말합니다. 길이가 짧은 젖꼭지는 입안에서 너무 앞쪽에 위치하게 되어 힘들게 빨아야 해서 공기를 삼킬 위험이 커지게 됩니다. 한번 이렇게 해보세요. 집게손가락을 입에 넣고 첫 번째 마디까지만 빨아보세요. 그리고 이번엔 두 번째 마디까지 넣고 빨아보세요. 손가락이 조금 더 들어갔을 때 빨기 쉬운 것을 느낄 수 있을 거예요. 아기도 비슷합니다. 아기가 빨 때 짧은 젖꼭지는 빨기 어렵고 긴 젖꼭지가 조금 더 빨기 쉽습니다. 또한 길이가 짧으면 아기는 빨 때마다 반복적으로 혀 차는 소리를 낼 수 있어요. 아기는 빠르게 성장하기 때문에, 신생아 시기에 적당했던 젖꼭지가 아기에게 너무 짧아졌을 수 있습니다.

반대로 젖꼭지가 너무 길거나 크면 문제가 생길 수 있습니다. 이는 음식을 삼킬 때 목에 걸리는 느낌과 비슷하게 느껴질 수 있습니다. 이런 불편함 때문에 아기가 구역질을 하게 될 수도 있고, 젖병 수유를 꺼리거나 거부하게 될 가능성이 있습니다.

젖병의 진공 문제

흔히 발생하는 문제 중 하나는 젖병 안에 진공이 생기는 경우입니다. 진공이 생겼는지 확인하려면 아기의 행동을 관찰해 보세요. 아기가 젖을 빨다가 갑자기 멈추고 젖병을 입에서 뺄 때, 젖병 안으로 공기 방울이 올라오는 모습을 볼 수 있습니다. 이 현상이 진공이 생겼다는 신호입니다.

♦ **공기 구멍이 없는 젖병**

젖병 안에 공기가 들어가려면, 공기가 들어갈 수 있는 작은 틈이 필요합니다. 하지만 공기 구멍이 없는 젖병은 공기가 들어갈 곳이 없습니다. 공기가 젖병 안으로 들어갈 수 있는 유일한 곳은 젖꼭지의 끝 구멍과 젖병과 젖꼭지 링 사이의 작은 틈입니다. 아기가 빨고 있을 때는 혀로 젖꼭지 끝 구멍을 막기 때문에 공기가 들어갈 수 없습니다. 그래서 젖병 안에 진공이 생기고, 이 때문에 우유가 잘 나오지 않게 되는 것입니다.

젖꼭지 링을 여유 있게 달으면 아기가 빨 때 젖병 안에 음압이 생기면서 공기가 젖병 안으로 들어옵니다. 젖병 안으로 들어온 공기는 작은 공기 방울이 되어 윗부분으로 올라갑니다. 우유가 빠져나간 자리를 공기가 채워주어, 진공이 생기지 않아 아기는 안정적으로 수유할 수 있습니다.

반면, 젖꼭지 링을 너무 단단하게 조이면 젖병 안으로 공기가 들어가지 못해 진공이 생기게 됩니다. 진공 문제가 생기면 젖꼭지 링을 너무 꽉 조이지 말고 살짝 풀어보세요. 공기가 잘 들어가면 젖병 안의 압력이 유지되어 아기가 수유하는 내내 일정한 유속으로 먹을 수 있게 됩니다. 젖꼭지 링을 적절히 조정하려면 약간의 연습이 필요합니다. 링을 살짝 조여 병에 고정하되, 우유가 새지 않도록 너무 느슨하지 않게 해주세요. 아기가 먹을 때 젖병 안으로 공기 방울이 천천히 올라오면 잘 조정된 것입니다.

◆ 공기 구멍이 있는 젖병

진공이 생기지 않도록 공기 구멍이 있는 젖꼭지나 젖병 시스템을 사용하는 것도 방법입니다. 공기 구멍이 있으면 공기가 더 쉽게 젖병 안으로 들어가서 진공이 생기지 않도록 돕습니다. 하지만 공기 구멍이 있는 젖병도 가끔 확인이 필요합니다. 공기 구멍이 막히면 공기가 들어가지 않아 진공이 생길 수 있기 때문입니다.

공기 구멍이 있는 젖병에는 젖꼭지에 공기 구멍이 있거나, 아기 배앓이를 줄여주는 '배앓이 방지' 밸브가 달리거나, 젖병 바닥에 공기 구멍이 있거나, 병 안에 작은 튜브가 있는 등 여러 종류가 있습니다. 배앓이 방지 밸브는 젖꼭지 링 옆이나 젖꼭지 아래에 붙어 있습니다. 이 밸브는 젖병 안에 진공이 생기지 않도록 도와주지만, 제대로 조립되지 않으면 공기 흐름이 막혀 아기가 먹기 어려워질 수 있습니다. 또한 병 바닥에 공기 구멍이 있는 시스템은 아기가 먹는 동안 공기가 병 안으로 들어가도록 합니다. 이 경우 공기가 병 바닥에서 들어가므로 공기 방울이 보이지 않습니다. 다만, 병 바닥의 공기 구멍이 너무 꽉 조여지거나 분유 찌꺼기로 막히면 문제가 발생할 수 있습니다.

젖병이 문제가 아닐 수도 있다

아기가 수유 중에 울거나 불편해 보이며 잦은 역류나 복통을 겪는다면, 젖병이 원인일 수 있습니다. 맞지 않는 젖병은 아기가 먹는 것을 힘들게 하고, 공기를 삼키게 해 역류나 복통을 유발할 수 있습니다. 아기들은 익숙한 것에서 안정감을 느끼기 때문에, 문제가 명확하지 않다면 젖병이나 젖꼭지를 자주 바꾸지 않는 것이 좋습니다. 먼저 아기가 보이는 불편한 신호를 살펴보는 것이 중요합니다. 예를 들어, 아기가 졸리거나 잠이 덜 깬 상태에서는 잘 먹는다면 문제는 젖병이 아니라 다른 곳에 있을 가능성이 높습니다. 만약 젖병을 확인한 후에도 아기가 여전히 불편해한다면, 수유 환경을 점검하거나 다른 원인을 찾아야 합니다.

분유, 도대체 어떤 것을 먹여야 할까

오늘날 다양한 종류의 분유가 나와 있어, 부모들은 어떤 것을 선택해야 할지 고민이 많습니다. 아기에게 어떤 분유가 가장 적합할지 결정하는 과정에서 종종 자신이 잘 선택하고 있는지 불안해지기도 합니다. 분유를 여러 번 바꾸고도 큰 변화가 없어 실망하는 부모도 많습니다. 여기서는 아기에게 적합한 분유를 선택하기 위해, 분유의 종류와 특징을 살펴보겠습니다.

==아기의 분유는 크게 3가지로 일반 분유, 소화 분유, 특수 분유로 나뉩니다==. 먼저, 일반 분유는 대부분의 아기에게 잘 맞는 기본 분유입니다. 모유와 비슷한 영양소들이 골고루 들어 있어 아기가 건강하게 성장할 수 있도록 도와줍니다. 그다음은 소화가 잘되는 분유입니다. 이 분유는 아기가 소화 불량이나 배에 가스가 차는 등 불편한 증상이 있을 때 도움이 될 수 있습니다. 마지막으로, 특수 분유가 있습니다. 이 분유는 알레르기나 소화 장애가 있거나, 특별한 영양이 필요한 아기들을 위해 만들어졌습니다.

◆ 소젖 분유

대부분의 소젖 분유에는 A1 단백질이 포함된 소젖이 사용됩니다. 이 단백질은 대부분의 아기에게 잘 맞아 많은 부모가 선호합니다. 최근에는 A2 단백질이 포함된 분유가 주목받고 있습니다. 일부 연구에서는 A2 분유가 소화 불편을 줄이고 장내 염증을 완화할 가능성이 있다고 보고했습니다. 그러나 이러한 연구들은 아직 초기 단계로, A2 단백질이 아기에게 미치는 영향을 일반화하기에는 근거가 부족합니다. 따라서 A2 분유가 모든 아기에게 더 좋은 선택이라고 단정할 수는 없습니다.

◆ 염소젖 분유(산양유)

일부 부모들은 염소젖 분유(산양유)가 소젖 분유보다 더 건강하다고 생각합니다. 염소젖에 포함된 A2 단백질이 소화에 유리할 수 있다는 이야기가 있기 때문이죠. 그러나 실제로 염소젖 분유와 소젖 분유는 소화 작용 면에서 큰 차이가 없으며, 기본적으로 비슷한 영양소를 제공하도록 만들어져 있습니다. 하지만 아기의 소화 능력은 개인차가 있기 때문에 반응이 다를 수 있습니다. 일부 아기는 소젖 분유를 소화하지 못하지만 염소젖 분유는 잘 소화하기도 합니다. 다만, 분유 선택 시 알레르기 가능성도 고려해야 하며 두 분유는 성분이 비슷하기에 소젖 단백질에 알레르기가 있는 아기는 염소젖 분유에도 유사한 반응을 보일 수 있습니다.

◆ 콩 분유

콩 분유는 콩에서 단백질을 추출한 후 필요한 영양소를 더해 아기에게 필요한 영양을 제공할 수 있도록 설계된 분유입니다. 한때 콩 분유는 비건 분유로 인기를 끌었습니다. 동물성단백질이나 유당이 포함되지 않기 때문에 우유 알레르기가 있거나 유당을 소화하지 못하는 아기들에게는 좋은 대안이 되기도 합니다. 그러나 일반 분유와는 영양 흡수 방식이 다를 수 있으니, 부모님들은 아기의 반응을 잘 살펴야 합니다.

◆ 속이 편한 소화 분유

일반 분유를 바탕으로 아기의 소화를 돕기 위해 주요 성분을 조정한 분유입니다. 주로 단백질 성분의 비율을 조정한 분유와 탄수화물 성분을 조정한 분유로 나뉩니다. 단백질 조정 분유는 유청과 카제인의 비율에 따라 소화 속도가 달라질 수 있습니다. 유청이 많은 분유는 빠르게 소화되어 아기에게 부담이 적고, 카제인이 많은 분유는 천천히 소화되면서 포만감을 오래 유지시킬 수 있습니다. 이 차이는 대부분의 아기에게 큰 영향을 미치지 않지만 미숙아처럼 특별한 소화 지원이 필요한 아기에게는 유청 함량이 높은 분유가 더 적합하다는 연구 결과도 있습니다.

탄수화물 조정 분유는 유당 함량을 조정한 분유입니다. 유당은 일부 아기들이 잘 소화하지 못하는 성분입니다. 아기의 편안한 소화를 돕기 위해 유당을 적게 넣거나 아예 넣지 않기도 합니다. 유당이 없는 분유는 카제인이 많아 소화가 오래 걸리고 변비를 유발할 수 있어 주의가 필요합니다. 또한 유당을 완전히 제거했더라도 여전히 단백질이 포함되어 있기 때문에 우유 알레르기가 있는 아기에게는 적합하지 않습니다.

◆ 가수분해 분유

저알레르기성 분유로 알려진 가수분해 분유는 단백질을 작게 쪼개

소화를 돕고 알레르기 반응을 줄인 분유입니다. 단백질을 잘게 나누는 과정은 큰 얼음을 잘게 부숴 물에 빨리 녹도록 하는 것과 비슷합니다. 이렇게 작게 나눈 단백질은 아기의 소화기관에서 더 쉽게 처리되며, 알레르기 위험을 줄여줍니다.

가수분해 분유는 크게 2가지로 나뉩니다. 하나는 부분 가수분해 분유(HA)로, 단백질을 작은 조각으로 일부 분해하여 알레르기 예방에 도움을 줍니다. 이는 경미한 소화 문제나 가스, 변비 완화에 유용하지만, 심각한 알레르기에는 효과가 적습니다. 하나는 완전 가수분해 분유(EHF)로, 단백질을 매우 작은 펩타이드나 아미노산 형태로 완전히 분해하여 알레르기 반응을 최소화합니다. 주로 우유나 콩 단백질 알레르기가 있는 아기에게 사용되며, 심각한 알레르기나 불내증이 있는 아기에게 권장되는 첫 번째 선택지입니다. 두 분유 모두 알레르기 반응을 줄이는 데 기여하지만, 사용 목적과 효과가 다르기에 아기의 상태에 맞는 분유를 선택하는 것이 중요합니다.

◆ **아미노산 분유(AAF)**

아미노산 분유는 우유에서 유래한 단백질을 포함하지 않아 비알레르기성 분유로 분류됩니다. 소젖이나 콩 단백질에도 민감한 아기들에게 사용되며, 우유 성분 대신 필수영양소(아미노산, 지방, 탄수화물, 비타민, 미네랄 등)로 구성된 분유입니다. 아미노산은 단백질의 가장 작은 단위로 아기에게 부담 없이 흡수됩니다. 일반 분유보다 묽으므로 속도가 느린 젖꼭지를 사용하는 것이 좋습니다.

◆ **고열량 분유**

칼로리와 영양소가 높은 분유로, 필요한 열량을 충분히 섭취하지 못하는 미숙아나 만성 폐질환, 심장질환이 있어 많은 양의 수분을 섭취하기 어려운 아기에게 유용합니다. 적은 양으로도 충분한 에너지를 공급할 수 있기 때문입니다. 자주 토를 해서 일반 분유를 충분히 흡수하지 못하는 아기 역시 고열량 분유를 통해 부족한 영양소를 보충할 수 있습니다.

아픈 아이는 어떤 분유를 먹여야 할까?

◆ **배앓이로 배가 아픈 아기**

아기들이 자주 울고 보채는 이유 중 하나로 배앓이가 자주 거론됩니다. 배앓이를 완화하기 위해서는 부분적으로 가수분해된 단백질을 포함해 아기가 더 쉽게 소화할 수 있도록 돕는 저알레르기(HA) 분유, 과다 섭취 시 가스나 묽은 변을 유발할 수 있는 유당 함량을 줄인 분유, 물에 잘 녹고 소화가 쉬운 유청 단백질이 많이 포함된 분유 등을 추천합니다.

이 분유들은 아기의 소화와 장 건강을 돕는 데 효과적일 수 있지만, 모든 아기에게 동일한 결과를 보장하지는 않습니다. 사람마다 특정 음식에 대한 반응이 다르듯, 아기들도 각자 고유한 소화 특성을 가지고 있기 때문입니다. 배앓이를 심하게 겪는 아기는 전문가와 상담 후 분유를 선택하는 것이 가장 안전합니다.

◆ **분유를 쉽게 역류하는 아이**

역류 방지 분유(AR 분유)는 아기의 위식도 역류를 줄이기 위해 만들어졌습니다. 아기가 먹은 후 쉽게 역류하지 않도록 성분을 추가하고 더 걸쭉하게 만든 분유입니다. 최근 연구에 따르면, 걸쭉한 분유가 신생아의 위식도 역류 증상을 줄이는 데 일부 도움이 될 수 있지만 그 효과에 대한 충분한 과학적 증거는 아직 부족하다고 합니다. 미국 소아과학회와 영국 NICE 지침도 걸쭉한 분유가 위식도 역류 치료에 꼭 필요하지 않다고 보고 있으며, 유럽 소아 위장병 학회 역시 장기적 영향에 대한 자료 부족으로 사용을 권장하지 않습니다. 아기의 역류 문제를 해결하려면 수유 자세를 바꾸거나 수유 방법을 조정하는 것이 더 효과적일 수 있습니다.

♦ 변비와 설사가 있는 아기

변비는 분유를 먹는 아기들에게 자주 발생하는 문제입니다. 변이 단단하고 자갈처럼 작게 나오는 경우를 말합니다. 이럴 때 변비용 분유는 아기의 변을 부드럽게 해줍니다. 이 분유는 일부 단백질을 미리 분해하여 아기의 장 부담을 덜어줍니다. 또한 변 속의 수분을 유지해 주는 탄수화물과 유산균을 추가해 아기의 장 건강을 돕습니다.

반면, 장이 민감해져 변이 물처럼 나오거나 설사가 지속될 때는 유당이 적거나 없는 분유가 도움이 될 수 있습니다. 이는 장이 빠르게 움직일 때 유당을 소화하기 어려운 경우가 많기 때문입니다. 설사용 분유는 수분과 영양소 보충을 위해 전해질을 포함하고 있으며, 운동 후 수분을 보충하는 스포츠 음료와 유사한 역할을 합니다. 하지만 설사 증상이 나타날 경우, 분유만으로 해결하려 하기보다는 반드시 전문가와 상의해 아기의 상태를 정확히 파악하고 적절한 조치를 취해야 합니다.

◆ 자주 배고픈 아기

어떤 아기들은 분유를 다 먹고도 금세 배고파하거나, 예상보다 많은 양을 빠르게 먹기도 합니다. 이런 아기들은 보통 또래보다 더 많은 양을 섭취하게 되는데, 그렇게 먹으면 체중이 급격히 늘거나 먹은 것을 토하거나, 대변을 자주 보게 될 수 있습니다. 이 경우 소화 속도가 중요한 요소로 작용할 수 있습니다. 소화가 느리게 이루어지는 분유는 아기가 먹은 후 더 오래 포만감을 느끼도록 도와줍니다. 이런 분유는 보통 카제인이라는 단백질을 많이 포함하는데 카제인은 유청보다 더 천천히 소화되기 때문에 아기가 먹은 후 포만감이 더 오래 지속됩니다. 하지만 이 분유를 먹는다고 해서 아기들이 더 오래 자거나 덜 배고프다고 입증된 바는 없습니다. 그리고 카제인이 너무 많아지면 변비의 위험도 있어요.

아기가 자주 배고파 보일 때 부모는 더 먹이려는 경향이 있습니다. 하지만 실제로는 피곤하거나 빨고 싶은 욕구를 배고픔으로 오해하는 경우가 많습니다. 또 아기가 손을 입으로 가져가거나 엄지손가락을 빠는 행동은 피곤함이나 안정감을 찾으려는 표현일 수 있습니다. 따라서 아기의 신호를 주의 깊게 관찰하고 배고픔인지 피곤함인지 우선 구별하는 것이 중요합니다.

분유, 바꿔야 할까?

아기가 자주 울고 수유나 수면에 어려움을 겪으며 소화 문제까지 보일 때, 부모들은 분유가 원인이라 생각해 분유를 바꾸기도 합니다. 이를 반영해 분유 회사들은 복통, 역류, 변비, 설사, 수면 문제 등을 해결할 수 있는 특수 분유를 선보이고 있습니다. 그러나 분유의 효과에 대해서는 신중한 접근이 필요합니다. 많은 경우, 아기들이 겪는 문제는 일시적인 불편함일 가능성이 큽니다. 따라서 분유를 바꾸기보다는 현재 증상이 성장 과정의 일부일 수 있음을 고려하는 것이 좋습니다.

아기에게 더 알맞은 분유로 바꿔야 할 때도 있습니다. 모유를 먹기 어렵거나 알레르기 반응을 보이는 등 분명한 이유가 있을 때입니다. 분유를 바꾸면 아기는 익숙하지 않은 맛에 적응하는 시간이 필요합니다. 저알레르기성 분유처럼 맛이 독특한 분유는 더 시간이 필요합니다. 이럴 때는 기존 분유 비율을 더 높게 7:3 비율로 섞어 먹이고, 새 분유 비율을 점차 높이면 아기는 새로운 맛에 천천히 익숙해져 자연스럽게 적응할 수 있습니다. 아기가 새로운 분유를 거부할 때 억지로 먹이려 하면 오히려 거부감이 더 심해질 수 있습니다. 아기가 거부한다면 잠시 기다리며 적응할 시간을 주는 것이 중요합니다. 이때 일시적으로 수유량이 줄어들 수 있지만, 며칠 지나면 아기는 서서히 새로운 맛에 익숙해질 것입니다.

트림, 꼭 시켜야 할까

아기에게 수유한 후 트림을 시키는 것은 빠질 수 없는 과정입니다. 아기들은 먹는 동안 공기를 함께 삼키기 쉽습니다. 삼킨 공기는 위에 모이게 되는데, 위의 모양과 각도 때문에 공기 방울이 위쪽에 쌓이게 됩니다. 우유와 공기가 섞이면 아기는 먹는 동안 약간의 불편함을 느낄 수 있습니다. 그래서 칭얼거리거나 몸을 뒤척이는 경우가 생기죠. **이때 트림을 시켜 공기를 일부 배출하면 아기는 더 편안해지고, 배 속에 공간이 생겨서 더 많이 먹을 수 있습니다. 트림은 아기의 배 속 불편함을 줄여주고, 수유를 편안하게 즐길 수 있도록 도와줍니다.**

그러나 아무리 오랫동안 트림을 시켜도 삼킨 공기를 모두 배출할 수는 없습니다. 트림을 하고 나서도 일부 공기는 위에 남아 있다가, 위가 수축할 때 우유와 함께 소장으로 이동하게 됩니다. 이 공기 중 일부는 소장에서 흡수되고, 흡수되지 않은 공기는 대장으로 이동하면서 다른 가스들과 합쳐져 방귀로 나옵니다.

미국 소아과 의사 신디 겔너 박사는 트림이 공기를 배출해 아기의 불편함을 줄이는 데 도움을 줄 수 있지만, 부모들에게 트림에 너무 신경 쓰지 않아도 된다고 조언하며 아기가 삼킨 공기는 자연스럽게 방귀로 배출된다고 설명합니다. 트림은 아기의 속을 잠깐 편하게 해주는 데 도움이 되긴 하지만, 본질적으로는 단지 위 속에 남은 공기를 빼내 다음 수유를 위해 공간을 비워주는 기능만을 합니다.

언제 트림이 나오는지 봐야 할까

아기가 수유 중에 삼킨 공기로 인해 배가 불편할 때, 바로 행동으로 신호를 보냅니다. 몸을 비틀며 칭얼거리기 시작하면, 그건 복부 팽만감이 느껴진다는 신호일 수 있어요. 이때는 아기를 부드럽게 세워 안아 등을 살짝 두드리면서 트림을 유도해 보세요. 하지만 너무 오래 트림을 시도할 필요는 없습니다. 1~2분 내로 트림이 나오지 않으면, 다른 이유로 칭얼거리고 있을 가능성이 높아요.

수유 중에도 아기가 편안하게 먹고 있는 모습을 보인다면, 굳이 트림을 시도하지 마세요. 수유가 끝날 때까지 기다렸다가, 아기가 충분히 먹고 나면 그때 트림을 확인하는 게 좋습니다. 수유 후 큰 트림과 함께 소량의 우유가 흐른다면 걱정하지 마세요. 가끔 소량의 우유가 섞여 나오는 건 흔한 현상입니다. 다만, 트림 후에 많은 양의 우유를 뱉어내는 일이 반복된다면 빨기를 잠시 멈출 때 트림을 시도해 보는 것도 방법입니다.

아기가 트림을 하지 않는 가장 흔한 이유는 단순히 트림이 필요하지 않기 때문입니다. 아기가 공기를 삼켰더라도, 그것이 불편함을 유발하지 않으면 트림을 할 필요가 없습니다. 아기가 3개월 이상이 되면 젖병에서 나오는 우유의 흐름을 조절하는 능력이 생기고, 빨아들이는 속도와 섭취량을 조절할 수 있게 됩니다. 그러면서 점차 수유 후 트림이 덜 필요하게 되죠. 특히 4~6개월이 지나면 수유 후 트림을 거의 하지 않습니다.

아기가 잠이 들었다면, 트림을 할 가능성이 더 낮습니다. 수유 속도가 느려지면서 공기를 덜 삼키게 되기 때문이죠. 이런 상황에서는 굳이 아기를 깨우지 않아도 괜찮습니다. 몇 분 정도 가볍게 트림을 시도해 볼 수 있지만, 아기가 편안히 잠들어 있다면 그대로 재우는 것이 좋습니다. 아기의 신호에 귀 기울이며, 아기가 자연스럽게 자신의 리듬에 따라 편안하게 수유 시간을 즐길 수 있도록 함께 맞춰가세요.

과도하게 트림하는 이유

◆ **빠른 유속**

아기가 너무 빨리 먹으면 공기를 함께 삼키기 쉽습니다. 수유 중 꿀꺽 소리가 크다면 공기가 들어가고 있다는 신호일 수 있습니다. 배고프거나 피곤한 아기는 더 빨리 먹으려 해서 공기를 과도하게 삼킬 수 있습니다.

◆ **수유 자세**

아기가 편안하게 젖병을 물 수 있도록 각도를 맞추는 것이 중요합니다. 아기 얼굴 각도와 맞지 않게 젖병을 과하게 들거나 수평으로 들 경우, 젖꼭지에 공기가 가득 차서 더 많은 공기를 삼킬 수 있습니다.

♦ **길이가 짧은 젖꼭지**

젖꼭지가 짧으면 아기가 흡착하기 어려워져 빨기-삼키기-숨쉬기 조화가 깨지게 됩니다.

♦ **혀의 움직임 제한**

설소대가 짧아 혀가 충분히 움직이지 못하는 아기는 젖꼭지를 혀로 감싸기 어려워져 흡착이 힘들고 공기를 섭취할 가능성이 높아집니다.

♦ **울음**

아기가 과도하게 울면 많은 공기를 들이마시게 되어 트림을 통해 배출해야 할 공기가 늘어납니다.

아기의 트림을 시도하는 데는 2분 정도면 충분합니다. 그때 트림을 하지 않더라도 시간이 지나면 공기는 아래로 배출되기도 합니다. 아기의 신호를 이해하기 위해서는 조금 더 넓은 시야로 바라보고, 아기에게 필요한 것을 세심하게 살피는 것이 중요합니다.

분유 수유에서 조심해야 할 것

2

수유할 때 흔히 저지르는 실수

　때로는 아기가 젖병을 제대로 물지 못하고 힘겹게 빨려는 모습을 볼 수 있습니다. 아기들이 수유 중에 칭얼거리거나 스트레스를 받는 가장 흔한 이유는 부모가 아기의 수유 신호를 제대로 파악하지 못하기 때문입니다. 아기가 배고프거나 배부르다는 신호를 놓치거나 잘못 해석하면 문제가 발생할 수 있습니다.

　많은 부모는 아기 주도 수유 대신 '언제' 먹고 '얼마나' 먹어야 하는지를 부모가 결정하는 방식을 선택합니다. 아기가 배고파할 때까지 기다리지 않고 일정한 시간과 정해진 양에 맞춰 수유하게 되는 것이죠. 그 순간에 아기는 더 먹고 싶을 수도 있고, 아니면 이미 배가 부를 수도 있습니다. 하지만 부모가 정해둔 시간과 양에 맞추다 보니 자신의 리듬을 잃고, 스트레스를 느끼며 울음을 터뜨립니다. 몸의 행동, 미세한 표정 변화, 그리고 가끔 터져 나오는 울음 속에는 무언가 말하고 싶은 신호들이 가득합니다.

반면, 아기가 주도하는 수유는 부모가 아기의 요구와 신호에 맞춰 반응해 주므로, 아기는 원하는 만큼 먹고 편안하게 수유 시간을 즐길 수 있습니다. 조산아나 특별한 도움이 필요한 아기에게는 부모 주도 수유가 필요할 때가 있습니다. 아기가 스스로 먹을 양을 조절할 수 없는 초기에는 부모가 수유를 주도하는 것이 적절할 수 있죠.

하지만 아기가 자라면서 스스로 먹고 싶은 양을 결정할 수 있는 능력이 생기면 이야기가 달라집니다. 먹고 싶은 만큼 먹도록 두지 않고 부모가 먹는 시간을 정하거나 양을 조절하면 문제가 생길 수 있습니다. 아기는 자신의 신호를 느끼고 표현할 기회를 잃게 됩니다. 이로 인해 수유 시간이 점점 스트레스로 다가올 수 있습니다.

다정한 강요

수유할 때, 다정하게 강요하는 순간들이 있습니다. 아기가 입을 꼭 다물고 있을 때, 젖꼭지를 조심스럽게 밀어 넣으려 한 적이 있지 않나요? 또는 혀로 밀어내려고 하면 그걸 막아본 적은요? 아기가 고개를 돌리거나, 뒤로 젖히며 명확히 거부 의사를 보일 때도 우리는 따라가며 젖병을 밀어 넣곤 합니다. 아기의 작은 손이 젖병을 밀어내려 하면 그 손을 잡아주면서 다시 젖병을 입에 가져다 대기도 하죠.

이런 순간들은 부모들에게 어쩌면 너무도 익숙한 장면일 겁니다. 아기가 울고 칭얼거릴 때, 본능적으로 젖병을 흔들어 아기의 관심을 끌어봅니다. 눈이 젖병을 따라가는 것을 확인하며, 다시금 입에 물려보려고 애를 쓰죠. 울고 있는 아기에게는 공갈 젖꼭지를 살짝 물려주다가 공갈 젖꼭지가 슬쩍 치워지고 진짜 젖병이 아기 입에 자리를 잡았습니다. 아기는 눈치채지 못한 채 다시 빨기 시작하고, 부모는 그제야 안도의 숨을 내쉽니다. 무심코 아기의 턱 밑을 가볍게 눌러 다시 반응을 이끌어내기도 하고 아기 입에 우유를 살짝 넣어보기도 합니다. 조금이라도 더 먹어주길 바라는 마음에서죠. 하지만 아기는 작은 몸짓으로 이미 충분히 신호를 보내고 있을지도 모릅니다.

수유는 아기에게 편안한 시간이어야 합니다. 따뜻한 품 안에서 아기가 스스로 원하는 만큼, 자신의 리듬에 맞춰야 합니다. 작은 몸짓과 눈빛이 보내는 신호에 귀 기울이며 존중해 줄 때, 비로소 수유의 순간은 진정으로 서로의 사랑이 오가는 시간이 됩니다. 꼭 필요하지 않은 양을 억지로 먹이려고 하면 문제가 생길 수 있습니다. 과식으로 이어지면 아기는 불편함을 느끼게 되고 심하면 먹는 것 자체를 싫어하게 될 수도 있습니다. 지금 아기에게 귀를 기울이고 있는지 스스로에게 물어보는 시간이 필요합니다.

부담스러운 수유 시간

아기가 배고파 보이는데도 먹기를 거부할 때, 부모의 마음은 무거워집니다. 아기가 충분히 먹지 않아서 아프거나 성장에 문제가 생길까 봐 염려하게 됩니다. 불안감에 휩싸여 아기가 원하지 않는 순간에도 억지로 수유합니다. 그러나 강제적인 수유는 아기에게 생각보다 큰 부담을 줄 수 있습니다. 아기의 입에 젖병을 억지로 밀어 넣는 순간, 아기는 본능적으로 고개를 돌리거나 혀로 밀어내려 합니다. 하지만 부모는 젖병을 더 깊이 밀어 넣으려 하죠. 그 과정에서 아기의 작은 입은 힘없이 열리고, 우유가 서서히 입안에 가득 차오릅니다. 부모는 아기가 충분히 먹기를 바라는 마음뿐이겠지만, 아기의 작고 여린 몸은 그 무게를 고스란히 느끼고 있습니다. 무언가를 삼키기 위해 싸워야 하는 순간이 반복되면서 그 작은 가슴에는 부모의 따뜻한 사랑보다 두려움이 먼저 자리 잡게 될지도 모릅니다.

강제로 수유하는 것은 아기에게 상당한 심리적·신체적 부담을 줄 수 있습니다. 원치 않을 때 억지로 젖병을 밀어 넣으면, 아기는 놀라 당황하게 됩니다. 소화기관이 압박을 받아 우유를 제대로 소화하지 못하고, 구역질과 함께 토하게 될 수 있습니다. 이 불쾌한 경험은 아기에게 수유 시간을 두려운 시간으로 인식하게 만듭니다. 거부감이 커질수록 아기의 수유량은 점점 줄고, 체중은 기대만큼 늘지 않습니다. 부모의 노력에도 불구하고 아기의 성장은 눈에 띄게 더디어질 수 있습니다. 무엇보다, 아기와의 신뢰 관계가 깨어질 위험이 큽니다.

강제적인 수유는 잠깐의 해결책일 뿐입니다. 장기적으로는 상황을 더 힘들게 만들 수 있어요. 아기가 수유를 거부하는 이유는 그 과정에 어떤 불편함을 느꼈기 때문일지도 모릅니다. 잠시 멈추고 아기의 눈빛이나 작은 몸짓이 보내는 신호를 차분히 살펴보는 것이 필요합니다.

무심코 하는 수유 습관

아기에게 수유할 때 부모가 무심코 하는 행동들이 아기에게 불편함을 줄 수 있습니다. 아기 입에 젖병을 물린 채 젖병을 자꾸 비틀거나 수유 중 아기 얼굴을 닦고 옷을 고치느라 수유를 방해하는 경우가 그렇습니다. 트림을 시키려 아기를 자꾸 일으키면 먹고 싶어도 먹지 못해 울어버릴 수도 있습니다.

수유 중에는 아기에게 집중하는 것이 중요합니다. 수유하면서 휴대폰을 보면, 아기는 부모의 관심이 자신에게서 멀어졌다고 느낄 수 있습니다. 수유 중 자꾸 자세를 바꾸거나 흔들의자나 짐볼에서 수유하는 것도 아기의 젖 물기와 빨기, 삼키기를 방해할 수 있습니다. 작은 움직임이 아기의 집중을 흐트러뜨리고 불안감을 줄 수 있습니다.

자면서 먹는 수유

꿈수유는 아기가 자는 동안 수유하는 것을 말합니다. 아기가 잠들어 있을 때 부모가 살며시 젖병을 입에 대고 아기가 모르는 사이에 수유합니다. 이 순간은 매우 섬세하게 이루어집니다. 꿈수유는 아기에게 안정감을 주는 경우도 있지만, 반대로 아기의 리듬을 방해할 때도 있습니다.

꿈수유를 선택하는 이유는 여러 가지입니다. 한밤중에 아기가 자주 깨어 배고파하면 부모는 잠을 설치게 되는데, 아기가 잠든 사이 미리 수유하면 밤새 깨지 않고 잘 수 있을 것이라 기대하기 때문입니다. 또 다른 이유는 아기의 밤중 수유 패턴을 조절하고 싶기 때문입니다. 이른 저녁에 한 번 더 수유해 두면 아침까지 푹 잘 수 있지 않을까 기대하는 것이죠. 또 깨어 있을 때 수유를 거부하는 아기들은 잠든 사이에 조용히 수유를 시도하면 거부 반응 없이 먹을 수 있습니다.

수유량을 맞추기 위해, 아기가 자는 동안 더 많은 수유를 시도하기도 합니다. 하지만 이런 방식이 역효과를 낳을 때도 있습니다. 아기가 밤중에 많이 먹으면, 다음 날 낮에는 배가 덜 고파져서 수유량이 줄어들 수 있습니다. 이렇게 되면 낮 동안 적게 먹고 밤에 더 많은 양을 먹으려는 '역행하는 수유' 패턴을 형성하게 될 수도 있습니다.

그리고 생체리듬에 맞지 않는 시간에 수유하게 되면 소화기능이 고장날 수 있습니다. 밤에는 소화 속도가 느려지기 때문에, 수면 중에 수유를 하면 아기의 몸에 혼란을 줄 수 있는 것이죠. 또한 충치의 위험을 높일 수 있습니다. 아기가 잠들어 있을 때는 침이 덜 나오고 삼키는 횟수도 줄어들어 입안에 우유가 더 오래 남아 있게 되죠. 이렇게 남아 있는 우유 속 당분 때문에 충치가 생길 위험이 커집니다. 그뿐만 아니라, 흡인의 위험도 존재합니다. 잠들어 있을 때는 빨기, 삼키기, 숨 쉬기를 조절하는 능력이 줄어들어 우유가 폐로 흘러갈 가능성이 높아집니다.

물론 모든 아기에게 꿈수유가 문제를 일으키는 것은 아닙니다. 하지만 잠든 상태에서 수유하면 깨어 있을 때보다 더 많은 문제를 겪을 가능성이 높습니다. 낮 동안 충분히 먹지 않아서 밤에 꿈수유를 하고 있다면, 아기의 생체리듬과 어긋나지 않는지 한번 점검해 보세요. 아기에게 긍정적인 영향을 주기 위해서는 깨어 있는 동안 즐겁게 먹을 수 있는 환경을 만들어주는 것이 중요합니다.

셀프 수유의 덫

생후 8, 9개월쯤 되면, 손으로 젖병을 꽉 잡고 스스로 먹는 모습을 볼 수 있습니다. 젖병을 꼭 붙들고 수유를 하는 모습은 정말 대견하고 사랑스럽습니다. 셀프 수유 자체는 문제가 없습니다. 하지만 잠깐 한눈을 판 사이에 아기가 갑자기 질식할 수도 있습니다. 수유 중에 일어나는 질식은 그 어떤 소리도 없이 조용히 찾아올 수 있습니다. 게다가 위산이 식도로 역류하거나 귀로 흘러가 중이염을 유발할 가능성도 있습니다. 아기가 불편해할 틈도 없이 이 모든 일은 순식간에 조용히 일어날 수 있죠. 그래서 부모의 시선이 아기 곁을 떠나지 않는 것이 무엇보다 중요합니다.

젖병 지지대를 이용한 수유 방법도 있습니다. 젖병 지지대를 이용한 수유는 아기가 전혀 손도 대지 못한 채 젖병이 고정된 상태로 수유를 진행하게 만듭니다. 아기는 아직 미숙해서 유속을 조절할 능력이 부족합니다. 유속이 빠를 때 스스로 젖병을 밀어내지 못하면 우유가 기도로 넘어갈 수 있는 위험에 처하게 됩니다. 그래서 젖병 지지대를 이용한 수유는 결코 셀프 수유가 아닙니다. 일종의 무관심의 표현이 될 수 있습니다. 아기는 부모와의 따뜻한 눈맞춤과 애정을 느끼며 수유할 때 가장 안정감을 얻습니다. 이 따스한 순간을 대신할 수 있는 것은 아무것도 없습니다.

아기의 과식 징후

"아기는 배가 부르면 스스로 먹는 것을 멈춘다"라는 말은 사실일까요? 막상 갓난아기는 어른의 판단에 따라 예상치 못하게 과식하게 되는 경우도 많습니다. "그만 먹고 싶어요"라는 말을 할 수 없기에 먹는 양을 결정하는 것은 어른의 몫입니다.

이처럼 과식은 과도한 양의 우유를 먹게 될 때 발생합니다. 과식의 숨은 이유를 알고 나면 부모님들은 종종 당황하곤 합니다. 왜 아기가 과식을 하게 될까요? 과식의 대표적인 이유 중 하나는 필요한 양보다 과한 양을 주기 때문입니다. 부모가 주도적으로 수유를 하다 보면 아기의 실제 요구를 정확히 판단하기 어렵습니다. 튼튼하고 통통한 아기가 건강하다는 뿌리 깊은 사회적 인식이 과식을 부추기기도 합니다.

아기들이 우는 이유는 수만 가지입니다. 그러나 부모는 울음을 멈추기 위해 재빨리 수유를 선택하는 경우가 많습니다. 이 순간이 반복되면서 아기는 필요 이상의 양을 먹게 됩니다. 밤중에 잠깐 잠에서 깬 아기에게 한 번 더 수유하는 것도 과식의 시작이 될 수 있습니다.

또한 빨기 반사가 강한 아기들은 지나치게 빠른 속도로 젖병을 물 때가 많습니다. 이러한 모습을 배고픔의 신호로 착각하기 쉽습니다. 그 작은 입이 쉴 새 없이 움직이며 빨리 먹는 아기를 보며 부모는 더 많은 양을 급하게 수유하게 됩니다. 그 결과, 아기는 자신이 필요로 하는 양 이상을 먹으며 소화기관에 부담을 느낍니다. 아기의 과식 문제는 이러한 요소들이 얽히고설켜 발생합니다. 혹시 아기가 과식을 하고 있다면 그 원인을 차분히 탐색하며 다양한 가능성을 열어두는 것이 필요합니다.

아기의 몸이 보내는 과식의 신호들

과식하면 몸속 균형이 깨집니다. 이때 몸은 균형을 되찾기 위해 경고음을 울립니다. 가장 흔한 신호는 역류입니다. 아기의 위는 수용할 수 있는 양이 정해져 있어 이를 넘으면 우유가 역류합니다. 아기의 입가로 우유가 흐르기도 하고, 생각보다 멀리까지 우유를 분출하기도 합니다. 가끔 아기가 소량의 우유를 역류하는 것은 걱정할 필요가 없습니다. 그러나 건강한 아기가 자주 역류하거나 먹은 우유를 세게 뿜어내는 분출성 구토를 한다면 원인을 살펴봐야 합니다. 이런 경우 아기가 과식했거나 너무 빠르게 먹었을 가능성이 높습니다. 아기가 자주 울거나 잠을 못 잔다면 과식 외에도 장이나 복부 불편, 수면 부족과 관련된 문제일 수 있습니다.

배앓이는 역류보다 더 심한 통증과 불편함을 유발합니다. 배앓이를 겪는 아기는 배변 횟수가 늘고 묽은 변을 보거나, 배가 팽창하고 가스가 차는 증상을 보입니다. 심한 경우 기저귀 발진도 생깁니다. 일부 아기는 역류만 나타나지만 많은 아기가 역류와 배앓이 증상을 함께 겪습니다.

이런 증상들은 아기 몸이 필요 이상으로 영양을 섭취할 때 나타나는 신호입니다. 작은 소화기관이 감당할 범위를 넘어서면 몸이 균형을 맞추기 위해 반응을 일으키는 것이죠. 과식하면 소화기관은 유당을 과도하게 처리해야 하며 이로 인해 기능성 유당 과부하가 발생합니다. 이는 유당 불내증과는 다릅니다. 정상적인 양의 유당은 소화할 수 있지만, 한 번에 너무 많은 유당을 섭취하면 소화하지 못해 문제가 생기는 것입니다.

배앓이를 하는 아기는 우유 단백질 알레르기나 유당 불내증을 가진 아기와 비슷한 증상을 보이지만, 원인은 다릅니다. 과식으로 인한 증상은 성장 상태가 양호한 아기에게도 나타날 수 있지만, 우유 단백질 알레르기가 있는 아기는 소량의 우유도 소화하지 못해 성장에 어려움을 겪습니다.

또한 부모는 아기가 가스가 자주 차거나 묽고 양이 많은 변을 볼 때, 아기가 현재 먹고 있는 우유를 소화하지 못하는 것은 아닌지 걱정하며 분유를 바꿀지 고민합니다. 저유당이나 무유당 분유가 이런 장 증상을 완화하는 데 도움이 될 때도 있지만, 모든 경우에 효과적인 것은 아닙니다. 배앓이 증상이 있다고 해서 곧바로 우유 알레르기나 불내증으로만 생각하지 말고 과식의 가능성도 고려해 볼 필요가 있습니다.

과식으로 인해 아기에게 나타날 수 있는 다른 증상으로는 예민해지거나 잠을 잘 이루지 못하는 경우가 있습니다. 또한 위와 장이 반응하면서 과도하게 힘을 주는 행동을 보일 수도 있습니다. 이는 아기의 몸이 불편함을 조절하려고 보내는 신호입니다.

하지만 이런 행동들이 과식 때문이라고 단정 짓는 것은 성급한 판단일 수 있습니다. 만약 위장 관련 증상이 동반되지 않는다면, 이는 건강한 아기들이 보이는 자연스러운 반응일 수 있습니다. 때로는 수유와는 전혀 관련 없는 이유로도 이런 행동이 나타날 수 있습니다. 아기들은 다양한 신체 신호를 통해 자신을 표현하며, 이러한 신호가 항상 문제를 의미하는 것은 아니라는 점을 기억하는 것이 중요합니다.

과하게 먹어도 과도한 체중 증가가 일어나지 않는다

많은 사람은 아기가 과식하면 체중이 과도하게 늘 것이라고 생각합니다. 하지만 아기들은 몸의 균형을 맞추기 위해 필요 이상으로 들어온 영양소를 구토나 배변을 통해 배출합니다. 그래서 과식한 아기들이라 해도 체중이 크게 늘지 않고 정상적으로 성장하는 경우가 많습니다. 일부 아기는 과도한 구토와 배변으로 영양소를 충분히 흡수하지 못해 체중이 잘 늘지 않기도 합니다. 과식이 오히려 성장에 방해가 될 수 있다는 것을 보여주는 사례입니다.

아기가 구토하며 성장이 부진할 때 2가지 관점에서 접근할 수 있습니다. 첫째, 아기가 구토로 영양소를 잃고 있으니 이를 보충하기 위해 더 많은 우유나 칼로리가 필요하다는 관점입니다. 이 경우 부모는 고칼로리 분유나 영양제를 추가해 칼로리 섭취를 늘리려 하죠. 둘째, 아기가 과도한 칼로리 섭취로 구토가 유발된다는 것입니다. 과식은 양이 많다는 의미뿐만 아니라, 필요 이상의 영양소가 들어와 아기 몸에 부담을 주는 상태를 말합니다. 이런 경우 아기 몸은 구토를 통해 과잉 섭취한 영양소를 배출하려 하며 오히려 성장을 방해할 수 있습니다. 몸에 필요한 양 이상을 섭취하면 필요한 영양소까지 배출되기 때문입니다.

아기가 구토로 인해 칼로리가 더 필요한지, 과도한 칼로리 섭취 때문에 구토하는지를 구분하는 것은 어렵지 않습니다. 아기에게 정해진 수유량을 억지로 먹이지 말고 아기가 먹고 싶은 만큼 스스로 양을 조절하게 해보세요. 만약 구토가 줄어든다면 과식이 원인일 가능성을 의심해 볼 수 있습니다. 이런 경우, 아기의 변화된 상태와 수유 패턴을 기록한 후 전문가와 상의해 보세요. 이를 통해 아기의 필요에 맞는 수유량과 방법을 찾아 아기가 편안하게 먹을 수 있도록 도울 수 있습니다.

과식은 또 다른 문제를 낳는다

과식은 목마른 나무에 물을 너무 많이 주는 것과 같습니다. 처음에는 나무가 물을 받아들이며 푸르게 돋아날 것처럼 보이지만 물이 뿌리까지 차오르게 되면 나무는 더 이상 숨을 쉴 수 없게 됩니다. 물은 나무를 살리기 위한 것이었지만, 뿌리가 질식하고 상처를 입게 되죠.

과식은 생각하는 것보다 훨씬 더 흔한 문제입니다. ==아기들은 자신에게 필요한 양을 스스로 조절할 수 있는 능력을 가지고 태어납니다. 그러나 아기가 보내는 신호를 놓치는 경우가 많습니다. 부모는 그 작은 신호를 주의 깊게 살펴야 합니다.== 아기의 몸이 보내는 소리를 가만히 듣고 리듬에 맞춰 돌보아주는 것이야말로, 행복한 성장을 돕는 중요한 열쇠가 될 것입니다.

왜 충분히 먹지 못할까

　아기가 충분히 먹지 않으면 부모는 아기가 성장에 필요한 영양소를 제대로 얻지 못할까 봐 걱정하게 됩니다. 그러나 차분히 상황을 살펴보면, 이것이 정말로 아기에게 문제가 되는지 아니면 단순히 부모의 걱정에서 비롯된 것인지 구별할 수 있습니다.

　아기가 충분히 먹지 않는 이유는 무엇일까요? 아기가 충분히 먹지 않는 이유를 알아보려면 실제로 수유량이 부족한지 확인해야 합니다. 절대적인 수유량이 부족할 수도 있지만, 충분히 섭취했어도 영양소가 제대로 흡수되지 않는 경우도 있습니다. 아기의 소화기관에 문제가 있거나 섭취한 영양소를 몸에서 제대로 흡수하지 못할 때 이런 일이 발생할 수 있습니다. 이 경우에는 먹는 양을 늘리는 것만으로는 해결되지 않습니다. 흡수가 잘되지 않으면 아무리 많이 먹어도 성장에 필요한 영양이 충분히 공급되지 않을 수 있습니다. 반대로 권장량보다 적게 먹더라도 영양소를 잘 흡수한다면 큰 문제가 되지 않을 수 있습니다. 따라서 단순히 권장량에 미치지 못한다고 해서 수유량이 부족하다고 단정할 수는 없습니다.

아기마다 필요한 수유량과 먹는 속도가 다르기 때문입니다. 수유량을 정해진 기준으로만 판단하기보다, 아기의 전반적인 성장과 발달 상태를 함께 살펴보는 것이 중요합니다.

수유량이 실제로 부족한 상태인지 판단하는 데 도움이 되는 몇 가지 신호가 있습니다. 아기의 체중이 잘 늘지 않거나 피부가 건조하며, 늘 기운이 없어 보인다면 필요한 영양소를 충분히 흡수하지 못하고 있을 가능성이 있습니다. 아기가 충분히 먹지 않는 것이 확실하다면, 이제 그 원인을 찾아야 합니다. 원인은 크게 2가지로 나눌 수 있습니다. 첫째는 신체적인 이유로, 장 기능이 원활하지 않아 흡수가 잘 안 되거나 구강 구조 문제로 젖병을 물기 어려운 경우가 이에 해당됩니다. 이런 경우에는 전문가의 도움이 필요합니다. 두 번째는 행동적인 이유입니다. 신체적으로는 건강하지만 행동이나 습관 때문에 충분히 먹지 못하는 경우입니다. 쉽게 싫증을 내거나 집중력이 짧아 한 번에 충분히 먹지 않거나, 특정 맛에 민감해 먹는 것을 거부하는 경우가 있습니다. 이러한 문제는 부모의 이해와 인내로 해결할 수 있는 경우가 많습니다.

실제로 아기가 수유량이 부족한 경우는 드뭅니다. 신체적 문제로 충분히 먹지 못하는 경우도 있지만, 대부분은 건강한 상태에서 행동적 이유로 덜 먹는 것뿐입니다. 이런 때일수록 아기가 먹을 때 차분히 살펴보고 행동적 원인을 하나씩 파악하는 것이 중요합니다.

부모들은 과식에 대해 걱정하는 경우가 드물지만 수유량이 부족할까 봐 걱정하는 일은 흔히 발생합니다. 아기가 충분히 먹지 않는다고 느낄 때 부모들은 다양하게 수유와 관련된 조언을 듣습니다. 때로는 이러한 조언이 잘못된 방향으로 흐르기도 합니다. 아기의 체중이 월령별 평균보다 적거나 수유량이 기대치에 못 미친다고 해서 곧바로 수유 부족으로 판단하는 것은 성급한 결론일 수 있습니다. 성장 속도는 아기마다 다르며 저마다의 리듬으로 성장합니다. 몇 가지 지표만으로 수유 부족을 진단하는 것은 위험합니다.

잘못된 조언은 잘못된 해결책으로 이어질 수 있습니다. 잘못된 판단으로 아기에게 무리하게 많은 양을 먹이려 하면 아기는 수유 시간을 불편하고 스트레스를 받는 시간으로 느낄 수 있습니다. 그러면 시간이 지날수록 먹는 것 자체를 거부하는 일이 생길 수 있습니다. 잘못된 조언들은 당장은 문제를 해결하는 것처럼 보일 수 있지만, 근본적인 문제를 해결하지는 못합니다.

그렇다면 아기가 충분히 먹고 있는지 어떻게 알 수 있을까요? 가장 좋은 방법은 아기의 몸짓과 신호를 세심하게 관찰하는 것입니다. 아기는 말 대신 행동으로 자신의 상태를 표현합니다. 이러한 행동들은 충분히 먹었는지 아니면 부족한지를 알려주는 중요한 단서가 됩니다. 먼저 아기의 외모와 건강 상태를 관찰하세요. 피부가 윤기 있고 눈빛이 맑다면, 영양 상태가 양호할 가능성이 높습니다. 반대로, 아기가 기운이 없거나 피부가 건조하고 창백하다면 추가적인 점검이 필요할 수 있습니다.

또한 아기의 기분과 행동을 통해서도 단서를 얻을 수 있습니다. 먹은 양에 만족했을 때는 대개 차분하고 안정적입니다. 반면, 불안해하거나 짜증을 낸다면 불만이 있다는 신호일 수 있습니다. 배변 횟수와 규칙성도 아기의 영양 상태를 파악하는 데 도움이 됩니다. 소변이 자주 나오고 대변이 규칙적이면 영양 상태가 적절하다는 신호지만 소변 횟수가 적거나 대변이 불규칙하다면 수유량을 다시 살펴볼 필요가 있습니다.

아기가 활발하고 만족스러워 보이며 체중이 꾸준히 증가하고 있다면, 수유량이 부족할까 걱정할 필요는 없습니다. 그러나 특정 상황에서 아기가 충분히 먹지 않는다고 오해하거나 섣불리 판단할 때가 있습니다. 울음을 배고픔으로 해석하는 경우, 아기가 잠에서 자주 깨어날 때 배고픔의 신호로 오해하는 경우, 체중이 예상만큼 늘지 않는 경우입니다. 이런 상황들은 수유량 부족을 판단하는 신뢰할 만한 지표가 아닙니다. 아기의 행동에는 여러 이유가 있으며 부모의 기대와 현실이 다를 때 섭취량을 과소평가할 가능성도 있습니다.

아기의 건강에 문제가 있을 가능성이 있다면, 가장 먼저 해야 할 일은 주치의와 상담하는 것입니다. 건강 상태에 문제가 없다면, 다음은 수유 방법을 점검해 보아야 합니다. 잘못된 수유 자세나 젖병의 문제, 혹은 아기가 보내는 신호에 대해 적절하게 반응하지 못하는 경우 등이 포함됩니다. 또한, 엄격한 수유 스케줄이나 만성적인 수면 부족 역시 수유량 부족의 원인이 될 수 있습니다.

> **TIP**
>
> ### 수유량이 부족한 아기
>
> 수유량이 부족한 징후를 보인다면, 우선 그 원인을 찾아내는 것이 중요합니다. 원인을 알아야 올바른 해결책을 마련할 수 있기 때문이죠. 여기서 하나, 수유량 부족은 그 자체가 문제라기보다는 수유 과정에서 발생하는 문제의 증상입니다. "어떻게 하면 더 많이 먹게 할 수 있을까?"라는 질문보다는 "어떤 이유로 아기가 충분히 먹지 못하고 있을까?"라는 질문이 필요합니다. 이 접근이 문제의 본질을 이해하는 데 도움이 됩니다.

젖병 수유를 불편해하는 우리 아기, 어떻게 해야 할까

수유 도중이나 후에 토하거나 게워내는 경우

아기가 토한다고 표현하지만 실제로는 먹은 우유가 조금씩 역류하는 경우가 더 흔합니다. 아기가 빠르게 젖을 빨면 위가 급하게 팽창하고 소화가 잘 되지 않아 위의 압력이 올라가 역류가 발생할 수 있습니다. 또한 먹은 후 아기의 배에 압박이 가해지는 상황(기저귀를 갈기 위해 다리를 들어 올리거나 아기가 울거나 기침할 때)도 역류가 발생할 가능성이 커집니다. 이러한 역류는 대부분의 건강한 아기에게 흔히 나타나는 현상입니다.

구토는 역류와 달리 위나 소장의 내용물이 강한 힘으로 배출되는 현상입니다. 구토가 일어나기 전에 메스꺼움이나 식욕 감퇴와 같은 증상이 동반되는 경우도 많습니다. 구토의 원인으로는 과식, 장 팽창, 음식 알레르기 등이 있으며 위장염 같은 감염성 질환이나 호흡기 감염, 요로 감염 등도 구토를 유발할 수 있습니다.

수유 도중이나 후에 구역질이나 헛구역질을 하는 경우

구역질이나 헛구역질은 비슷해 보이지만 원인이 다릅니다. 구역질은 목구멍에 무언가 닿았을 때 나타나는 반사작용으로 질식을 방지하려는 신체의 반응입니다. 반면, 헛구역질은 실제로 토하지 않지만 토할 것 같은 소리와 움직임을 보이는 현상으로 아기가 메스꺼움이나 불편함을 느낄 때 주로 나타납니다.

수유 중 아기가 구역질하는 이유는 다양합니다. 우선, 젖꼭지가 깊숙이 들어가 목을 자극할 때 구역질이 발생할 수 있습니다. 아기를 흔들거나 움직일 때도 비슷한 상황이 생길 수 있습니다. 또한 유속이 너무 빠르면 우유를 제대로 삼키지 못해 입안에 쌓이면서 구역질이 유발될 수 있습니다. 모유에 익숙한 아기가 갑자기 젖병으로 전환될 때도 적응하지 못해 구역질을 할 수 있습니다.

심리적 요인도 구역질의 원인이 될 수 있습니다. 아기가 불안감을 느끼면 신경계가 자극을 받아 구역질이 나타날 수 있으며, 때로는 젖꼭지가 입에 닿기 전에도 반응할 수 있습니다. 우유의 맛이나 냄새가 불쾌하게 느껴지면 구역질을 할 수 있으며 더 이상 먹고 싶지 않을 때도 구역질로 이를 거부하려 할 수 있습니다. 이러한 상황이 반복되면, 아기는 구역질을 학습해 수유를 피하려는 수단으로 사용할 수 있습니다. 부모가 구역질을 할 때마다 젖병을 치우면, 아기는 구역질을 통해 원하는 결과를 얻는다는 것을 깨닫게 됩니다. 구역질과 헛구역질은 신체적·심리적 요인이 복합적으로 작용해 나타날 수 있으며 이를 이해하고 대응하는 것이 중요합니다.

수유 중 기침하는 경우

수유 중 기침은 아기의 기도를 보호하려는 반사작용입니다. 젖병에서 우유가 너무 빨리 나오면 아기가 삼키기 전에 우유가 목에 고여 기침을 할 수 있습니다. 수유 자세도 중요한 요인입니다. 아기의 머리와 목이 안정적으로 지지되지 않으면 빨고 삼키는 동작을 제대로 조절하지 못해 기침을 할 수 있습니다. 아기가 피곤할 때도 동작을 조절하기 어려워져 기침이 더 자주 나타납니다. 아기가 울고 있을 때도 억지로 먹이려 하면 호흡이 불규칙해져 우유를 삼키기 어렵습니다. 잠든 상태에서 수유할 때도 삼키는 반사가 제대로 작동하지 않아 기침이나 구역질을 유발할 수 있습니다. 이런 현상이 계속된다면 신체적 문제가 없는지 전문가의 진료를 받는 것이 필요합니다. 신체적인 문제가 없다면 수유 습관을 점검하고 젖병의 흐름을 조절하는 방법을 시도할 수 있습니다.

젖병을 빨고 있지만 삼키지 않는 경우

아기가 젖병을 빨고 있지만 삼키지 않는 이유는 여러 가지입니다. 배고프지 않아서일 수도 있고 물리적인 문제일 수도 있습니다. 젖꼭지가 막혀 있거나 우유가 너무 걸쭉해 나오지 않으면 아기는 빨기만 하고 우유를 먹지 못할 수 있습니다. 수유 자세 역시 중요한 요인입니다. 아기의 자세가 잘못되면 빨고 삼키고 숨 쉬는 동작을 원활하게 조절하지 못해 우유를 충분히 먹지 못합니다. 특히 젖병 수유에 익숙하지 않은 아기들은 빨기만 하고 실제로 먹지 않을 수 있습니다.

빠는 흉내만 내거나 가지고 노는 경우

아기가 젖꼭지를 빠는 척하거나 씹고 장난을 치는 행동은 생후 4개월쯤 되면 자주 나타납니다. 이 시기에는 아기의 혀와 입 근육이 발달하면서 입으로 주변을 탐색하는 능력이 크게 향상됩니다. 아기는 혀로 젖꼭지를 굴리거나 씹어보며, 새로운 감각을 익히고 자극을 느낍니다. 이런 행동의 이유 중 하나는 배고프지 않기 때문입니다. 또 다른 이유는 이가 나는 과정이기 때문입니다. 이가 날 때 잇몸이 간지럽거나 불편해지면 아기는 젖꼭지를 물어 잇몸에 자극을 주어 가려움을 완화합니다. 그리고 모유 수유에 익숙한 아기는 젖병을 처음 사용했을 때 젖꼭지를 제대로 인식하지 못해 장난을 칠 수 있습니다.

혀 차는 소리

아기가 젖꼭지를 빨 때 나는 혀 차는 소리는 혀가 젖꼭지를 제대로 감싸지 못해 흡착력이 약해지면서 발생합니다. 첫 번째 원인은 젖꼭지의 길이일 수 있습니다. 아기가 어릴 때는 젖꼭지 크기가 적합했지만, 성장하면서 젖꼭지가 짧아져 혀로 제대로 감싸기 어려울 수 있습니다. 이때는 아기에게 맞는 더 긴 젖꼭지를 사용하는 것이 도움이 될 수 있습니다.

두 번째 원인은 아기의 경구개가 높아서일 수 있습니다. 입천장이 높으면 젖꼭지가 입안에서 안정적으로 고정되지 않아 혀에서 벗어나며 혀 차는 소리가 날 수 있습니다. 또 젖병의 각도가 맞지 않으면 젖꼭지가 혀나 입천장에 제대로 닿지 않아 흡착력을 유지하기 어렵습니다. 젖병을 너무 높게 들면 혀 뒤쪽을 눌러 혀 차는 소리가 나고, 너무 낮게 들면 젖꼭지가 입천장에 눌립니다. 설소대 단축증도 원인일 수 있습니다. 설소대가 짧으면 아기가 젖꼭지를 충분히 감싸지 못해 흡착력을 잃을 수 있습니다. 그러나 설소대 단축증은 수유 초기부터 문제를 일으키므로 최근에 혀 차는 소리가 생겼다면 설소대가 원인일 가능성은 낮습니다.

젖꼭지가 찌그러지는 경우

첫 번째 원인은 공기 구멍이 없는 젖병이나 젖꼭지입니다. 공기 구멍이 없는 젖병의 링이 너무 꽉 조여지면 병 안으로 공기가 들어가지 못해 우유가 빠져나간 공간을 채우지 못합니다. 이로 인해 젖병 내부에 진공이 생기고 젖꼭지가 찌그러져 우유가 원활하게 나오지 않습니다. 이 문제를 해결하려면 젖병 링을 살짝 풀거나 공기 구멍이 있는 젖병을 사용하는 것이 좋습니다. 두 번째 원인은 공기 구멍이 있는 젖병이나 젖꼭지가 제대로 작동하지 않을 경우입니다. 통기구가 막히면 공기가 젖병 안으로 들어가지 못해 아기가 빨 때 젖꼭지가 찌그러집니다. 통기구가 막히지 않았는지 확인해야 합니다.

설소대 단축증도 젖꼭지가 찌그러지는 원인 중 하나입니다. 설소대가 짧으면 아기가 젖꼭지를 충분히 감싸지 못해 찌그러짐이 발생할 수 있습니다. 젖꼭지가 찌그러지면 아기가 충분한 양의 우유를 섭취하기 어렵습니다. 따라서 젖병의 통기구가 정상적으로 작동하는지 확인하고, 아기 성장에 맞는 젖꼭지를 선택하는 것이 중요합니다.

입가로 흘러나오는 경우

유속이 너무 빠르면 아기가 우유를 제대로 삼키지 못해 흘릴 수 있습니다. 이 경우 유속이 느린 젖꼭지를 사용하거나 젖병의 각도를 조절하면 도움이 됩니다. 수유 자세가 올바르지 않아도 아기의 머리와 목이 충분히 지지되지 않아 우유가 흘러나올 수 있습니다. 이를 방지하려면 아기의 자세를 바로잡고 젖병을 적절한 각도로 기울여 주는 것이 중요합니다.

또한 젖꼭지가 혀 아래로 위치하면 아기가 제대로 빨지 못해 우유가 흘러나올 수 있습니다. 이 경우 젖꼭지의 위치를 조정하면 도움이 됩니다. 아기가 배가 고프지 않거나 집중하지 않을 때도 우유를 흘릴 수 있습니다. 마지막으로, 혀가 짧거나 빨기와 삼키는 동작이 조화롭지 않아도 우유가 흘러나올 수 있습니다. 이럴 때는 전문가의 도움을 받아 아기의 혀 움직임을 점검하고 적절한 수유 방법을 찾는 것이 필요합니다.

수유 중 손가락을 빠는 경우

아기들은 빨기 욕구가 매우 강합니다. 생후 3개월이 지나면 손을 탐색하기 시작하며, 4개월쯤 되면 엄지손가락이나 손가락을 빠는 일이 흔해집니다. 특히, 수유 전에 손가락을 빠는 행동은 배고픔의 신호일 수 있습니다. 그러나 배고픔과는 관계없이 손을 빨며 편안함을 느끼는 경우도 많습니다. 수유 중 아기가 배가 부르거나 더 이상 먹고 싶지 않을 때 젖병과 함께 손가락을 입에 넣으려는 모습으로 나타날 수 있습니다. 또한 이가 나는 시기에는 잇몸이 불편해 손가락을 물 수 있습니다.

딸꾹질을 자주 하는 경우

딸꾹질은 횡격막이 갑자기 수축하면서 발생하며, 공기가 기도로 들어가고 성대가 닫히면서 딸꾹 소리가 나는 것입니다. 딸꾹질은 성인도 하지만, 신생아에게는 특히 더 자주 나타나는 현상입니다. 신생아가 딸꾹질을 자주 하는 이유는 정확히 밝혀지지 않았습니다. 그러나 식사 후 배가 부른 상태나 너무 빠르게 먹는 상황, 공기를 많이 삼켰을 때 주로 발생하는 경우가 많습니다. 특별한 원인 없이도 딸꾹질이 나타날 수 있습니다. 딸꾹질은 시간이 지나면서 점차 줄어들며 보통 생후 6개월이 넘으면 거의 없어집니다. 대부분은 5~10분 안에 딸꾹질이 멈추기 때문에 걱정할 필요가 없습니다. 딸꾹질은 아기에게 해롭지 않으며 아기가 불편해하지 않는다면 특별한 조치를 하지 않아도 괜찮습니다. 수유 중 딸꾹질이 자주 나타난다면 수유 속도를 조절하거나 트림을 시켜 공기를 배출해 주는 것이 도움이 됩니다.

배고픈 신호를 보내지 않는 경우

배고픈 신호는 아기가 불편함을 느끼기 시작했다는 것을 나타냅니다. 아기가 건강하게 잘 자라고 있다면, 배고픈 신호를 보이지 않는 이유는 다음과 같을 수 있습니다. 우선 배고픈 신호를 보일 기회를 주지 않기 때문입니다. 많은 부모가 아기에게 3시간마다 수유를 하는 규칙을 철저히 지키려 합니다. 그러다 보니 아기가 배고픔을 느끼고 표현하기도 전에 미리 수유하는 경우가 많습니다. 다음은 기질입니다. 성격이 순한 아기들은 배고픔을 강하게 드러내지 않고 안기고 싶어 하거나 약간 보채는 정도로 표현하기도 합니다.

수유 거부도 있습니다. 수유를 거부하는 아기는 배가 고파서 보채지만 막상 수유하려고 하면 거부합니다. 이는 먹는 것이 불편하거나 두려운 경험과 연결되어 있을 가능성이 있습니다. 그리고 저체중 아기는 식욕이 줄어들 수 있습니다. 에너지를 절약하기 위해 잠을 많이 자서 부모에게는 식욕이 거의 없는 아기처럼 보일 수 있습니다.

항상 배고픈 것처럼 보이는 경우

신생아가 항상 배고픈 것처럼 보이는 경우는 흔합니다. 하지만 실제로 아기가 매우 배고픈 경우는 많지 않습니다. 우선 배고픈 신호를 오해하는 경우가 있습니다. 아기가 배고픈 신호처럼 보이는 행동을 할 때, 실제로는 단지 빨고 싶어 하는 경우가 많습니다. 피곤하거나 지루할 때, 과도한 자극을 받았거나 위안을 찾고 싶을 때도 이런 행동을 보일 수 있습니다. 아니면 과식으로 인한 불편감일 수도 있습니다. 아기가 과식하면 배에 불편함을 느껴 이를 해소하려고 다시 빨려는 행동을 보일 수 있습니다. 이로 인해 과식과 불편감이 반복되는 악순환이 생깁니다.

또한 아기가 수유 중에 잠들 경우, 사실 졸음 때문에 보챘을 가능성이 있습니다. 이를 배고픔으로 착각하지 않도록 먼저 아기가 피곤한지 확인해 보세요. 성장 급등기에도 아기의 식욕이 갑자기 늘어나기도 합니다. 이 시기에는 아기가 평소보다 더 자주 수유를 요구하고 많은 양을 먹으려는 경우가 있습니다.

너무 천천히 먹는 경우

아기가 어릴수록 먹는 속도가 느린 경우가 많습니다. 부모가 느끼기에 느린 수유 속도가 사실은 아기에게 적절한 경우도 많습니다. 아래는 아기의 나이에 따른 권장 수유 시간을 정리한 표입니다.

아기의 월령	이상적인 수유 시간
출생~3개월	20~40분
3~6개월	10~20분
6개월 이상	5~10분

수유 시간이 지나치게 길면 문제를 일으킬 수 있습니다. 신생아는 너무 피곤해서 젖을 빨다가 멈추거나 수유를 끝내기 전에 잠들 수 있습니다. 3개월이 지난 아기는 시간이 너무 오래 걸리면 답답함을 표현하기도 합니다. 아기가 천천히 먹는 이유는 젖꼭지 유속이 느린 경우, 젖병 안에 진공이 형성된 경우, 아기가 피곤한 경우, 젖꼭지가 막혀서 젖이 제대로 나오지 않는 경우, 배가 고프지 않은데도 젖을 빨려고 흉내만 내는 경우가 있습니다.

너무 빨리 먹는 경우

아기에게 너무 빠르게 수유하면 몇 가지 문제를 일으킬 수 있습니다. 대표적으로 과식, 공기를 많이 삼키는 것, 그리고 빨고 싶은 욕구가 충분히 충족되지 않아 보채는 문제가 있습니다. 이런 경우 아기는 트림을 많이 하거나 게우거나 심지어 토할 수도 있습니다. 더 심각한 경우에는 빠른 유속 때문에 우유가 기도로 들어가 문제가 생길 수 있습니다. 이는 아기가 빨기, 삼키기, 숨쉬기를 조화롭게 하지 못할 때 발생합니다. 젖꼭지 유속이 너무 빠른 경우, 젖꼭지가 손상된 경우, 아기가 너무 배고픈 경우를 주의하세요. 너무 배고플 때는 초반에 빨리 먹고 나중에 속도가 느려질 수 있으니 그전에 수유를 해주세요.

수유 거부

극복을 위한 가이드

PART 5

수유를 거부하는 우리 아기

*

1

수유 거부란 무엇인가

　수유 거부는 아기가 신체적으로 젖병을 사용할 수 있고 별다른 문제가 없는데도 불쾌한 감정이나 스트레스, 고통으로 인해 수유를 거부하는 현상입니다. 아기의 수유 거부는 조건화된 반응입니다. 처음에는 불편함이나 스트레스를 주는 자극에 반응해 거부감을 느낍니다. 이런 경험이 반복되면 먹는 행위 자체를 불쾌한 경험으로 연결하게 됩니다. 그 결과, 수유 시간만 되면 배가 고픈 것처럼 보이면서도 몇 모금만 먹고 고개를 돌리거나 몸을 뒤로 젖히며 울음을 터뜨리기도 합니다. 젖꼭지를 입속에서 혀로 굴리기만 하고 삼키지 않는 모습을 보이기도 합니다.

　수유 거부를 해결하려면 아기가 거부감을 느끼는 원인을 정확히 찾아서 없애야 합니다. 지금까지 수유 거부를 해결하지 못한 이유는 원인이 제대로 밝혀지지 않거나 해결되지 않았기 때문입니다. 부모는 무의식적으로 아기에게 수유를 강요합니다. 이러한 압박이 아기의 문제를 악화시킵니다.

　어른이 음식을 먹고 싶지 않을 때 계속해서 권유받으면 불쾌함을 느끼듯 아기도 마찬가지입니다. 반복적인 수유 시도 역시 아기에게 불만을 일으킬 수 있습니다. 아기가 명확하게 거부 의사를 표현했음에도 부모가 계속해서 젖병을 주면 아기는 거부감을 느끼고 불안해질 수 있습니다. 물론, 부모가 이런 사실을 받아들이는 것은 쉽지 않을 수 있습니다. 그러나 아기가 수유를 거부하는 이유를 이해하고 문제를 해결하려면, 현재의 행동이나 방식이 아기에게 불편을 줄 수 있다는 점을 인정해야 합니다.

> **TIP**
>
> **아기에게 수유를 강요하는 행동**
>
> - 입을 크게 벌리지 않거나 열지 않을 때 억지로 젖병을 넣는 것
> - 젖병을 거부하는데도 여러 번 시도하는 것
> - 울 때만 수유를 시도하는 것
> - 수유를 위해 아기를 꽁꽁 싸매거나 움직임을 제한하는 것
> - 수유를 멈추고 싶어 할 때도 계속 먹이는 것
> - 장난감이나 놀이로 아기의 주의를 돌린 뒤 수유를 시도하는 것
> - 졸리거나 잠든 상태에서 수유하는 것

수유 거부, 어떻게 발생하는가

생후 50일 이전의 아기는 강요로 인해 수유를 거부하는 경우가 드뭅니다. 이 시기에는 강한 빨기 반사가 있어 턱을 눌러주거나 젖병을 흔드는 행동으로 빨기를 유도할 수 있습니다. 배고프지 않더라도 빨기 반사가 작동하기 때문에 문제가 드러나지 않습니다. 그러나 위가 꽉 차 불편함을 느끼면 수유 후 불안해하거나 토하는 증상이 나타날 수 있습니다.

생후 50일이 지나면 빨기 반사가 점차 약해지면서 수유에 대한 통제권이 생기기 시작합니다. 배가 부르거나, 트림을 하고 싶거나, 가스를 배출해야 할 때, 잠시 쉬고 싶을 때 스스로 수유를 멈출 수 있습니다. 이로 인해 이전보다 수유량이 줄어드는 것처럼 보입니다. 문제는 배부름을 나타내는 신호를 놓치거나, 그 의미를 제대로 이해하지 못하는 데서 시작됩니다. 아기가 평소보나 석게 먹는 것처럼 보이면, 부모는 걱정이 되어 아기가 다 먹도록 유도합니다. 이 시기에는 아기의 빨기 반사가 완전히 사라진 것은 아니어서 부모가 수유하도록 강요하기 쉽습니다.

2~3개월이 되면 빨기 반사가 약해지면서 턱을 눌러주거나 젖병을 흔들어도 효과가 없어집니다. 수유 거부의 초기 단계에서는 아기가 배고플 때 처음에는 잘 먹습니다. 그러나 60~80ml 정도 먹고 나면 갑자기 멈추고 짜증을 내기 시작합니다. 이 양은 아기마다 다릅니다. 과거에 강요받은 경험으로 인해 수유를 즐기지 못하고, 배고픔을 달래기 위한 최소한의 양만 먹는 것입니다. 부모는 아기가 트림을 하고 싶어 멈춘 것으로 생각해 트림을 시킨 후 다시 젖병을 주려고 합니다. 그러나 아기는 젖병을 거부하며 울기 시작합니다.

부모는 아기가 왜 이렇게 힘들어하는지 몰라 혼란스러워합니다. 분유 맛을 싫어하는 게 아닐까 싶어 분유를 바꿔도 증상은 그대로입니다. 그 후 부모는 젖병이나 젖꼭지에 문제가 있다고 생각해 다른 것으로 바꿔보지만 상황은 달라지지 않습니다. 아기는 턱에 수건을 두르거나 수유 자세로 눕히는 순간, 앞으로 다가올 상황을 예상하며 울거나 발버둥을 칩니다. 아기를 다른 곳에서 먹여보려고 유모차, 카시트, 역류 방지 쿠션 위에 눕혀보기도 합니다. 이런 방법도 잠시만 효과가 있을 뿐입니다.

아기가 100일 이후가 되면 빨기 반사가 완전히 사라집니다. 아기가 원할 때만 젖병을 빨고 원하지 않으면 젖병을 빨지 않는 선택을 할 수 있습니다. 동시에 아기는 부모가 수유를 강요하려고 하면 더 강하게 저항할 수 있게 됩니다. 부모는 아기에게 억지로 먹이지 않으려고 젖병을 물릴 때 속임수를 쓰거나 아기를 달래고 장난감이나 주변 환경으로 관심을 돌리려고 노력합니다. 그러나 이런 방법들도 미묘한 강요가 되어 수유 거부를 더 심하게 만들 수 있습니다. 수유는 이제 부모와 아기 사이의 힘겨루기가 되어 악순환이 계속됩니다. 압박을 받은 아기는 극도로 배가 고플 때만 조금씩 먹고, 필요한 양보다 적게 섭취하면서 건강한 성장에 필요한 영양을 충분히 얻지 못하게 됩니다.

아기가 젖병을 몇 번 빨다가 곧바로 밀어내며 울고 다시 젖병을 찾는 행동을 반복하는 '갈팡질팡 수유 행동'을 보일 수 있습니다. 이때 부모는 아기의 팔을 잡아 젖병을 밀어내지 못하게 하거나 고개를 돌리지 못하게 하며 억지로 젖병을 물게 할 수 있습니다. 그러나 이러한 행동은 아기를 더욱 불안하고 스트레스를 받게 만듭니다. 이런 상황이 계속되면 아기는 지쳐서 울음을 그치고 졸음에 빠지게 됩니다. 몸이 이완된 상태에서 아기는 리듬감 있게 젖병을 빨아들이며 짧은 시간에 많은 양을 먹습니다. 졸린 상태에서는 경계심이 낮아지고 상황을 제대로 인식하지 못하기 때문에 저항 없이 수유를 받아들입니다. 아기가 깊이 잠들면 먹지 않기 때문에 부모는 아기가 얕게 잠들었을 때를 골라 조심스럽게 수유를 시도합니다. 이런 과정은 하루 종일 밤낮없이 반복됩니다. 만약 하루 수유량 목표를 채우지 못하거나 아기의 체중 증가가 느리면, 부모는 고칼로리 분유를 권장받거나 4개월 이전에 이유식을 시작하라는 조언을 듣는 경우도 있습니다.

생후 4~5개월쯤 되면 수유 거부가 아기의 성장에 부정적인 영향을 미치기 시작하고, 가족 모두가 심한 스트레스를 겪게 됩니다. 그러나 아기는 젖병을 빠는 방법을 알고 있습니다. 단지 강제로 수유를 시도할 때 겪는 스트레스를 피하고 싶은 것입니다. 부모는 아기에게 수유를 강요하지 말라는 조언을 받아 부드러운 방법으로 수유하기 시작합니다. 또한 수유 시간을 30분으로 제한하라는 조언도 받습니다. 부모가 5초만 압박을 가해도 아기에게는 그 짧은 시간조차 길고 부담스럽게 느껴질 수 있습니다. 어떤 방식으로든 압박이 가해지면 아기의 수유 거부는 더욱 심해지고 상황은 개선되지 않습니다.

생후 5~6개월이 되면 아기가 잠든 상태에서 먹이는 것도 점점 어려워집니다. 뇌 발달로 인해 아기가 얕은 잠을 잘 때 주변 환경을 더 잘 인식하게 되고, 쉽게 깨어나기 때문입니다. 아기에게 억지로 더 많이 먹일 수는 있지만, 그렇게 해서 수유 거부를 해결하는 것은 불가능합니다. 젖병 수유 거부가 해결되지 않은 상태에서는 이유식에 대한 거부감도 생길 위험이 큽니다. 부모가 아기의 성장을 유지하기 위해 이유식을 더 많이 먹이려 한다면, 또다시 먹는 것을 강요받게 될 수 있습니다. 이때 강요의 정도가 다를 수는 있어도 부드러운 강요조차 아기에게 문제를 일으킬 수 있습니다.

아기는 스스로 수유량을 결정할 수 있다

아기들은 어떤 음식을 먹을지는 스스로 결정할 수 없습니다. 그러나 얼마나 먹을지는 스스로 조절하는 본능을 타고납니다. 아기가 스스로 먹는 양을 조절하는 과정은 신호등과 같습니다. 배가 고플 때는 배고픔의 신호가 켜지고 포만감이 들면 멈추라는 신호가 켜지는 것이죠. 그러나 미숙아, 질병이 있는 아기, 신경학적 손상을 가진 아기, 또는 빨기 문제가 있는 아기들은 배고픔이나 포만감 신호를 제대로 전달하지 못해 스스로 먹는 양을 조절하기 어렵습니다.

==수유를 거부하는 아기들은 먹으려는 욕구가 약한 경우가 많습니다. 이런 아기들은 배고픔을 느끼고도 참다가 극도로 배가 고플 때 조금씩 먹으려 하고 충분히 먹기 전에 멈추려는 모습을 보입니다.== 이러한 행동은 아기가 배고픔의 신호를 무시하고 있음을 나타내는 것입니다. 아기는 자신이 배가 고프다는 것을 알고 있지만 수유에 대한 부정적인 경험이 그 신호를 억누르는 것입니다.

부모 입장에서는 이런 반응이 매우 당황스럽고 걱정스러울 수 있습니다. '왜 배가 고플 텐데 먹지 않지?'라는 생각이 들 수 있습니다. 부모는 아기가 수유를 거부하는 이유가 단순히 배가 고프지 않아서가 아니라 그 과정에서 느끼는 부정적인 감정 때문이라는 점을 인지해야 합니다. '얼마나 먹여야 할까?'라는 고민을 내려놓고 아기의 생리적인 요구에 따라 수유량이 결정되도록 해야 합니다. 수유를 거부하는 아기가 자율적으로 수유량을 조절할 것이라고 기대하기보다는 천천히 기회를 주고 기다려 주세요. 점차 신호를 보내며 스스로 양을 조절하는 능력을 회복할 수 있습니다.

> **TIP**
>
> ### 젖병 수유도 모유 수유처럼
>
> 부모는 흔히 아기의 수유량을 부모가 통제해야 한다고 생각합니다. 아기가 충분히 먹지 않으면 밤에 잠을 못 자거나 탈수가 오거나 체중이 늘지 않을까 걱정되기 때문입니다. 물론 신체적이나 신경학적 문제로 인해 아기가 충분히 먹지 못하는 경우에는 부모의 적극적인 개입이 필요합니다. 이런 상황에서는 수유량을 모니터링하고 필요한 양을 먹이는 것이 중요합니다.
>
> 하지만 대부분의 건강한 아기들은 스스로 필요한 만큼 먹을 수 있습니다. 아기가 배고프면 먹고 배부르면 스스로 멈춥니다. 본능적으로 자신에게 필요한 양을 아는 것처럼요. 모유 수유를 생각해 보세요. 모유 수유를 할 때는 부모가 아기의 수유량을 통제할 수 없습니다. 아기가 배부르면 입을 떼고 배고프면 더 먹고 싶다고 울죠. 젖병 수유도 이와 다르지 않아야 합니다. 이미 수유를 거부하는 아기에게 부모가 수유량을 더 통제하려 한다면 상황은 더 악화될 수 있습니다.

수유 거부를
극복하기 위한 방법

2

아기가 성장하면
수유 방법도 달라져야 한다

　신생아에게 수유하는 것은 더 세심한 배려가 필요합니다. 신생아는 몸이 작고 반사 작용이 활발하기 때문에, 수유 과정에서 특히 주의를 기울여야 합니다. 젖병을 고를 때는 아기의 빨기 능력에 맞는 유속을 확인하는 것이 중요합니다. 젖병을 준비한 후에도 수유를 시작하기 전에 꼭 점검해야 할 몇 가지 사항이 있습니다.

　우선 수유는 조용하고 차분한 환경에서 이루어져야 합니다. 신생아는 외부 자극에 매우 민감하기 때문에 편안한 분위기가 안정감을 높여줍니다. 또한 아기의 머리와 몸이 수유에 적절한 위치에 있는지 확인하는 것이 중요합니다. 양육자 역시 편안하게 앉아야 합니다. 아기가 수유 신호를 보일 때 적절히 반응하는 것도 중요합니다. 아기는 젖병을 바로 인식하지 못할 수 있으므로, 젖꼭지를 받아들이도록 아기의 입술이나 입 주변을 부드럽게 자극해 주세요. 또한 젖병을 아기의 얼굴과 90도 각도로 유지하면 아기가 더 효과적으로 빨 수 있습니다. 이 과정에서 아기의 반응을 잘 관찰해야 합니다. 수유 중 아기와 대화를 나눌 수는 있지만 과도한 자극은 아기를 피곤하게 만들 수 있으니 적절히 조절하는 것이 좋습니다. 아기가 눈을 피하거나 보채는 등 과자극의 징후가 보일 때는 수유를 잠시 중단하고, 문제를 해결한 후 수유를 다시 진행할지 아니면 끝낼지를 결정하세요. 아기가 트림을 필요로 하거나 젖병의 흐름 속도가 적절하지 않을 수 있으며, 부모의 행동이 아기에게 스트레스를 줄 수도 있으니 모든 요소를 신중히 살펴봐야 합니다.

아기가 졸려 보이면 부드럽게 말을 걸거나 살짝 쓰다듬어 깨어 있도록 해주세요. ==수유 중에는 아기가 배가 부른 신호를 보내는지 주의 깊게 살피는 것이 중요합니다. 부모는 수유를 돕는 역할을 할 뿐 아기에게 정해진 양을 모두 먹이도록 하지 않아야 합니다.== 아기가 배가 부르더라도 만족하지 못하는 경우가 있을 수 있습니다. 평소 양을 다 먹었는데도 울고 있다면, 아직 배고프다고 단정하지 마세요. 너무 빨리 먹어 포만감을 느끼지 못했거나, 졸리거나 빨기 욕구가 충분히 채워지지 않았을 가능성도 있습니다. 단순히 피곤해서 보채는 것일 수도 있으니, 시간을 두고 상황을 살펴 원인을 판단해야 합니다. 만약 10분이 지나도 계속 보챈다면 더 먹이는 것도 괜찮습니다. 또한 수유 후 아기를 20~30분 동안 세워서 안아주는 것이 좋다는 조언을 들은 적이 있을 것입니다. 하지만 이 자세에서 잠드는 것이 습관이 될 수도 있으니 주의가 필요합니다.

아기가 성장하면 수유가 훨씬 수월해집니다. 이제 아기는 배가 고플 때와 그렇지 않을 때를 더 분명히 신호로 표현합니다. 또한 수유 전에 일어나는 일들을 인식하고, 이전의 수유 경험도 기억하며 점점 익숙해지고 있습니다. 수유가 즐겁고 편안했다면 아기는 젖병이 준비되는 모습을 보고 흥분하며 보채는 것을 멈출 수 있습니다. 반대로 이전 수유가 불편했다면 젖병을 보거나 수유 준비가 시작되는 순간부터 화를 내거나 불편함을 느낄 수 있습니다.

　수유 중에는 적절한 젖병을 고르고 올바른 자세를 잡는 것도 중요합니다. 하지만 무엇보다 중요한 것은 아기가 수유를 이끌 수 있도록 하는 것입니다. 아기의 신호를 잘 읽고, 그에 맞춰 수유하는 것이 가장 중요합니다. 수유 중에는 아기가 쉬고 싶어 하는지, 트림을 하려는지, 또는 수유를 끝내고 싶어 하는지 스스로 선택할 수 있게 해주세요. 또한 아기가 왜 보채는지 정확히 파악하고 그에 맞게 대응하는 것이 중요합니다.

POINT

잘 때만 수유하는 아기

아기들은 깨어 있을 때 젖병을 거부하면서도 졸리거나 잠든 상태에서는 수유를 받아들이기도 합니다. 졸리거나 잠든 상태의 아기는 강요나 스트레스를 느끼지 않아 더 편안하게 먹습니다. 이때 아기는 수유 중이라는 사실을 인식하지 못하고 본능적으로 젖을 빠는 행동을 합니다. 이미 자고 있는 아기에게 수유하는 방법은 젖병을 거부하는 아이에게 자주 사용하는 방법입니다. 부모는 밤에 꿈수유를 시도하다가, 아기가 졸린 상태에서 저항 없이 잘 먹는다는 사실을 알게 됩니다. 잘 때 수유하면 아기의 수유량이 즉시 늘어나는 효과를 볼 수 있습니다. 하지만 꿈수유를 하면 깨어 있을 때는 점점 더 수유를 거부할 가능성이 높아집니다. 결국 아기가 잠든 상태에서만 수유하게 되는 상황에 빠질 수 있습니다.

아기가 수유를 거부하다가도 수유 중에 잠드는 데는 몇 가지 이유가 있습니다. 첫째, 아기는 수유를 거부하며 긴장과 피로를 느끼다가 쉽게 지칠 수 있습니다. 긴장 상태에서 피로해진 아기는 졸려서 수유를 받아들이게 됩니다. 둘째, 일부 아기들은 수유와 수면을 연관해 생각합니다. 이런 아기들은 졸릴 때 수유를 원하며 젖병을 빨다가 깊이 잠드는 경우가 많습니다. 셋째, 수유에 대한 스트레스를 피하려고 수유 중에 잠드는 경우도 있습니다. 이런 아기들은 젖병을 빼면 다시 깨어나서 기분이 좋아지기도 합니다.

꿈수유는 아기가 잠든 상태에서 수유를 받아들이게 하는 임시 방법입니다. 수유 거부 문제를 해결하려면 근본적인 원인을 찾아 해결하는 것이 중요합니다. 수유 거부 문제는 시간이 걸리더라도 꾸준한 인내가 필요합니다.

수유 중 아기의 마음을
알아보는 3가지 방법

아기는 자신의 욕구와 감정을 울음이나 행동으로 표현합니다. 배가 고프거나 불편할 때 울거나 몸을 움직이며 신호를 보내는 것이 그 예입니다. 부모가 이런 신호를 정확히 파악하고 적절히 반응하면 이를 통해 아기는 자신의 욕구를 충족시키고 부모와 신뢰를 쌓아나갈 수 있습니다. 아기에게 수유하기 위해 젖병을 입에 댔을 때 반응은 크게 3가지로 나눌 수 있습니다. 젖병을 받아들이는 순응 반응, 거부하는 불응 반응, 입을 다문 채 반응을 보이지 않는 무반응입니다.

신생아는 아직 젖병이 먹는 것과 관련이 있다는 것을 잘 인식하지 못합니다. 그래서 젖병을 주면 입을 다물고 가만히 있거나 울며 보채는 반응을 보일 가능성이 높습니다. 생후 8주쯤이 되면 젖병 수유를 해온 아기들은 젖병을 배고픔을 해결하는 도구로 인식하기 시작합니다. 이 시기에는 아기가 젖병을 주면 받아들이거나 거부하는 신호를 보냅니다. 하지만 반응이 일정하지 않아 부모가 예측하기 어려운 경우가 많습니다.

생후 3개월이 되면 아기는 젖병을 받아들이거나 명확하게 거부합니다. 아기의 신호를 세심히 관찰하고 반응하면 수유 여부와 관계없이 아기는 만족감을 느낍니다. 반대로 아기의 요구와 다르게 행동하거나 신호를 무시하면 불만을 드러낼 수 있습니다.

반응 수유란 아기가 보내는 신호를 부모가 민감하게 관찰하고 그에 맞게 수유를 제공하는 방식입니다. 이는 정해진 시간에 얽매이지 않고 아기의 요구에 따라 유연하게 대처하는 것을 의미합니다. 반응 수유는 아기가 보내는 배고픔의 신호를 정확히 알아차리는 것에서 시작됩니다. 수유 자세를 취한 후, 젖병을 아기의 시야에 약 15~20cm 거리에서 천천히 보여줍니다. 그다음 잠시 기다리며 "이거 먹고 싶니?"라고 아기에게 부드럽게 물어봅니다. 잠시 기다리는 이유는 아기의 반응을 더 잘 관찰하고 존중하기 위함입니다. 아기가 젖병을 받아들이면 수유를 이어가며 아기의 속도에 맞춰 진행해야 합니다. 젖병을 거절한다면 억지로 먹이려 하지 말고 잠시 기다렸다가 다시 시도해 보세요. 아기가 울거나 보챌 때는 먼저 불편을 해결한 후 다시 젖병을 주는 것이 도움이 됩니다.

순응 반응

아기가 젖병을 쳐다보거나 입을 벌리거나 손을 뻗어 잡으려는 행동은 젖병을 받아들이겠다는 신호입니다. 아기는 젖병을 받아들여 빨기 시작할 것입니다. 이러한 반응은 배고픔을 해결하고 싶어 한다는 명확한 표현입니다.

불응 반응

아기가 젖병을 거절하는 방식은 2가지로 나뉩니다. 첫 번째는 부드러운 불응입니다. 아기는 입술을 꼭 다물고 고개를 살짝 돌리며 부드럽게 의사를 표현합니다. 이는 자신의 마음이 존중될 것이라는 믿음에서 나온 행동입니다. 두 번째는 강한 불응입니다. 아기는 젖병을 밀어내고 몸을 뒤로 젖히며 고개를 돌립니다. 울거나 보채며 "이건 정말 싫어! 당장 치워줘!"라고 강하게 표현하는 것처럼 보일 수 있습니다. 이러한 반응은 아기의 미묘한 신호가 무시되었을 때 더 강하게 나타납니다.

아기가 수유를 거절할 때는 그 마음을 존중하는 것이 중요합니다. 입술을 다물거나 고개를 돌리고 젖병을 밀어내는 행동은 분명한 거절 신호이므로 억지로 수유하려 하거나 입을 자극하지 말아야 합니다. 거절 신호가 보이면 젖병을 바로 치우고 아기의 마음을 인정해 주세요. 또한 수유 자세에서 빨리 벗어나게 해주세요. 계속 수유 자세를 유지하면 아기는 다시 시도할 거라 생각해 불안해질 수 있으니 다른 자세로 바꿔주는 것이 중요합니다.

무반응

아기가 수유 자세에서 입을 다문 채 젖병을 바라보고 있다면, 수유를 원하는지 판단하기 어려울 수 있습니다. 이럴 때는 젖꼭지 끝으로 아기의 입술을 코 밑 인중에서 턱까지 2~3번 부드럽게 문질러보세요. 아기가 입을 벌리면 수유를 원한다는 신호이므로 젖꼭지를 살짝 입 앞에 넣어주세요. 반대로 고개를 돌리면 수유를 원하지 않는다는 뜻이니 젖병을 치우고 자세를 바꿔보세요. 아무런 반응도 없다면 아기가 수유에 관심이 없는 상태이므로 수유를 멈추는 것이 좋습니다. 아기의 입술을 계속 자극해 수유를 유도하려는 시도를 피하고 입을 다문 상태에서 억지로 젖꼭지를 넣으려 하지 마세요.

신생아는 젖병 꼭지로 입술이나 입 주변을 부드럽게 자극하면 본능적으로 입을 벌리는 경우가 많습니다. 그러나 입을 벌린다고 해서 항상 수유를 원하는 것은 아닙니다. 빨기 반사가 유도되면 아기가 원하지 않아도 무의식적으로 빨고 삼키게 될 수 있습니다. 아기가 잘 먹고 편안한 모습을 보이면 수유에 잘 적응하고 있다는 신호로 볼 수 있습니다. 반대로, 아기가 불편해하거나 거부하는 모습을 보인다면 수유를 원하지 않을 가능성이 있으니 다시 아기의 반응을 확인하는 것이 좋습니다.

수유, 언제 멈춰야 할까

생후 8주가 지나면 빨기 반사가 약해지고 아기가 스스로 수유를 멈출 시점을 결정하기 시작합니다. 아기가 수유를 멈췄다고 해서 반드시 끝난 것은 아닙니다. 잠시 쉬는 것일 수도 있고 정말로 배가 불러 수유를 끝냈다는 신호일 수도 있습니다.

아기가 배가 부르고 만족했을 때는 빨기를 멈추고 혀로 젖꼭지를 밀어내거나 고개를 돌려 젖병을 피하려고 합니다. 아기가 손으로 젖병을 밀어내는 것은 더 이상 먹고 싶지 않다는 명확한 신호입니다. 이러한 신호를 보이면 수유를 마무리하세요. 남은 양을 다 먹게 하려는 시도는 아기를 불편하게 합니다. 아기가 수유를 끝냈는지 확신이 없다면 5~10분 정도 휴식을 취한 뒤 젖병을 다시 대보세요. 만약 아기가 젖병을 거절하면 수유를 종료합니다.

아기가 배고플 것 같아 젖병을 준비하더라도 아기는 수유를 원하지 않을 수도 있습니다. 아기가 수유에 관심이 없다면 젖병을 거절하거나 조금 먹고 나서 장난을 칠 수 있어요. 젖꼭지를 혀로 굴리거나 씹고 엄마의 머리카락이나 옷, 자기 몸을 만지며 놀기도 합니다. 이때 아기는 먹는 것보다 주변 환경이나 엄마와 상호작용에 더 관심을 가질 수 있습니다. 이런 경우에는 억지로 수유를 이어가는 대신 수유를 중단하고 나중에 다시 시도하는 것이 좋습니다.

아기가 평소 예상했던 시간에 배가 고프지 않다면 이는 아기의 수유 패턴이 변했기 때문입니다. 아기가 밤에 너무 자주 수유하거나, 또한 현재의 수유 패턴이 아기의 생리적 필요에 부합하지 않을 수 있습니다.

> **TIP**
>
> **배고픔 울음과 불응할 때 울음**
>
> 아기가 젖병을 보고 울음을 터뜨리는 이유는 2가지입니다. 배가 고파 수유를 원하는 경우이거나 반대로 젖병을 강하게 거절하는 경우입니다. 이 둘은 미묘하게 다릅니다. 배가 고파서 우는 아기는 고개를 돌리지 않고 젖병을 받아들여 빨기 시작합니다. 반면 거절 신호로 우는 경우 아기는 젖병에서 멀어지기 위해 몸을 뒤로 젖히거나 고개를 돌리고 젖병을 밀어내려 합니다.

수유 거부, 어떻게 해결할 수 있을까

신생아 때는 부모가 정한 시간과 양에 따라 수유할 수 있지만 생후 50일 정도부터는 아기의 리듬에 맞춰 먹고 싶을 때 먹고 멈추고 싶을 때 멈추는 아기 주도 수유로 전환해야 합니다. 하지만 초보 부모들은 이 전환 시점을 알기 어려워 종종 혼란을 겪습니다. 수유 문제를 해결하려면 구체적인 규칙을 따르는 것이 중요합니다. '3NO 규칙'을 지키면 엄마와 아기가 서로의 리듬에 맞춰 수유할 수 있습니다.

수유를 행복한 경험으로 만들기 위한 3NO 규칙

◆ **NO PRESSURE(강요하지 않기)**

아기에게 수유를 강요하는 것은 이미 가득 찬 컵에 물을 더 붓는 것과 같습니다. 물이 넘치기만 하고 더 이상 들어가지 않듯, 아기도 필요 이상으로 억지로 먹이려 하면 거부감을 느낍니다. 배가 고픈 아기라 하더라도 강요를 받으면 불편함이 커지고 수유 자체를 거부하게 될 수 있습니다. 이때 부모가 해야 할 일은 간단합니다. 모든 강요를 멈추는 것입니다. 여기에는 아기를 달래거나 속여서 먹이려는 행동도 포함됩니다.

♦ **NO DREAM**(자는 동안 수유하지 않기)

낮 동안에는 아기가 깨어 있을 때 수유해야 합니다. 잠든 상태에서 수유하면, 아기는 배고픔을 느끼지 못해 스스로 먹고 싶을 때 먹는 능력을 잃게 됩니다. 하지만 밤에는 상황이 다릅니다. 낮에 충분히 먹지 않았던 아기는 밤에 수분과 영양 보충이 필요할 수 있습니다. 이때 부모는 규칙을 유연하게 적용해 아기의 성장을 최우선으로 해야 합니다. 아기가 자는 낮 동안 수유를 시도하는 것은 강요에 가깝습니다.

♦ **NO PARENTS**(부모가 주도하지 않기)

아기는 수유할 때 자신만의 리듬과 신호를 보냅니다. 먹고 싶을 때 먹고, 그만 먹고 싶을 때는 멈추는 흐름을 따라야 합니다. 이 규칙의 핵심은 아기의 자율성을 존중하는 것입니다. 수유 시간이나 양을 부모가 결정하지 말고, 아기의 신호를 먼저 살피는 것이 중요합니다.

TIP

새로운 수유 자세 시도하기

아기가 기존의 수유 자세에 부정적인 감정을 느꼈을 가능성이 있습니다. 이럴 때는 수유 장소뿐 아니라 자세도 함께 바꿔보는 것이 좋습니다. 예를 들어, 지금까지 아기를 팔에 안고 수유했다면 이번에는 역류 방지 쿠션 위에서 수유를 시도해 보세요. 새로운 자세나 공간에 아기를 두었을 때 1분 이상 차분하게 안정된 모습을 보인다면 그 자세와 공간에서 수유를 진행하면 됩니다.

언제 수유를 권유할까

부모는 아기에게 수유를 제안하고 아기는 이를 순응할지 불응할지 스스로 결정합니다. 수유 거부를 해결하는 초기 단계에서는 아기가 부모의 제안을 매번 받아들이지 않을 수도 있습니다. 이런 상황에서 이론적으로는 반응 수유가 유용해 보일 수 있습니다. 그러나 모든 아기에게 반응 수유가 적합하지 않을 수 있습니다. 특히 수유에 거부감을 가진 아기는 배가 고파 울면서도 수유를 거부할 수 있습니다. 부모가 이를 배고픔 신호로 착각해 자주 수유를 시도하면, 아기에게는 강요로 느껴질 수 있어 심리적 부담이 될 수 있습니다.

수유 거부 아기들 중에 기질이 순한 아기들은 자신의 요구를 강하게 표현하지 않습니다. 이런 아기들은 배고픈 신호를 보내지 않아 수유 타이밍을 놓치기 쉽습니다. 그러다 보면 너무 오랜 시간이 지난 후에야 수유를 시도하게 될 수 있습니다.

정시각 수유 또한 완벽한 해결책이 아닙니다. 아기가 정해진 시간에 수유를 거부하거나 적은 양만 먹을 수 있기 때문입니다. 배가 고픈 아기에게 다음 수유 시간까지 기다리라고 하면, 아기는 너무 배가 고파 수유를 아예 거부할 수도 있습니다. 쌍둥이를 키우는 부모는 두 아이가 동시에 수유하기를 원합니다. 그러나 수유 거부 문제를 해결하고 아이들이 자발적으로 잘 먹기 전까지는 두 아이를 같은 시간에 수유하는 일이 쉽지 않을 수 있습니다.

그렇다면 언제 아기에게 수유를 제안해야 할까요? 답은 유연한 수유입니다. 반응 수유와 정시각 수유의 균형을 맞추는 것이 중요합니다. 이 균형은 아기의 기분이나 이전 수유량에 따라 달라지며, 고정된 시간표를 따르지 않는 것을 의미합니다.

♦ **첫 번째 수유**

첫 번째 수유는 아기가 아침에 일어난 후에 이루어집니다. 하지만 아기가 눈을 떴다고 해서 바로 배가 고픈 것은 아닙니다. 어른도 아침에 일어나자마자 바로 식사를 원하지 않는 것처럼 아기 또한 마찬가지입니다. 이는 밤 동안 분비된 식욕 억제 호르몬이 남아 있기 때문이죠. 바로 수유하지 말고 아기가 배고픔을 표현할 시간을 주세요. 아기가 보채거나 주먹이나 손가락을 빠는 등 배고픔의 신호를 보일 때 젖병을 권유해 보세요. 아기가 배고픔 신호를 보이지 않는다면, 깨어난 지 30분 후에 수유를 제안해 보는 것도 좋습니다. 더 오래 기다렸을 때 아기가 수유를 더 잘 받아들인다면 기다리는 것도 좋습니다. 다만, 수유 시간이 잠잘 시간과 겹치지 않도록 해야 합니다.

♦ **그 외 수유**

수유 시간은 아기의 행동과 상태에 따라 달라집니다. 아기가 편안해 보이고 배고파하지 않다면 100일 이전의 아기는 약 3시간 후에 수유를 제안해 보세요. 이때 아기가 낮잠을 자고 있다면 깨우지 말고 그대로 재우세요. 아기가 깨어난 후 15분 정도 기다리면서 배고픔 신호를 보내는지 살펴보세요. 15분이 지나도 별다른 신호가 없다면, 그때 수유를 제안합니다. 아기가 이전 수유를 거부했거나 적은 양만 먹었다면 부모는 불안할 수 있습니다. 이제 배가 고플 거라고 짐작해 서둘러 젖병을 제안하지 않도록 주의해야 합니다.

아기가 보채면 배고픈 것처럼 보일 수 있지만 배가 고프다고 해서 항상 수유를 받아들이는 것은 아닙니다. 배고파서 보채는 아기라도 조금만 먹을 수 있습니다. 또 방금 수유를 거부한 아기에게 너무 빨리 수유를 권하면 거부할 가능성이 큽니다. 먼저 아기를 진정시키는 것이 중요합니다. 아기가 배고픔 외에 다른 이유로 보채는 것일 수도 있으므로 보채는 이유를 파악해 불편함을 덜어주세요. 아기가 편안해지면 배고픔을 느꼈을 때 수유를 더 잘 받아들일 가능성이 높아집니다.

◆ 밤 수유

밤 동안의 수유 횟수는 아기의 월령, 낮 동안의 수유량, 아기가 밤에 깨서 수유를 찾는지 여부에 따라 달라질 수 있습니다. 수유에 거부감이 있는 아기는 먹는 것을 피하거나 적게 먹으려 할 것입니다. 특히 초기 며칠 동안 아기 스스로 수유량을 결정하게 두면 이상적인 수유량보다 적게 먹을 수 있습니다. 하지만 시간이 지나 아기가 수유에 대한 경계심을 풀고 더 편안해지면 수유량도 점차 늘어날 것입니다. 밤에 너무 많은 양을 먹이면 아기가 낮에 먹어야 할 양을 밤에 채우게 되어 문제가 생길 수 있습니다. 밤에는 필요한 양보다 적은 양을 주는 것이 좋습니다.

낮 동안의 모든 수유는 깨어 있는 상태에서 이루어져야 합니다. 하지만 낮 동안 충분히 먹지 않았다면 밤중 수유를 통해 수분과 영양을 보충해야 합니다.

① **낮 동안 350ml 이하를 섭취한 경우**

(12시간 기준. 예를 들어 아침 7시부터 저녁 7시까지)

초기 며칠 동안 아기가 낮에 충분히 먹지 않을 수 있습니다. 이런 경우, 밤에 깨어 있거나 졸린 상태에서 1~2번 수유를 시도해 하루에 최소 350ml를 먹을 수 있도록 도와주세요. 수유를 거부하더라도 억지로 먹이려고 하지 마세요. 하루 섭취량이 350ml에 못 미치더라도 걱정하지 마세요. 다음 날 더 잘 먹을 가능성이 높습니다.

② 낮 동안 350ml에서 450ml를 섭취한 경우

밤에 깨어 있거나 졸린 상태에서 1번의 수유를 제안하세요. 수유를 거절하면 나중에 다시 시도해 보고 그래도 거절하면 그냥 자도록 두세요. 첫 번째 밤 수유를 했다면 두 번째 수유는 아기가 스스로 깨어서 요구할 때만 제공하세요. 아기가 요구하지 않으면 깨우지 말고 그대로 재우면 됩니다.

③ 낮 동안 450ml 이상을 섭취한 경우(6개월 미만 아기)

아기가 6개월 미만이라면 오후 9시에서 자정 사이에 1번 수유를 할 수 있습니다. 그 후에는 아기가 스스로 깨어서 요구할 때만 수유를 제공합니다.

④ 낮 동안 450ml 이상을 섭취한 경우(6개월 이상 아기)

6개월 이상의 아기가 낮 동안 450ml 이상을 섭취했다면 밤에 수유를 요구하지 않을 경우 깨우지 말고 계속 재우세요.

⇨ 이 기준은 신체적으로 건강한 아기에게만 적용됩니다.

> **TIP**
>
> **저체중 아기의 수유**
>
> 아기가 저체중일 경우 오후 9시에서 자정 사이에 1번 수유를 제안하세요. 만약 수유를 거부하더라도 너무 걱정하지 마세요. 다음 날 아기가 더 배고파져 낮 동안 더 많이 먹게 될 것입니다. 만약 아기가 밤에 깨어 수유를 요구하면 그때마다 수유를 제공하면 됩니다.

몇 번이나 권유해야 할까

수유 거부를 해결하는 과정에서 초기에는 아기가 뚜렷하게 거부 반응을 보이는 경우가 많을 것입니다. 젖병을 받아들이다가 갑자기 멈추거나 화를 내며 불안해하는 모습을 보일 때도 있습니다. 이러한 반응은 이전에 수유를 강요받은 경험 때문입니다. 또는 트림이 하고 싶어서, 혹은 다른 무언가에 주의가 분산되어 멈춘 것일 수도 있습니다. 이처럼 아기의 행동에는 다양한 이유가 있을 수 있기에 부모는 상황에 맞게 신중하게 대처해야 합니다.

수유할 때는 한 번의 수유 시간에 3번 정도 제안하는 것을 권장합니다. 이때 각 제안 사이에는 5분 정도의 짧은 휴식을 두는 것이 좋습니다. 이 시간은 아기가 울거나 긴장한 상태에서 벗어나 진정할 수 있도록 돕는 시간입니다. 다만 휴식 시간이 10분을 넘지 않도록 주의하세요. 수유를 권유하는 과정은 총 30분 안에 마무리하는 것이 바람직합니다. 세 번째로 젖병을 제안했을 때도 아기가 거부하거나 거의 먹지 않는다면 수유를 종료해야 합니다. 젖병을 3번 이상 제안하면 아기를 불필요하게 자극해 수유에 대한 거부감을 더 강하게 만들 수 있습니다.

어떻게 수유를 권유할까

♦ **선택을 존중하라**

젖병 수유를 거부하는 아기들은 종종 자신의 의지와 상관없이 젖꼭지가 입에 들어가도록 강요받았던 경험이 있습니다. 아기가 원하지 않는 상황에서 젖꼭지를 억지로 입에 넣으려 한다면 아기는 불쾌감을 느끼고 화를 낼 것입니다. 이처럼 강요하는 수유는 아기에게 부정적인 감정을 심어주기 때문에, 아기가 배고픔과 배부름을 스스로 표현할 수 있는 시기인 생후 50일 전후에는 수유를 받아들일지 거부할지, 그리고 얼마나 먹을지 스스로 결정할 수 있도록 아기의 선택을 존중해야 합니다.

♦ 동의를 구하라

아기에게 수유할 때 부모는 허락을 구하는 과정이 필요합니다. 동의를 구하는 가장 좋은 방법은 젖병을 보여주는 것입니다. 아기를 수유 자세로 앉힌 후 젖병을 아기의 시야에 들어오도록 얼굴에서 15~20cm 떨어진 곳에 위치시키세요. 그리고 잠시 멈춰 아기의 반응을 관찰하세요. 관찰을 통해 아기의 반응을 보면서 무의식적으로 아기의 허락을 구하는 셈입니다. 이때 젖병을 보여주며 "먹고 싶니?", "궁금해?"라고 말로 물어보세요. 이런 대화는 부모가 아기의 마음을 살피도록 돕고 아기의 허락 없이 젖꼭지를 입에 넣으면 안 된다는 점을 되새기게 합니다. 아기가 젖병을 보고 긍정적인 반응을 보이며 수유를 받아들일 행동을 한다면 이는 순응을 의미합니다. 반대로 아기가 고개를 돌리거나 거부감을 표현하면 이는 불응을 의미합니다. 이러한 사소한 행동을 통해 신뢰를 쌓아가며 수유에 대한 긍정적인 경험을 만들 수 있습니다.

100일 이전과 100일 이후는 다르다

신생아는 배가 고파도 젖병이 배고픔을 해결해 준다는 것을 모르면 젖병을 달라고 표현하지 않습니다. 이 때문에 젖꼭지가 입에 들어갈 때까지 울음을 멈추지 않을 수 있습니다. 이런 경우에는 울고 있을 때 젖꼭지를 1cm만 입에 넣어 보고 반응을 확인하세요. 아기가 빨기 시작하면 수유를 받아들인 것이고, 고개를 돌리거나 몸을 뒤로 젖히면 거부 신호로 보고 젖꼭지를 즉시 빼주는 것이 좋습니다. 아기가 울지 않고 입을 벌리지 않는 경우 젖꼭지를 입술에 살짝 대거나 부드럽게 문질러 입을 열도록 유도할 수 있습니다. 그러나 아기가 입을 열지 않거나 고개를 돌리면 젖병을 거부하는 신호로 받아들이세요.

생후 3개월이 넘어 젖병 수유에 익숙해진 아기는 젖병이 배고픔을 해결해 준다는 것을 이해하게 됩니다. 이 시기부터는 젖병을 보고 먹을지 말지를 스스로 결정할 수 있습니다. 아기가 먹으려는 신호를 보이면 이를 허락으로 받아들이고 그때 젖꼭지를 입에 넣어주세요.

젖병에 긍정적인 감정 연결하기

아기가 젖병을 싫어하는 이유는 단순히 젖병 자체 때문만은 아닐 수 있습니다. 젖병이 얼굴로 다가오는 방식, 각도, 젖병을 들고 있는 부모의 표정 등이 모두 영향을 미칠 수 있습니다. 따라서 수유 거부를 해결하려면 젖병에 대한 부정적인 감정을 긍정적인 감정으로 바꿔야 합니다.

놀이 시간에 젖병으로 놀아주세요

- 하루 2~3회, 한 번에 5분씩 진행하세요.
- 배고프지 않고 졸리지 않으며 기분이 좋은 상태에서 시작하는 것이 중요합니다.
- 젖꼭지와 뚜껑이 없는 빈 젖병을 사용해 주세요.
- 젖병을 활용해 아기와 놀아보세요. 흥미를 잃기 전까지, 최대 5분 정도 진행합니다.
- 불편해하거나 짜증을 낸다면 젖병을 바로 눈앞에서 치워주세요.
- 놀이 중에는 수유할 때처럼 젖병을 같은 각도와 방식으로 움직여보세요.
- 웃고 즐거워하는 것이 핵심입니다. 즐거워해야만 긍정적인 감정을 형성할 수 있습니다.
- 젖병을 잡고 싶어 한다면 자유롭게 만질 수 있도록 해주세요.
- 젖병에 대한 긍정적인 경험을 통해 수유에 대한 아기의 거부감을 점차 줄여나갈 수 있습니다.

POINT

아기의 신호에 어떻게 반응해야 할까
11가지 강령

① 아기의 신호에 맞춰 수유하세요

아기가 수유를 즐겁고 만족스럽다고 느끼려면 아기가 보내는 신호에 맞춰 반응하는 것이 중요합니다.

② 수유 중 아기를 방해하지 마세요

아기가 젖병을 편하게 빨고 있을 때는 임의로 트림을 시키거나 자세를 바꾸지 말고, 우유를 흘려도 수유를 중단하지 마세요. 아기가 불편하면 신호를 보낼 것입니다. 수유 중에는 아기를 흔들거나 움직이지 않도록 하세요. 그렇지 않으면 아기가 젖을 빠는 힘을 잃습니다.

③ 아기의 반응을 살펴보세요

수유 중 아기가 허락한다면 눈을 마주치고, 말하거나 노래를 불러주세요. 그러나 아기가 집중하는 것을 방해할 수 있으니 반응을 보며 말을 줄이거나 멈추는 것이 좋습니다.

④ 아기가 먹는 양은 아기가 결정합니다.

아기가 얼마나 먹을지는 아기가 스스로 결정합니다. 부모가 수유량을 조절하려는 충동을 억제하고, 아기가 먹고 싶어 하지 않는다면 억지로 먹이려 하지 마세요.

⑤ 아기의 거절 신호를 존중하세요

아기가 혀나 손으로 젖꼭지를 밀어내거나, 고개를 옆으로 돌리거나, 등을 젖히면 수유를 멈추고 젖병을 치워주세요. 아기에게 고개를 돌릴 자유를 주되, 고개를 돌리면서도 빨고 있다면 이는 거부의 신호가 아닙니다. 이때는 젖병을 따라가며 수유를 계속할 수 있습니다.

⑥ 잠시 쉬고 다시 시도하세요

아기가 수유 중 멈추고 긴장하거나 화를 내면 5분 정도 휴식을 취한 후 다시 제안하세요. 세 번째 시도에서도 거절하거나 멈추겠다는 신호를 보낸다면 수유를 끝내세요.

⑦ 거부감을 느끼는 아기에게 억지로 먹이지 마세요

수유에 거부감을 느끼는 아기들은 보통 자발적으로 소량만 먹고 더 이상 먹지 않으려 합니다. 처음부터 배부를 때까지 먹기를 기대하지 마세요. 아기가 충분히 먹지 않았다는 생각에 불안해져 억지로 먹이려 하지 마세요. 이러한 시도는 압박감으로 작용할 수 있습니다.

⑧ 아기가 멈추는 것은 모두 거절이 아닙니다

아기가 수유 중 잠시 멈추거나 트림을 하거나 다른 곳에 주의를 빼앗기는 것은 수유 거부가 아닙니다. 아기가 멈췄다면 그대로 기다려보세요. 즉시 젖병을 흔들거나 억지로 먹이려 하지 마세요.

⑨ 트림 후 다시 제안하세요

아기가 트림하고 나면 젖병을 다시 제안할 수 있습니다. 젖꼭지를 다시 입에 넣기 전에 아기의 신호를 보고 허락을 받으세요.

⑩ 아기의 주의가 산만해지면 다시 집중시켜 주세요

아기가 다른 것에 집중하는 것은 수유 거절의 신호가 아닙니다. 주의를 돌려주면 됩니다. 또한 아기가 실수로 젖꼭지를 입에서 빼는 것 역시 거절이 아니므로 다시 제안하세요.

⑪ 혼란스러운 신호는 잠시 쉬는 것이 좋습니다

때로는 아기가 거절하는지 아닌지 헷갈릴 때가 있습니다. 아기도 혼란스러워할 수 있는데, 전에 수유에 압박을 받았다면 불안해할 수 있습니다. 아기가 명확한 신호를 보내기 전까지는 수유 강요를 피하고 잠시 쉬거나 수유를 끝내는 것이 좋습니다.

수유 거부 해결 과정, 어떻게 변화해 가는가

아기가 수유를 거절하면 부모는 불안과 초조함을 느끼게 됩니다. 하지만 당장 해결할 수 있는 방법은 없습니다. 아기의 행동은 하루아침에 생기는 것이 아니라 시간이 지나면서 점차 형성됩니다. 강요를 멈춰도 완전히 극복하는 데 몇 주가 걸릴 수 있습니다. 평균적으로는 2주 정도 걸리지만 이는 아기의 성향, 기질, 경험에 따라 달라집니다. 아기에게 너무 자주 젖병을 제안하거나 자는 동안 억지로 먹이려고 한다면 이 과정은 더 길어지거나 효과가 없을 수도 있습니다.

수유 행동을 관찰할 때는 단순히 수유량만으로 판단해서는 안 됩니다. 중요한 것은 아기가 먹는 것에 관심을 보이며 수유 과정을 편안하게 받아들이는지입니다. 아기가 먹는 것을 즐기면 자연스럽게 수유량도 늘어납니다. 그래서 아기가 수유할 때 편안하게 먹고 즐기는 모습을 보인다면 긍정적인 변화라고 할 수 있습니다.

아기의 수유 행동을 평가할 때 수유 시간마다 아기의 반응을 1점에서

5점으로 점수 매겨봅니다. 아기가 편안하게 수유를 마쳤다면 5점을 주고 수유하려는 시도 자체를 스트레스로 느끼거나 거부할 때는 1점을 줍니다. 이러한 평가를 통해 수유 과정에서 어떤 심리적 반응을 보이는지도 알 수 있습니다. 기록할 때 주의할 점은 오직 아기의 행동만을 기준으로 평가하고, 수유량은 포함하지 않는다는 것입니다.

5점	수유하는 동안 편안해합니다.
4점	주의가 산만해지면 수유를 중단합니다.
3점	긴장한 상태로 수유 내내 불안해합니다.
2점	수유 중에 불편함을 느껴 울면서 수유를 중단합니다. 먹고 싶은 마음과 먹기 싫은 마음 사이에서 혼란스러워 보입니다.
1점	수유를 예상하자마자 아기가 비명을 지르며 괴로워합니다.

수유를 거부하던 아기가 점차 수유를 즐기게 되는 변화의 과정

◆ 1일

첫째 날에는 아기의 수유 행동은 1점이나 2점입니다. 예전에 수유를 억지로 했던 경험 때문에 수유를 예상하기만 해도 긴장하고 불안해할 수 있습니다. 아기가 수유를 강하게 거절하면 배가 많이 고플 때만 간신히 수유에 순응합니다. 하지만 그때까지 시간이 걸리고 여러 번 수유를 거절한 뒤 오후 중반이나 늦게서야 순응할 수 있습니다. 이 경우 아기는 여전히 긴장하고 경계하는 상태라 배고픔을 채울 만큼만 급하게 먹고 금방 멈출 수 있습니다. 첫째 날에는 수유량이 가장 적을 가능성이 높습니다.

수유 간격 사이에 아기가 배가 고파 짜증을 내거나 잠들기 어려워할 수도 있습니다.

◆ **2일**

아기의 수유 행동은 1점에서 3점 사이로 변화합니다. 대부분의 아기는 둘째 날에 미묘한 개선을 보입니다. 아침 첫 수유를 거절할 수도 있습니다. 그러나 첫째 날보다는 조금 더 일찍 수유를 받아들이고, 하루 수유량도 약간 늘어날 가능성이 있습니다. 아침 수유는 개선되는 데 가장 시간이 걸리는 경향이 있습니다. 반면 일부 아기들은 둘째 날에도 수유를 강하게 거부합니다. 이 경우 수유에 큰 변화가 없거나 총 섭취량이 첫째 날보다 줄어들 수 있습니다.

◆ **3일**

셋째 날이 되면 대부분의 아기가 2점에서 3점 정도의 평가를 받습니다. 이 시점부터 아기들은 조금씩 변화를 보이기 시작합니다. 강요받았던 기억이 서서히 흐려지면서 아기는 조금씩 마음의 경계를 풀기 시작합니다. 이제 아기는 수유 자세를 취하거나 젖병을 보자마자 소리를 지르지는 않습니다. 하지만 여전히 긴장하고 불안해하는 경우가 많습니다. 아기는 이전보다 젖병을 더 자주 받아들이려 합니다. 하지만 매번 그런 것은 아닙니다. 아기는 먹고 싶어 하면서도 동시에 먹기 싫어하는 듯한 갈팡질팡하는 행농을 보일 것입니다. 조금 먹다가 젖꼭지를 혀나 손으로 밀어내거나, 고개를 돌리거나, 등을 젖혀 수유를 중단하려 할 수 있습니다. 젖병을 다시 주면 몇 모금 더 마시다가 뱉어내는 경우도 있을 수 있습니다.

아기가 먹는 양은 수유 때마다 크게 달라질 것입니다. 오후와 저녁 수유가 아침 수유보다 더 원활하게 이루어질 가능성이 큽니다. 첫째 날보다 총 섭취량이 약간 늘어날 수 있지만, 그렇지 않더라도 걱정할 필요는 없습니다. 일부 아기들은 첫째 날에 예상보다 잘 먹는 경우도 있습니다. 이런 경우에는 셋째 날에 섭취량이 약간 줄어들 수 있습니다. 이때는 수유량에 너무 집중하기보다 아기의 행동에 긍정적인 변화가 있는지를 확인하는 것이 더 중요합니다.

◆ **4~7일**

대부분 3점 평가를 받지만 때때로 2점이나 4점도 나올 수 있습니다. 아기가 수유에 대한 거부감이 완전히 사라진 것은 아닙니다. 아기가 배고플 때는 자발적으로 수유를 받아들이지만 준비되지 않은 상태에서 수유를 권하면 화를 낼 수 있습니다. 갈팡질팡한 수유 행동을 보일 때도 있으나 그 빈도도 점차 줄어듭니다.

변화 과정은 2보 전진, 1보 후퇴와 같은 패턴이 나타날 수 있습니다. 이 패턴은 보통 아기가 피곤할 때 나타납니다. 피곤한 아기는 배고픔보다 피로를 우선시하기 때문에 과도한 피로가 수유를 어렵게 만들 수 있습니다. 그러나 이러한 현상은 하루가 지나면 회복되며 이틀 연속으로 나타나는 경우는 드뭅니다. 아기가 아프거나 치아가 나고 있거나, 예방접종 후 불편할 때도 이런 반응을 보일 수 있습니다.

◆ **2주차**

수유를 강요당했던 기억이 점차 사라지면서 아기는 수유 중에 점점 더 편안해집니다. 하지만 기분, 배고픔, 피로에 따라 식욕이 변동될 수 있지만, 전반적으로는 점차 원하는 방향으로 나아가고 있습니다. 둘째 주중 어느 시점부터 아기는 스스로 충분한 양을 먹기 시작합니다. 이때 월령에 비해 더 자주 수유할 수도 있습니다. 수유 행동도 4점과 5점 평가가 점점 더 자주 나오기 시작합니다. 하지만 속도는 더딜 수 있습니다. 수유 거부 행동이 다시 나타나지 않을 것이라는 확신이 생기고 불안이 사라지기까지는 몇 주가 더 걸릴 수 있습니다.

아기가 더 이상 수유를 거부하지 않는 징후

아기가 더 이상 수유를 거부하지 않는지 확인하려면 수유량과 수유 중의 행동을 관찰해야 합니다. 수유 거부를 극복했더라도 1회 수유량은 아기의 월령에 비해 평균보다 적을 수 있습니다. 아기가 수유 중에 긴장하지 않고 편안하게 먹는다면, 이는 수유 거부가 해결된 징후로 볼 수 있습니다. 대부분의 경우 수유 행동 평가는 4점이나 5점으로 나타납니다. 약간 까다롭거나 주의가 산만한 모습은 정상적인 아기의 행동이며 배고픔과 피로가 겹칠 때 가끔 3점이 나오는 것도 자연스러운 일입니다.

아기가 수유를 즐기기 시작하면 부모는 깊은 안도감과 기쁨을 느낍니다. 수유에 대한 스트레스가 줄어들고 아기와 함께하는 시간이 더 편안해집니다. 그러나 아기가 충분히 먹지 않거나 체중이 기대만큼 늘지 않으면 부모는 다시 걱정하기 시작합니다. 그러나 대부분의 경우 실제 문제라기보다는 부모의 기대가 높아 생기는 불안일 때가 많습니다.

수유 행동이 변해도 해결되지 않은 문제들

수유 거부가 해결되었다고 해서 아기가 완벽하게 이상적인 수유 패턴을 보인다고 할 수는 없습니다. 해결되지 않은 주요 문제로는 수면 문제, 간식처럼 자주 소량씩 먹는 습관, 그리고 잦은 밤중 수유가 있습니다.

아기의 수면 패턴은 수유 패턴에 영향을 줍니다. 자주 깨서 피곤한 상태에서는 더 자주 수유를 원하게 됩니다. 수면이 부족하면 참을성이 부족해집니다. 수유 중 쉽게 짜증을 내거나 수유를 거부하는 상황도 생깁니다. 동시에 배고픔 때문에 잠들기 어려워할 수도 있습니다.

자주 소량씩 먹는 습관은 자주 잠에서 깨면서 수유가 많아지는 수면 문제의 일종입니다. 수유 횟수가 많아질수록 한 번에 먹는 양이 줄어들고, 이로 인해 더 자주 수유를 원하게 되는 반복적인 악순환이 발생합니다.

월령에 비해 밤중 수유가 필요 이상으로 많으면 문제가 됩니다. 일반적으로 밤중 수유 횟수는 저녁 7시부터 아침 7시까지 12시간 동안 잠들기 전 마지막 수유를 제외한 횟수를 기준으로 합니다. 생후 3개월 아기는 2회, 3~6개월 아기는 1회, 6개월 이후에는 0회가 적정합니다. 밤에 자주 수유하면 낮 동안 수유에 대한 관심이 줄어들 수 있습니다. 이로 인해 낮과 밤의 생체리듬이 깨져 정상적인 수유 패턴을 유지하기 어려워집니다. 아기의 하루 총 수유량이 충분하고 깨어 있을 때는 즐겁게 먹지만, 아침에 수유에 관심이 없다면 밤에 너무 자주 먹는 것이 원인일 수 있습니다.

더 이상 수유를 거부하지 않는다고 해서 아기가 원하는 수유량 이상을 억지로 먹이려는 행동은 절대 해서는 안 됩니다. 한 번의 강요로도 수유 거부가 재발할 수 있습니다. 다시 문제를 해결하는 데는 최소 2주가 더 걸릴 수 있습니다. 중요한 것은 아기의 욕구를 존중하고 아기가 원하는 만큼만 먹을 수 있도록 돕는 것입니다. 양이 적어도 아기가 스스로 받아들인 양이 가장 최적화된 수유량임을 잊지 말아야 합니다.

> **TIP**
>
> **팔에 안고 먹이기**
>
> 약 2주가 지나면 아기를 팔에 안고 수유를 시도할 수 있습니다. 먼저 젖병 없이 수유 자세로 아기를 안아보며 편안해하는지 확인하세요. 아기가 편안해한다면 팔에 안고 수유를 시도해 볼 수 있습니다. 하지만 안아주는 것만으로도 불편해하거나 울음을 터뜨린다면, 우선 아기가 팔에 안겨 있는 상태를 편안하게 느낄 수 있도록 시간을 가지는 것이 중요합니다. 이를 위해 하루에 2~3회, 3·5분씩 아기를 팔에 안고 놀아주세요. 이 과정에서는 절대 수유를 시도하지 않아야 합니다. 일주일 정도 이렇게 반복하다 보면 아기가 기존의 수유 자세에서도 편안함을 느낄 가능성이 높아집니다. 아기가 팔에 안겨 있을 때 차분한 상태를 유지한다면, 그때 다시 젖병을 제안해 보세요.

솔루션이 효과가 없다면

아기의 심리적인 수유 거부를 해결하려면 부모가 수유 방식을 바꾸는 것이 필요합니다. 만약 기존 방식을 고수하면 아기가 수유를 피하려는 행동이 반복적으로 강화되어 문제를 악화시킬 수 있습니다. 3NO 규칙은 아기의 수유에 대한 태도를 긍정적으로 바꾸는 데 중요한 방법입니다. 이 규칙의 목표는 아기가 수유를 편안하게 받아들이고 필요한 만큼 섭취할 수 있도록 돕는 것입니다. 그러나 3NO 규칙을 따른다고 해서 수유 거부 문제가 즉시 해결되는 것은 아닙니다. 규칙을 적용하는 초기 며칠 동안에는 수유량이 줄어드는 경우가 흔하며 때로는 수유량이 크게 감소하기도 합니다. 이로 인해 부모들이 불안감을 느끼고, 불안은 종종 규칙을 중단하거나 어기게 되는 주된 원인이 됩니다.

'강요하지 않기' 규칙을 어기는 경우

아기에게 수유를 강요하면 수유가 불편하고 스트레스가 되는 경험으로 기억될 수 있습니다. 이는 수유를 더 강하게 거부하려는 의지를 키울 뿐입니다. 단 한 번이라도 강제로 수유를 시도하면 상황이 악화되어 처음부터 다시 시작해야 할 수 있습니다. 만약 3일째까지 아기에게 변화가 없다면 부모가 의식적으로나 무의식적으로 아기에게 수유를 강요하거나 억지로 먹이려는 건 아닌지 점검해 보세요. 이러한 규칙을 지키는 것이 너무 어렵게 느껴진다면 다른 보호자가 아기의 수유를 책임지고 맡아주는 것도 좋은 방법입니다.

'자는 동안 수유하지 않기' 규칙을 어기는 경우

배고파서 우는 아기를 돌보는 일이 쉽지 않다 보니 일부 부모는 아기가 깨어 있을 때 수유를 거부하면 차라리 잠든 상태에서 수유하는 방법을 택하기도 합니다. 이런 선택을 하는 부모의 간절한 마음은 충분히 이해할 수 있습니다. 하지만 잠든 상태에서 수유하는 것은 그 순간을 넘기기 위한 임시방편일 뿐입니다. 낮에 계속 잠든 상태에서만 수유하면 아기가 깨어 있을 때 수유를 거부할 가능성이 더 높아집니다. 이는 아기가 깨어 있는 동안 충분히 배고픔을 느낄 기회를 가지지 못하기 때문입니다. 게다가 아기가 자신이 얼마나 먹을지를 스스로 결정하고, 억지로 먹을 필요가 없다는 것을 배울 기회도 줄어듭니다.

아기가 잠든 상태에서 수유하면 갈등을 피할 수 있다는 장점이 있습니다. 하지만 아기에게 먹을지 말지를 스스로 선택할 기회를 주면, 이런 걱정을 덜 수 있습니다. 아기가 먹지 않겠다고 한다면 그 거부 의사를 존중하고 젖병을 치워주세요. 아기의 신호에 일관되게 반응해 주면 깨어 있을 때 수유를 더 기꺼이 받아들이게 될 것입니다.

하루 최소 수유량인 350ml를 보장하기 위해 밤에 잠든 상태에서 수유하는 경우는 예외로 둘 수 있습니다. 하지만 '자는 동안 수유하지 않기' 규칙은 가능하면 철저히 지키는 것이 좋습니다. 일부 부모는 꿈수유라고 불리는 잠든 상태의 수유를 유지하기를 선호합니다. 다른 모든 수유가 아기가 깨어 있을 때 이루어진다면 밤에 1번의 수유는 수유 거부를 극복하는 데 큰 방해가 되지 않습니다.

'부모가 주도하지 않기' 규칙을 어기는 경우

아기에게 먹으라고 강요하는 것은 언제 얼마나 먹을지를 스스로 결정하는 아기의 권리를 인정하지 않는 행동입니다. 아기가 거부하는데도 반복적으로 수유를 제안하는 것, 정해진 시간에 맞추기 위해 배고파하고 불안해하는 아기를 너무 오래 기다리게 하는 것, 수유 시간이 되었다는 이유로 아기를 깨우는 것 모두 피해야 합니다.

초기 단계에서는 아기가 아직 불안감을 느껴 신호를 명확히 보내지 않을 수 있어 아기의 신호를 따라 수유하는 것이 어려울 수 있습니다. 그렇더라도 일정한 수유 시간을 고집하지 않는 것이 중요합니다. 일반적으로 수유는 3시간 간격으로 제공되지만 아기가 배고픔을 나타내는 신호를 보인다면 더 빨리 수유하는 것이 좋습니다. 만약 아기가 낮잠을 자고 있는 경우라면 깨우지 말고 그대로 재워두세요. 수면은 음식만큼이나 아기의 건강에 중요한 요소입니다. 또한, 3NO 규칙을 모두 따르고 있다면 부모가 아기의 수유 신호에 맞춰 반응하는지 아니면 부모의 불안감에 따라 행동하고 있는지를 객관적으로 평가해 보는 것이 필요합니다. 이를 위해 수유하는 모습을 영상으로 촬영해 살펴보는 것도 도움이 됩니다.

> **TIP**
>
> ### '부모가 주도하지 않기' 규칙의 예외
>
> 아기의 신호보다 부모가 먼저 행동하거나 대응해야 할 때가 있습니다.
>
> **밤중에 수유하는 경우**
> 하루 수유량을 충족시키기 위해 밤중 수유를 결정해야 할 때가 있습니다.
>
> **수유 시도를 3번까지만 권장하는 경우**
> 처음 수유를 시도할 때는 3번까지만 권장합니다. 이는 아기에게 불필요한 스트레스를 주지 않기 위해서입니다.
>
> **수유 중 아기가 갈팡질팡하는 경우**
> 아기가 수유 중 젖병을 잡았다 놓았다 하며 갈팡질팡하는 모습을 보인다면 젖병을 치우는 것이 좋습니다. 이는 아기가 곧바로 젖병을 다시 원하더라도 같은 행동을 반복하지 않도록 하기 위한 조치입니다.
>
> **아기가 젖병을 물고 잠들려는 경우**
> 수유와 수면이 연관되지 않도록, 아기가 젖병을 물고 잠드는 것을 막아야 합니다. 이는 먹다가 잠드는 습관을 예방하기 위해 중요합니다.
>
> ### 예민한 아기
>
> 수유를 거부하는 아기 중 약 5%는 매우 예민한 성향을 보입니다. 이런 아기들은 수유 시간에 단 1번 더 권유하는 것만으로도 강요로 받아들일 수 있습니다. 또한 젖병을 거부한 후에 젖병이 아기의 시야에 남아 있거나 수유 자세로 안겨 있으면 이를 압박감으로 느껴 위협적으로 받아들일 수 있습니다.
> 예민한 아기의 수유 거부를 해결하려면 매 수유에서 단 1번만 권유하는 것이 좋습니다. 아기가 거부 신호를 보이는 순간, 젖병을 빠르게 시야에서 치우고 수유 자세에서 벗어나게 해야 합니다. 3NO 규칙과 권장 사항을 모두 따랐음에도 3일째가 되어도 개선이 전혀 없다면 의사와 상담하여 신체적 원인이 있는지 확인해야 합니다.

POINT

수유를 위한 권장 사항

- 수유를 시작하기 전에 자세가 올바른지 젖병에서 공기가 새지 않는지 점검하세요.
- 아기의 동의 없이 젖병을 억지로 입에 넣으려 하지 마세요.
- 아기가 수유를 거부하는 신호를 보이면 즉시 젖병을 치우세요. 젖병을 아기의 얼굴 앞에 오래 두면 불안을 유발할 수 있습니다.
- 수유는 3번만 권유하세요.
- 아기가 먹기를 멈추고 싶어 한다면 억지로 먹이거나 달래거나 속이는 행동을 피하세요.
- 수유와 수면이 연관되지 않도록 아기가 젖병을 물고 잠드는 습관을 막아주세요.
- 아기가 고개를 돌리거나 갈팡질팡하는 모습을 보일 때는 젖병을 바로 치우세요.
- 아기가 긴장하는 모습이 보이면 조용한 환경에서 수유하세요.
- 수유는 한 사람이 전담하여 아기가 안정감을 느낄 수 있도록 하세요.
- 수유 첫 3일 동안은 외출을 삼가고 아기의 수면과 수유에 집중하세요.
- 문제를 해결하는 동안은 모든 수유를 집에서 제공하는 것이 좋습니다.
- 아기의 생체리듬을 안정시키기 위해 아침마다 일정한 시간에 깨우세요.

이는 아기가 적응 기간 동안 수유를 더 편안하게 받아들일 수 있도록 돕는 방법입니다. 모든 권장 사항이 수유 거부를 극복하는 데 유익하지만 특히 2가지가 핵심입니다. 바로 '갈팡질팡 행동 방지'와 '수유와 수면 연관 방지'입니다. 이 2가지를 지키지 않으면 아기의 수유 거부를 개선하는 데 시간이 더 오래 걸릴 수 있습니다.

갈팡질팡 행동 방지하기

갈팡질팡 행동이란 아기가 몇 번 빨다가 갑자기 긴장된 모습으로 젖병을 거부하고 다시 몇 모금 빨다가 거부하는 행동을 반복하는 것을 말합니다. 아기가 고개를 돌릴 때 젖병을 빼고 잠시 쉬거나 수유를 끝내도록 권장합니다. 이는 갈등 행동이 강화되지 않도록 하기 위한 방법입니다.
많은 부모가 이 방법을 실천하는 데 어려움을 느낍니다. 그래서 아기가 다시 젖병을 찾는 신호를 보낼 때마다 계속 젖병을 주는 경우가 있습니다. 이렇게 하면 아기가 예상보다 더 오랫동안 불안을 느끼고 갈팡질팡하는 행동을 반복할 가능성이 높아집니다. 아기의 갈팡질팡 행동이 강화되지 않았다면 초기 며칠 동안 이러한 행동이 점차 줄어들고 5일째쯤에는 사라질 가능성이 큽니다. 하지만 6일 이후에도 아기가 여전히 갈팡질팡하는 모습을 보인다면, 이는 이 행동이 강화되었음을 의미할 수 있습니다.
아기가 고개를 돌릴 때 젖병을 치우는 방법을 따르면, 단기간에는 아기가 먹는 양이 줄어들 수 있다는 점을 염두에 두어야 합니다. 또한 이 방법을 첫날부터 시작하지 않았다면, 수유 거부를 극복하는 데 2주 이상 걸릴 가능성도 있습니다.

수유와 수면 연관 방지하기

수유 거부가 해결되지 않는 또 다른 이유는 수유와 수면 연관을 방지하라는 권장 사항을 지키지 않았기 때문입니다. 이 권장 사항을 따르지 않는 이유는 아기가 수유 없이 스스로 잠드는 방법을 모르기 때문이죠. 아기가 수유를 통해 잠드는 것에 의존하게 되면 피곤할 때마다 배고파 보이며 젖병을 빨고 싶어 할 것입니다. 하지만 피곤할 때 젖병을 물고 잠들게 한다면 아기의 수유 거부 극복을 지연시키거나 방해할 수 있습니다. 그 말은 아무런 변화가 일어나지 않을 수 있다는 이야기입니다.

수유 거부 Q&A

Q. 아기가 배고픔을 표현하지 않는다면?

A. 아기가 배고픈 신호를 보이지 않는 데는 여러 가지 이유가 있을 수 있습니다. 그중 하나는 부모가 정해진 시간에 맞춰 수유를 주도하다 보니, 아기가 배고픔을 느낄 기회를 잃었을 가능성입니다. 배고픔을 표현할 필요가 없다면 아기는 점차 신호를 보내지 않게 됩니다. 그러나 어떤 아기들은 기질이 순해서 배고픔을 아주 약하게 표현하기도 합니다. 이런 아기들은 배가 고파도 울거나 불평하지 않고 조용히 기다립니다. 그래서 부모가 알아차리기 어려운 경우가 많죠. 또한 수유 거부를 경험한 아기들은 수유 자체를 불편하게 느끼기 때문에 배고픔을 숨기려 할 수 있습니다. 마지막으로 저체중 아기들은 신체적 이유로 식욕이 억제될 수 있습니다. 몸이 아직 충분히 발달하지 않아서 배고픔을 덜 느끼는 경우도 있죠. 이런 아기들은 부모의 세심한 관찰이 필요합니다.

아기가 배고픔을 표현하지 않을 때, 부모가 억지로 먹이려 하지 않는 것이 중요합니다. 강제로 수유를 시도하면 배고픔을 표현하는 신호가 더 사라질 수 있기 때문입니다. 억지로 먹이지 않고 기다리면 대부분의 아기는 1~2일 안에 다시 배고픔을 표현하기 시작합니다. 아기가 배고픈 신호를 보이지 않는다면 이전 수유로부터 3시간 정도 후에 수유를 제안하는 것이 좋습니다. 다만 낮에는 아기가 잠들어 있다면 깨우지 말고 기다리세요. 아기의 리듬을 존중하는 것이 중요합니다. 아기가 수유 거부를 극복하고 충분한 양을 먹기 시작하면 정해진 시간에 맞춰 수유하기보다는 아기의 신호에 따라 수유를 진행하세요. 아기의 수유량이 늘어나면 수유 간격도 늘어나게 됩니다.

Q. 적은 양만 먹었을 때, 언제 다시 수유를 제안해야 할까?

A. 아기가 젖병을 거부하거나 적은 양만 먹었을 때는 아기의 상태를 잘 관찰하고 적절한 시점에 다시 수유를 제안하는 것이 중요합니다. 기본적으로, 아기가 얼마나 먹었는지와 상관없이 3시간 후에 다시 수유를 권하는 것이 일반적인 기준입니다. 3시간은 아기가 소화를 마치고 배고픔을 느낄 수 있는 시간으로 간주됩니다. 하지만 이 기준이 모든 상황에 항상 똑같이 적용되지는 않습니다. 아기의 배고픔 신호를 관찰하는 것이 더 중요할 때도 있습니다. 만약 아기가 배고픔을 나타내는 행동을 보인다면 3시간이 되지 않았더라도 아기의 상태에 맞춰 유연하게 대응하는 것이 좋습니다. 반대로, 3시간이 지났어도 아기가 잠들어 있다면 굳이 깨우지 않아도 됩니다. 아기가 깨어나 배고픈 신호를 보일 때까지 기다리는 것이 좋습니다.

Q. 젖병을 거부한 후 다시 원하는 것 같다면?

A. 젖병을 몇 번 빨다가 밀어내고, 다시 원하는 듯해서 주니 반복해서 밀어내는 행동은 수유 거부의 전형적인 모습입니다. 이때 젖병을 계속 주면 아기의 수유 갈등을 강화시킬 수 있습니다. 시간이 지나도 아기는 여전히 긴장된 상태로 수유하게 되고 수유량도 기대치에 미치지 못할 수 있습니다.

젖병을 밀어내거나 고개를 돌리며 거부 신호를 보낼 때, 즉시 젖병을 치움으로써 더 이상 강요하지 않겠다는 메시지를 전해야 합니다. 잠시 후 시도할 수 있지만 같은 반응이 나오면 수유를 멈추세요. 아기가 다시 젖병을 원할 때 젖병을 주지 않으면, 젖병을 줄 때 먹는 것이 더 좋은 선택임을 배우고 다음 수유 시간까지 기다리기보다는 그 순간에 먹는 것이 유리하다는 점을 깨닫게 됩니다. 젖병을 치웠을 때 아기가 다시 물려고 하는 모습을 보면 처음에는 아기를 굶기는 것처럼 느껴질 수 있습니다. 하지만 이는 아기가 수유를 더 편안하게 받아들일 수 있도록 돕는 방법입니다.

Q. 아기가 수유 중에 잠든다면?

A. 수유에 거부감을 가진 아기들은 깨어 있을 때보다 졸리거나 잠들었을 때 수유를 더 잘 받아들입니다. 하지만 졸린 상태에서 수유를 자주 하면 깨어 있을 때 수유를 받아들이는 것을 방해합니다.

낮에 수유할 때 아기가 졸리기 시작하면 깨어 있도록 유도하세요. 말을 걸거나 살살 쓰다듬고 트림을 시키거나 기저귀를 갈아 깨운 후 다시 수유하세요. 계속 졸려 보이면 수유를 중단하고 깨어 있을 때 다시 시도하는 것이 좋습니다. 밤에 더 많은 양을 먹게 되면 낮 동안의 섭취량이 줄어들 수 있습니다. 아기가 자는 동안 수유를 계속하면 불필요한 밤중 수유가 생길 수 있고 수유 패턴이 낮보다 밤에 집중될 위험이 있습니다. 밤중 수유도 아기가 깨어 있을 때 하는 것이 좋습니다. 그러나 하루 최소 350ml 수유량를 먹여야 할 때, 저체중 아기가 스스로 깨지 않을 때, 6개월 미만 아기에게 꿈수유를 할 때는 예외입니다.

밤에 수유할 때 아기가 졸려 하는 경우 스스로 멈출 때까지 젖병을 빨게 두는 것이 현실적인 해결책이 될 수 있습니다. 아기의 배가 충분히 차야 깊고 편안한 잠을 잘 수 있기 때문입니다. 다만, 이 방법은 밤중 수유에만 적용해야 합니다. 이렇게 하면 아기는 낮에 주로 먹고, 밤에는 푹 자는 건강한 패턴을 형성할 수 있습니다.

Q. **흔들림이 있어야 잘 먹는다면?**

A. 아기가 수유 중에 움직이기를 원한다면 처음에는 흔들어주거나 걸어 다니면서 수유하는 방법이 효과가 있을 수 있습니다. 하지만 이런 방식은 아기가 무거워지면 실용적이지 않게 됩니다. 게다가 외출 시에는 이 방법을 쓰기 어려워 외출이 불편해질 수 있습니다. 이 문제를 해결하려면 처음부터 장기적으로 실천 가능한 수유 습관을 들이는 것이 중요합니다. 아기가 처음에는 움직임 없이 수유하는 것을 거부하거나 불편함을 표현할 수 있지만 일관된 방식으로 계속 시도하면 점차 적응하게 됩니다.

Q. 아기가 수유할 때 안기기 싫어하면?

A. 수유를 거부하는 아기가 부모의 품에서 수유 자세로 안기는 것을 싫어하는 일은 흔합니다. 아기가 자라면서 기억력이 발달해 곧 수유가 시작될 거라고 예상하게 되기 때문이죠. 아기가 6개월 미만이라면, 저항하더라도 부모의 품에서 수유를 계속 제안하는 것이 좋습니다. 처음 며칠 동안은 긴장하거나 경계할 수 있지만 부모가 강요하지 않고 대응하면 점차 긴장을 풀고 편안하게 부모의 품에서 수유를 즐기게 됩니다.

아기가 6개월 이상이라면 부모의 품에서 수유를 시도하되 아기가 불편해하거나 거부한다면 다른 장소에서 수유할 수 있도록 허용해 주세요. 이 시기의 아기들은 수유 중 독립성을 보이는 경우가 많으며 수유 거부가 없는 아기들조차도 스스로 독립적으로 먹으려는 경향을 보일 때가 있습니다.

Q. 젖병을 잡고 싶어 한다면?

A. 아기가 젖병을 잡고 싶어 한다면 그대로 하게 해주세요. 대부분의 아기는 8개월 전후부터 젖병을 직접 잡으려는 모습을 보입니다. 이는 아기가 자신의 행동을 통제할 수 있다는 것을 깨달았기 때문입니다. 특히, 과거에 수유를 강요받은 경험이 있는 아기들은 젖병을 스스로 조절할 때 수유를 더 편안하게 받아들입니다. 젖병을 스스로 잡는 것은 단순히 먹는 행동을 넘어 아기의 독립성과 자신감을 키우는 중요한 과정입니다.

Q. 젖병을 입에 넣었다가 뺐다가 반복하는 행동은?

A. 아기가 젖병을 입에 넣었다 뺐다 한다면 그대로 두세요. 이는 아기가 수유를 스스로 조절할 수 있다는 새로운 능력을 시험해 보는 과정입니다. 이런 행동은 마치 새로운 장난감을 발견한 아이가 그것을 가지고 놀며 탐구하는 것과 비슷한 원리입니다. 이는 아기의 발달에 있어 중요한 단계로 스스로 조절하는 능력을 배우는 과정입니다. 며칠이 지나면 이 행동은 자연스럽게 줄어들고 아기는 젖병을 입에 넣었다 뺐다 하는 것을 멈추게 될 것입니다.

Q. 젖병을 가지고 논다면?

A. 아기가 젖병을 가지고 놀고 수유를 하지 않는다면 어느 정도까지는 그대로 두어도 괜찮습니다. 하지만 몇 분이 지나도 수유에 집중하지 않는다면 이는 아기가 충분히 배고프지 않다는 신호일 가능성이 큽니다. 이럴 때는 잠시 수유를 멈추고, 나중에 다시 시도하는 것이 좋습니다. 아기는 자신의 신체적 요구에 따라 준비가 되었을 때 수유를 더 잘 받아들이기 때문입니다.

편안한 수면의 비밀

PART 6

수면교육 이야기

우리 아기 꿀잠을 위한 첫 단계

수면 교육이란 무엇인가

　수면 교육이라는 말만 들어도 마음이 복잡해지는 부모들이 많습니다. 많은 부모는 수면 교육이 아기를 울게 내버려두는 비인간적인 방법이라고 걱정합니다. 또 아기에게 심리적 상처를 남겨 부모에 대한 신뢰를 무너뜨릴 수 있다고 우려하기도 합니다. 그런데 왜 많은 전문가가 수면 교육을 추천할까요? 그리고 왜 수면 교육을 통해 아기가 더 행복해지고 육아가 쉬워졌다고 말하는 부모들이 많을까요? 그 답은 부모와 아기가 겪는 수면 부족이 단순히 피곤함을 넘어 삶의 질에 큰 영향을 미치기 때문입니다. 특히 아기의 수면 부족은 산후 우울증의 주요 원인 중 하나입니다. 부모가 충분히 쉬지 못하면 우울감과 피로가 점점 쌓이게 됩니다. 이런 상태가 지속되면 아기를 돌보는 일이 점점 더 버거워지고 심리적으로도 쉽게 지칠 수밖에 없습니다.

　수면 교육은 아기가 스스로 잠드는 방법을 배우도록 돕는 과정입니다. 아기는 태어나면서부터 잠드는 방식을 부모로부터 배우기 시작합니다. 부모는 아기가 스스로 잠들 수 있는 습관을 형성하도록 도울 수도 있고, 특정 조건에 의존하게 만들 수도 있습니다. 예를 들어, 아기가 잠들 때마다 부모가 흔들어주거나 젖병을 물려야 한다면 이러한 조건 없이는 잠들기 어려워질 수 있습니다. 많은 부모가 자신이 하는 행동이 아기의 수면 습관에 어떤 영향을 미치는지 깊이 인식하지 못합니다.

부모의 행동은 아기의 수면 습관에 큰 영향을 미칩니다. 긍정적인 행동은 아기의 수면 질을 향상시키는 반면 부정적인 행동은 수면 문제를 초래할 수 있습니다. 다행히도 부모가 재우는 방식을 바꾸면 새로운 습관을 형성할 수 있습니다. 수면 교육은 아기가 스스로 잠드는 법을 배우게 하는 데 초점이 있습니다.

새로운 방식에 적응하려면 어느 정도의 스트레스가 불가피합니다. 이는 건강한 변화를 위한 과정입니다. 부모가 기존 방식으로 아기를 재우기만 한다면 아기는 새로운 습관을 배울 기회를 잃고 수면 문제는 반복될 것입니다. 이 과정에서 아기가 낯선 방식에 혼란을 느껴 울 수 있습니다. 하지만 부모가 흔들리지 않고 일관성을 유지한다면 아기는 점차 새로운 습관에 적응합니다. 시간이 지나면 수면 부족으로 자주 보채던 아기도 점점 울음이 줄어들고 안정적으로 잠드는 모습을 보이게 됩니다. 이 정도의 스트레스는 아기가 스스로 잠드는 방법을 배우고 건강한 수면 습관을 만들기 위해 반드시 거쳐야 하는 성장 과정의 한 부분입니다.

수면 교육의 성공은 여러 요인에 따라 달라질 수 있습니다. 아기의 월령과 기질, 그리고 부모의 꾸준한 노력은 수면 교육의 핵심 요소입니다. 생후 3개월 이내의 아기는 비교적 쉽게 새로운 방식에 적응하지만 4개월 이후에는 기존 습관에 더 강하게 집착하는 경향이 있어 시간이 더 필요합니다. 아기의 기질도 중요한 요인입니다. 순한 기질의 아기는 변화를 잘 받아들이지만 예민한 기질의 아기는 작은 변화에도 민감하게 반응할 수 있습니다. 그러나 부모가 새로운 방식을 꾸준히 유지한다면, 예민한 기질의 아기라도 결국 변화에 적응하게 됩니다.

운동으로 체력을 키우기 위해 지속적인 노력이 필요한 것처럼 새로운 수면 습관도 꾸준한 관리가 중요합니다. 수면 교육이 끝난 후에도 아기가 잠들기 전 잠시 우는 경우가 있을 수 있습니다. 또 아기가 과도하게 피로해지면 울음이 길어질 수 있으므로 졸린 신호를 잘 관찰하고 피로가 과도하게 쌓이기 전에 재우는 것이 중요합니다. 특히, 아기가 아프거나 발달 도약기를 겪는 시기, 이사나 여행과 같은 환경 변화가 있을 때는 수면 습관이 잠시 퇴행할 수 있습니다. 이 시기에 부모가 흔들어 재우거나 안아주는 행동을 반복하면 새로운 수면 연관이 형성될 수 있으니 주의가 필요합니다. 아플 때는 부모의 세심한 돌봄이 필요하지만 아기가 회복된 후에는 다시 수면 교육을 시작해 수면 습관을 유지해야 합니다.

수면의 과학, 아기 수면을 이해하자

아기는 수면 단계에 따라 주변 환경에 대한 반응이 달라집니다. 사람은 잠을 자면 의식이 부분적으로, 또는 완전히 사라지는데, 이 과정에서 각기 다른 수면 단계가 나타납니다. 이를 이해하면 아기의 수면 패턴을 더 잘 파악할 수 있습니다. 수면 단계는 뇌 발달에 따라 변하며 신생아는 렘(REM)수면과 비렘(Non-REM)수면의 2가지 수면 단계만을 가지고 있지만, 생후 3개월이 지나면 렘수면과 4가지 비렘수면 단계를 포함하여 총 5가지 수면 단계로 이루어집니다. 비렘수면은 숙면의 깊이에 따라 1단계에서 4단계로 나뉩니다.

(아기의 수면 단계)

♦ **1단계 비렘수면(얕은 수면)**
  깨어 있는 상태에서 잠으로 접어드는 초기 단계로, 졸음이 시작되는 시기입니다. 아기가 졸려서 가벼운 잠에 빠질 때는 멍한 표정을 짓거나 눈이 위로 움직이고 눈꺼풀이 천천히 내려오며 아기의 의지와 상관없이 눈이 감깁니다. 이때 아기는 무언가를 빠는 동작을 하거나 갑자기 미소를 짓거나 찡그리기도 합니다. 이 단계에서는 주변 환경에 대한 인지가 아직 남아 있어 쉽게 깰 수 있습니다. 자리를 옮기거나, 공갈 젖꼭지가 빠지거나, 흔드는 동작이 멈추면 변화를 감지할 수 있습니다. 이런 변화를 느끼면 눈을 번쩍 뜨거나 눈을 감은 채 울음을 터뜨릴 수도 있습니다. 이 수면 단계는 30초에서 5분 정도 지속됩니다.

♦ **2단계 비렘수면(얕은 수면)**

이 단계에서 아기의 심박수는 느려지고 체온이 낮아집니다. 호흡도 더 규칙적으로 변합니다. 1단계보다 주변 환경에 대한 반응이 줄어들지만 갑작스러운 소리나 움직임에 여전히 놀라거나 반응할 수 있습니다. 일부 아기는 곧장 다음 단계인 깊은 비렘수면으로 넘어가기도 합니다. 이 단계는 보통 5분에서 20분 정도 지속됩니다

♦ **3단계와 4단계 비렘수면(깊은 수면)**

이 단계는 아기가 깊은 잠에 든 상태입니다. 호흡은 느리고 규칙적이며, 근육이 이완되어 팔다리가 늘어진 상태입니다. 잠이 깊어지면 뇌 활동이 줄어 외부 자극에 거의 영향을 받지 않으며 평온해집니다. 깨우기 어려운 상태이며, 깨더라도 반응이 느리고 쉽게 다시 잠에 듭니다.

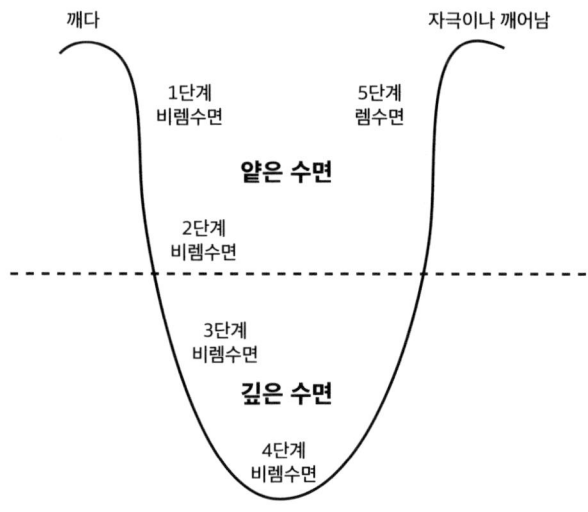

♦ 5단계 렘수면(얕은 수면)

렘수면은 꿈을 꾸는 얕은 수면 단계입니다. 아기의 렘수면은 뇌가 깨어 있을 때처럼 활발하게 활동하기 때문에 활동수면이라고도 불립니다. 렘수면 중에는 심박수와 호흡이 빨라지고 불규칙해지며, 얼굴, 손, 다리가 떨리거나 움직이기도 하고, 잠시 미소를 짓거나 빠르게 빠는 동작과 삼키는 행동을 보일 수 있습니다. 이 상태에서는 쉽게 깰 수 있습니다.

성인은 수면 시간의 약 20퍼센트가 렘수면이지만, 신생아는 전체 수면 시간(16시간)의 절반가량(8시간)이 렘수면(얕은 잠)입니다. 생후 2주가 지나면 아기는 점점 깊은 잠을 많이 자게 되며, 생후 6개월이 되면 수면의 약 70퍼센트가 깊은 잠으로, 30퍼센트가 얕은 잠으로 이루어집니다. 이렇듯 생후 3개월까지 아기의 수면은 렘수면으로 시작되지만, 그 이후로는 4단계의 깊은 수면(비렘수면)을 먼저 거친 후 마지막에 얕은 수면 단계인 렘수면이 나타나는 주기를 평생 유지합니다. 렘수면은 아기의 뇌 발달에 핵심적인 역할을 합니다. 이 단계에서 뇌는 활발하게 활동하며, 신경망 형성과 기억력 발달에 기여합니다. 특히 생후 2년 반까지는 렘수면이 뇌의 시냅스 생성과 강화에 집중적으로 관여하여, 이 시기에 아기의 뇌가 빠르게 성장합니다.

아기의 수면 주기

아기의 수면은 얕은 수면에서 깊은 수면까지 겪은 뒤 다시 얕은 수면으로 진행되는데 이를 수면 주기라고 합니다. 성인의 경우 수면 주기가 90분인데 반해 아기는 생후 1년까지는 수면 주기가 40~60분입니다. 아기가 성장하면서 수면 주기가 점점 길어져 36개월이 되면 90분까지 늘고 이는 성인이 되어서도 유지됩니다.

밤에는 40~60분의 주기마다 엎치락뒤치락하면서 비렘수면과 렘수면을 오가면서 잠을 잡니다. 한 수면 주기 내에서 비렘수면과 렘수면의 비율은 밤이 흐르는 동안 크게 달라집니다. 생후 3~4개월 이후 아기들은 밤에 잠든 직후 몇 시간 동안 깊이 잠드는 비렘수면이 대부분을 차지하고, 얕은 수면인 렘수면의 비율은 매우 적습니다. 잠든 직후의 깊은 비렘수면은 불필요한 신경의 연결을 정리하고 에너지를 최대한 회복하는 역할을 합니다. 비렘수면 비율이 높아지면 수면 주기가 길어지고, 이는 밤에 깨는 횟수를 줄여줍니다.

대조적으로 밤이 깊어 자정 이후로 넘어가면 이 시소의 균형점이 이동합니다. 렘수면이 수면의 대부분을 차지하고, 깊이 잠드는 비렘수면 비율은 적습니다. 후반부 렘수면은 앞서 정리된 신경 연결 중 남아 있는 부분을 강화하고, 세부적으로 연결을 보완하는 역할을 합니다. 깊은 잠을 자는 시간이 짧아지면서 전체 수면 주기도 짧아집니다. 아침이 가까워질수록 주변 환경에 대한 인식이 높아져 새벽에 쉽게 깰 수 있습니다.

아기가 깊은 잠에 든 상태라면 잠든 채로 눕혀도 깨지 않습니다. 그러나 깊은 잠이 오기 전이나 깊은 잠이 지나간 후의 얕은 잠 상태에서는 스스로 수면을 이어가기 어렵습니다. 이런 상황을 방지하려면 아기가 처음부터 바닥에 등을 대고 스스로 잠드는 습관을 들이는 것이 중요합니다. 이 습관이 자리 잡히면 얕은 잠 상태에서도 자연스럽게 수면이 연장되어 더 안정적으로 잠을 잘 수 있습니다.

아기가 정말 깬 걸까?

어른들은 밤 동안 수면 주기 사이에 자주 잠깐씩 깹니다. 이때 자세를 바꾸거나 베개를 고쳐 베지만 완전히 깨어나지 않고 곧 다음 수면 주기로 넘어가 다시 잠에 듭니다. 아침이 되면 이런 각성을 대부분 기억하지 못합니다. 아기들은 수면 주기가 더 짧기 때문에 어른들보다 더 자주 깹니다. 이러한 현상은 밤새 몇 번이나 반복되는 자연스러운 일입니다. 아기가 움직이거나 눈을 뜨거나, 빨리는 움직임을 하거나, 잠깐 울다가 몇 초나 몇 분 후 다시 잠드는 것을 보면 짧은 각성이라는 것을 알아차릴 수 있습니다. 신생아들은 이러한 각성 동안 신음 소리나 낮은 소리를 내기도 하고, 가스를 배출하면서 다시 잠에 빠지기도 합니다. 이러한 현상은 특히 새벽 시간에 더욱 두드러집니다.

이렇다 하더라도 아기는 깬 것이 아니라 여전히 잠을 자고 있는 상태입니다. 아기가 이러한 움직임을 보일 때는 깨어난 것이라고 생각하고 안아 올리는 것을 피하는 것이 좋습니다. 몸을 뒤척이더라도 다시 숙면을 취할 수 있습니다. 그러한 뒤척임을 보고 수유를 하거나 빨리 다시 재워야겠다고 안아 올리면 자신도 모르는 사이에 아기에게 장기적인 수면 장애를 만들 수 있습니다.

수면 주기 사이의 짧은 각성 외에 생존을 위해 완전히 깨는 경우도 있습니다. 수면 중에는 더위나 추위, 배고픔, 젖은 기저귀로 인한 불쾌감, 통증까지 다양한 불편감으로 인해 깹니다. 아기는 스스로 편안함을 조성할 수 없기에 울음으로 도움을 요청합니다. 하지만 이러한 이유로 밤에 완전히 깨는 것은 흔한 일은 아닙니다.

아기들은 수면 환경이 달라졌다고 느끼면 밤에 자주 깹니다. 특히, 잠들 때 부모의 도움이 필요한 아기일수록 밤에 완전히 깨는 일이 많습니다. 예를 들어, 아기가 엄마 품에 안겨 있거나 부모가 토닥여주었거나 공갈 젖꼭지를 물면서 잠들었다면, 수면 중에도 이런 상황이 유지되어야 아기가 계속 잘 수 있습니다. 잘 때의 환경(엄마 품, 공갈 젖꼭지, 토닥임)과 잠에서 깨어난 환경(침대에 눕혀진 상태)이 다르면 아기는 불안을 느낍니다. 자신이 안전하지 않다고 느끼며 잠을 유지하기 어려워지고, 결국 수면 주기 사이를 자연스럽게 이어가지 못하고 깨어나게 됩니다.

이런 경우라면, 아기가 잠과 연결 짓는 환경을 다시 점검하는 것이 중요합니다. 잠들 때와 잠에서 깼을 때의 환경이 최대한 비슷하도록 유지해 주면, 아기가 안정감을 느끼고 더 오래 잘 수 있습니다.

수면이 부족하면 어떻게 될까

피로에는 여러 단계가 있습니다. 피로가 적당하면 쉽게 잠들 수 있지만 피로가 과도하게 쌓이면 몸의 균형이 깨지고 스트레스 반응이 활성화됩니다. 이 과정에서 코르티솔과 아드레날린 같은 스트레스 호르몬이 혈액으로 방출됩니다. 이러한 호르몬은 몸을 각성 상태로 만들어 심박수를 빠르게 하고 혈압을 올리며 근육을 긴장시킵니다.

몸이 너무 피곤해서 침대에 눕고 싶지만 막상 누우면 머릿속이 복잡해져 잠이 오지 않을 때가 많습니다. 이리저리 뒤척이며 잠들지 못하는 상황이 반복되기도 합니다. 아기들도 과피로 상태에 빠지면 잠드는 데 어려움을 겪습니다. 성인과 다른 점은 과피로에 빠진 아기들은 오히려 더 활발해 보인다는 것입니다. 겉으로는 아기가 잠들기를 거부하는 것처럼 보일 수 있습니다. 하지만 실제로는 자고 싶고, 자야 하는 상황입니다. 그러나 스트레스 호르몬이 분비되면서 몸이 잠드는 것을 방해하는 것입니다. 이 상태가 진행되면 극심한 피로에 이르게 되어 몸을 움직이는 것조차 어렵고 눈을 뜨고 있는 것마저 힘겨워질 수 있습니다.

==수면이 부족한 상태가 지속되면 신체에 점점 더 큰 스트레스가 쌓입니다. 이를 수면 적자라고 하며 충분히 잠을 자지 못해 누적된 수면 부족을 의미합니다.== 수면 적자는 단 하루 만에 누적되기도 하고 며칠에 걸쳐 점차 쌓이기도 합니다. 예를 들어, 월요일에 2시간을 못 잤다고 해서 화요일에 큰 문제가 없을 수도 있습니다. 하지만 화요일에도 2시간을 더 못 자면 수요일에는 일상생활이 어려워질 가능성이 높아집니다. 수요일에도 같은 일이 반복되면 목요일에는 사고력과 효율성이 크게 떨어질 수 있습니다. 이렇게 수면에 대한 손실이 점점 쌓이면 충분히 잠을 자서 적자를 갚아야 합니다.

이 원칙은 아기에게도 적용됩니다. 아기가 아침에 1시간 덜 잔다고 해서 큰 변화가 나타나지는 않습니다. 그러나 다음 낮잠 시간에도 또 1시간을 못 자게 되면 점점 예민해집니다. 오후 낮잠까지 놓치면 수면 부족으로 저녁에는 긴장감이 최고조에 달합니다. 저녁 시간에는 아기의 코르티솔 수치가 낮아져야 편안히 잠들 수 있습니다. 하지만 수면 부족이 계속되면 코르티솔 수치가 상승해 잠들기가 더 어려워집니다. 저녁 6시에서 11시 사이를 '마의 시간대'라고 부르는 이유는 대부분 하루 또는 며칠간 쌓인 수면 적자 때문입니다.

수면 적자가 누적된 아기는 잠들기를 거부하는 듯한 행동을 보이거나 겨우 잠들었다가도 금세 깨서 부모를 찾습니다. 낮잠도 20~30분밖에 자지 못하고 작은 소음에도 놀라 울음을 터뜨립니다. 깨어 있는 동안 아기는 부모의 손길을 끊임없이 요구합니다. 얼굴에 기운이 없고 멍한 표정을 짓기도 하며 부모 품에 안겨도 몸을 꼬며 투정을 부립니다. 아기를 내려놓으면 금세 울음을 터뜨리고, 침대에 눕히면 거부하며 버둥거리는 경우가 많습니다. 낮에는 수유를 거부하다가 밤이 되면 배가 고픈 듯 보채 부모를 곤란하게 만듭니다.

과피로 상태에 빠진 아기는 잠들면 평소보다 깊고 긴 잠을 자며 밤중 수유 없이도 오래 잘 수 있습니다. 수면 적자가 충분히 해소되면 다음 날 아기는 더 안정된 모습으로 하루를 시작할 수 있습니다. 수면 적자가 많이 누적된 아기들은 낮잠 시간에 평소보다 더 오래 자는 날이 며칠간 이어질 수 있습니다. 이는 며칠간 쌓인 피로를 보충하려는 본능적인 반응입니다. 수면 부족이 해소되면 아기는 더 편안해지고 몸의 균형이 회복됩니다. 수유 시간에는 아기가 젖병을 거부하지 않고 차분히 먹는 모습을 보이며 잠들 때도 과도하게 울지 않고 쉽게 잠들게 됩니다.

그러나 수면 부족의 근본 원인이 해결되지 않으면 이런 변화는 금방 사라질 수 있습니다. 겉보기에는 문제가 해결된 것처럼 보이지만 같은 상황이 반복될 가능성이 큽니다. 아기가 건강한 수면 습관을 가지려면 근본적인 원인을 찾아 해결하는 것이 중요합니다.

수면 부족은 아기에게 여러 가지 문제를 일으킬 수 있습니다. 일부 아기들은 과식을 하고 만성적인 수면 부족을 겪는 아기들은 체중이 잘 늘지 않는 경우도 있습니다. 피로가 심한 아기들은 수유 시간에 짜증을 내거나 수유를 거부하기도 하며, 밤에는 너무 지쳐 밤중 수유도 하지 않고 오랜 시간 잠들기도 합니다. 이로 인해 수유 시간이 줄어들면서 아기의 성장과 발달에도 부정적인 영향을 미칠 수 있습니다.

수면 부족은 체중 문제뿐만 아니라 아기의 발달 속도에도 영향을 미칩니다. 피로한 상태에서는 새로운 기술을 배우거나 정보를 기억하기 어려워집니다. 이는 신체적으로 지쳐 활동에 필요한 에너지가 부족하기 때문입니다. 만성적인 수면 부족은 이러한 상황을 악화시켜 아기의 발달 속도를 늦출 수 있습니다. 그렇다고 아기의 성장이 멈춘다는 뜻은 아닙니다. 다만, 충분히 수면을 했을 때에 비해 새로운 기술을 배우는 속도가 느려질 수 있다는 의미입니다.

아기가 잠을 충분히 자지 못하면 예민해지며 짜증을 낼 수 있습니다. 부모 역시 피로와 스트레스가 쌓이면 아기를 세심히 돌보기가 더 어려워집니다. 물론 스트레스가 있다고 해서 모든 부모가 아기를 잘 돌보지 못하는 것은 아닙니다. 그러나 체력이 떨어지고 피로가 누적되면 평소처럼 정성껏 돌보는 일이 힘들어집니다. 아무리 차분하고 인내심이 강한 부모라도 한계에 다다르게 됩니다.

수면 교육이
필요할 때

2

수면 교육 정말 안전할까

수면 교육이 필요한 이유

수면 교육을 고민하는 부모들이 많습니다. 자연스럽게 수면 교육이 이루어지는 경우도 있지만 대부분은 부모의 의도적인 노력이 필요합니다. 현재 부모 세대인 엄마들은 수유나 포대기에 싸서 재우는 방식에 의존했던 엄마들과 달리, 다양한 수면 교육 방법을 적극적으로 시도하고 있습니다. 정보의 흐름이 빨라지면서 아기를 재우는 다양한 방법을 접할 기회가 많아졌기 때문입니다. 그러나 과거의 방식과 새로운 정보가 뒤섞이면서 부모에게 혼란과 고민을 안겨주고 있습니다. 어떤 방법이 옳은지 판단하기 어려워지고 감정적으로도 부담을 느끼는 부모가 많습니다.

많은 부모가 수면 교육을 어려워하는 이유 중 하나는 아기가 울 때 지켜보는 일이 쉽지 않기 때문입니다. 아기가 울 때 부모는 감성적으로 흔들리기 쉽고 스트레스와 혼란을 겪는 경우도 많습니다. 그러나 아기가 잠을 잘 때 우는 것은 일반적인 울음과는 다릅니다. 잠 울음은 수면 주기에서 나타나는 현상으로 아기가 스스로 수면을 연장하려는 과정에서 발생합니다. 이때 부모가 바로 개입하지 않고 잠시 기다려주면 아기는 스스로 진정하며 다시 잠드는 법을 배울 수 있습니다.

==아기가 스스로 잠드는 능력을 기르는 것은 단순히 부모의 편의를 위한 것이 아닙니다. 이는 아기의 건강한 성장과 발달을 위해 꼭 필요한 과정입니다.== 수면은 뇌 발달에 직접적인 영향을 미칩니다. 깊은 잠과 얕은 잠이 각각 중요한 역할을 한다는 사실은 1950년대에 처음 밝혀졌으며, 2013년에는 수면 중 뇌에서 피로 회복 물질이 배출된다는 연구 결과가 발표되었습니다. 이러한 연구들은 수면이 단순한 휴식이 아니라 뇌의 회복과 발달을 위해 필수적인 과정임을 보여줍니다. 그렇기에 아기의 건강한 성장과 발달을 위해 수면 교육을 실천해야 할 때입니다.

수면 교육은 아기뿐 아니라 부모와 가정에도 큰 변화를 가져옵니다. 아기가 스스로 잠드는 법을 배우면 부모는 충분한 휴식을 취하며 더 상쾌하게 하루를 시작할 수 있습니다. 부모가 밝고 안정된 모습을 보이면 아기와의 상호작용도 긍정적으로 변합니다.

수면 교육은 부모들 사이에서 논쟁이 많은 주제입니다. 일부 부모는 수면 교육 과정에서 아기가 느낄 수 있는 스트레스가 부모와의 애착 관계나 심리 발달에 부정적인 영향을 미칠까 봐 걱정합니다. 아기의 울음에 즉각 반응하지 않으면 나쁜 영향을 줄 수 있다는 우려도 흔히 제기됩니다. 반면, 수면 교육이 아기의 건강한 수면 습관을 형성하고 부모와 아기 모두의 수면 환경을 개선한다는 긍정적인 의견도 많습니다. 수면 교육에 대한 시각은 상반되며 뚜렷하게 나뉩니다.

수면 교육 스트레스가 뇌에 영향을 줄까?

수면 교육에 대한 논쟁 중 하나는 아기가 겪는 스트레스가 뇌 발달에 부정적인 영향을 미칠 수 있다는 우려입니다. 수면 교육을 비판하는 이들은 아기가 지속적으로 스트레스를 받으면 뇌 발달에 영구적인 손상이 생길 수 있다고 주장합니다. 이를 뒷받침하는 근거로 앨런 쇼어 박사와 브루스 페리 박사의 연구가 자주 인용됩니다. 특히 코르티솔 같은 스트레스 호르몬이 과도하게 분비되면 뇌가 스트레스를 조절하고 관리하는 능력이 약화될 수 있다는 점이 강조됩니다.

앨런 쇼어 박사는 아동정신신경생물학 분야의 권위자로, 초기 뇌 발달에 학대와 방임이 미치는 영향을 연구해 왔습니다. 그의 연구는 아동이 학대나 방임을 경험할 때 뇌 발달과 정서 조절 능력에 어떤 손상이 생길 수 있는지를 구체적으로 설명합니다. 브루스 페리 박사는 아동 정신건강과 신경과학 분야의 저명한 학자로, 신체적·성적 학대, 폭력, 사고 등 위기 상황이 아동의 뇌 발달에 미치는 영향을 연구했습니다.

두 학자의 연구는 아동기에 겪는 심각한 스트레스가 뇌 발달에 장기적인 영향을 미칠 수 있음을 보여줍니다. 그들의 연구는 수면 교육 중 아기가 겪을 수 있는 스트레스에 대한 비판론자들의 우려를 뒷받침하는 근거로 자주 활용됩니다. 그러나 쇼어 박사와 페리 박사의 연구는 학대와 방임이 아동에게 미치는 영향을 다룬 것으로 수면 교육과는 직접적인 연관이 없습니다. 따라서 이 연구를 수면 교육 비판의 근거로 삼는 것은 부적절합니다.

변화는 스트레스를 동반하기 마련입니다. 아기도 새로운 수면 습관을 배우는 과정에서 불안과 스트레스를 느낄 수 있습니다. 이러한 스트레스는 일시적인 것으로 장기적으로 뇌 발달에 해를 끼친다는 명확한 증거는 없습니다. 만약 일상에서 겪는 작은 거절이나 불편함이 뇌 손상을 유발한다면 아이들은 좌절을 경험할 때마다 뇌가 손상되어야 할 것입니다. 연구에 따르면, 단기적인 스트레스는 코르티솔 수치를 일시적으로 높일 수는 있어도 뇌에 장기적인 영향을 주지 않는 것으로 나타났습니다.

수면 문제가 계속되면 부모와 아이 모두 만성적인 피로와 스트레스에 시달리게 됩니다. 이 상황에서 부모는 선택해야 합니다. 수면 문제를 방치해 스트레스를 악화시킬 것인지, 아니면 단기적인 스트레스를 감수하고 건강한 수면 환경을 만들 것인지.

수면 교육이 아이에게 주는 이점은 단기적 불편함을 충분히 상쇄할 수 있습니다. 연구에 따르면 수면 교육에서 겪는 일시적인 스트레스는 만성 스트레스와 다르며 뇌 손상을 유발하지 않는 것으로 나타났습니다. 수면 문제를 해결함으로써 아기와 가족 전체의 삶의 질을 높이는 것이 장기적으로 더 큰 이점을 제공할 것입니다.

수면 교육이 아기와 부모 사이의 애착을 방해할까?

아기의 마음을 연구한 전문가들은 부모와 아기 간의 안정적인 애착 관계가 아기의 건강한 심리 발달에 매우 중요하다고 말합니다. 이 개념은 영국의 정신과 의사 존 볼비와 캐나다의 심리학자 메리 에인스워스의 연구에 기반을 두며 부모와 아기 간의 신뢰와 애정을 설명합니다. 1940년대 후반, 존 볼비는 부모와 장기간 떨어져 지낸 어린이들이 정서적으로 부정적인 영향을 받는다는 사실을 발견했습니다. 특히, 병원에서 부모가 아이와 함께 머물 수 없던 시기에 아이들이 겪은 불안과 슬픔에 주목했습니다. 그는 부모와의 장기적인 분리가 아기의 정서 발달에 해를 끼칠 수 있다는 결론을 내렸습니다. 반면, 메리 에인스워스는 부모와 아기의 상호작용에 초점을 맞췄습니다. 연구에 따르면 아기의 요구가 자주 충족되지 않으면 아기는 자신이 요구를 표현해도 부모가 반응하지 않을 것이라고 느끼게 됩니다. 에인스워스는 이러한 경험이 불안정한 애착을 형성할 수 있다고 주장했습니다.

두 연구는 부모의 민감한 반응이 애착 형성에 중요한 역할을 한다는 점을 보여줍니다. 이러한 맥락에서 수면 교육을 비판하는 사람들은 부모가 잠시라도 아이의 울음에 반응하지 않으면 장기적인 분리와 비슷한 결과를 낳아 불안정한 애착 관계로 이어질 수 있다고 주장합니다. 하지만 정말 그럴까요?

수면 교육은 아기가 자주 깨는 부정적인 수면 습관을 줄이고 긍정적인 습관을 기르도록 돕는 과정입니다. 아기가 밤중에 자주 깨거나 피곤해하면 부모와 가족 모두 수면 부족에 시달릴 수 있습니다. 수면 교육은 이런 문제를 해결하기 위한 방법이지 장기적인 분리나 방임을 의미하지 않습니다. 아기는 깨어 있는 동안 충분한 사랑을 받습니다. 애착은 매일 반복되는 수많은 상호작용을 통해 형성되는 것이지 단순히 수면 방식 하나로 결정되지 않습니다. 오히려 아기와 부모가 충분히 수면을 취하면 스트레스와 피로에 시달릴 때보다 더 깊고 안정적인 유대감을 형성하기 쉽습니다. 다음의 연구 결과는 수면 교육이 긍정적인 효과를 가져올 수 있음을 보여줍니다.

◆ 뉴질랜드 캔터베리대 임상 심리학자 카린 프랑스 교수는 생후 6개월에서 24개월 된 아기 35명을 대상으로 수면 교육 전후의 행동과 애착 점수를 비교했습니다. 연구 결과, 수면 교육은 아기에게 부정적인 영향을 미치지 않았을 뿐만 아니라, 안정감, 정서 조절, 긴장 조절, 호감도 점수가 개선된 것으로 나타났습니다.

◆ 스웨덴 소아과 의사 베른트 에케르베르크의 연구에 따르면 수면 교육 전후 부모의 평가를 분석한 결과, 가족의 행복도가 높아지고 낮 동안 아기의 행동이 더 긍정적으로 변한 것으로 나타났습니다.

◆ 머독 아동 연구소의 소아과 의사 해리엇 히스콕 박사는 영아기의 수면 교육이 엄마의 우울 증상을 완화하는 데 효과적이며 장기적으로 양육 방식이나 아기의 정신 건강에 부정적인 영향을 미친 증거가 없다고 발표했습니다.

◆ 호주 플린더스대의 최근 연구에서는 아기의 울음을 일시적으로 허용하는 수면 교육 방법이 스트레스를 증가시키거나 애착에 문제를 일으키지 않는다는 결과를 제시했습니다. 오히려 이 방법을 사용한 아기들의 타액에서 스트레스 호르몬인 코르티솔 수치가 감소한 것으로 나타났습니다.

◆ 호주 플린더스대 아동 및 청소년 수면 클리닉의 마이클 그래디사 박사는 일시적인 울음 허용 방식이 아기의 수면 문제를 해결하는 데 효과적이라고 설명했습니다. 특히 엄마의 수면 시간이 늘어나면 스트레스가 줄어들고 엄마와 아기의 상호작용이 더 긍정적으로 변할 가능성이 높다고 덧붙였습니다.

아기들이 혼자 잠드는 것은 쉽지 않은 일입니다. 대부분의 아기는 부모의 따뜻한 손길과 목소리에서 안정감을 느끼며 잠들기를 원합니다. 그러나 부모가 매번 도와주면 아기가 혼자 잠드는 방법을 배우기 어렵습니다. 잠결에 깨어난 아기가 엄마가 곁에 없다는 것을 알면 울음을 터뜨리는 이유도 바로 여기에 있습니다. 부모의 도움이 없이는 다시 잠들기 힘들다고 생각하기 때문입니다. 이 상황이 반복되면 아기는 혼자 잠드는 일이 점점 더 어려워지고 수면 문제가 지속될 가능성이 높아집니다.

반면 부모가 정해진 시간에 차분히 잠들 준비를 시키고 스스로 잠들 시간을 준다면 아기는 점차 혼자 잠드는 법을 배울 수 있습니다. ==부모의 존재를 느끼며 안정을 찾으면서도 스스로 진정하는 능력을 키울 수 있습니다. 이런 과정을 통해 아기는 혼자 잠들 수 있다는 자신감과 자기 효능감까지 얻게 됩니다.==

수면 교육이 성공하면 부모와 아기 모두 더 행복해집니다. 아기는 편안하고 만족스러운 모습을 보이며 이전처럼 자주 울지 않게 됩니다. 부모는 아기의 요구와 행동을 더 잘 이해하고 대응할 수 있게 됩니다. 육아에 대한 자신감도 높아져 일상적인 돌봄이 훨씬 수월해집니다. 어떤 부모들은 아기가 태어난 이후 처음으로 아기를 돌보는 일이 즐겁게 느껴진다고 이야기하며 변화된 삶을 실감합니다.

아기 울음 속에 숨겨진 메시지

아기가 울기 시작하면 부모의 마음은 한순간에 복잡해집니다. '대체 왜 우는 걸까? 배가 고픈가? 졸린가? 아니면 아픈 걸까?' 끊임없는 질문들이 머릿속을 가득 채우며 초조함이 밀려옵니다. 처음에는 아기를 달래보려 애쓰지만 울음소리가 멈추지 않을 때는 점점 자신감이 사라집니다. 울음소리가 길어질수록 가슴은 더 답답해지고, 마치 그 울음이 자신을 향한 비난처럼 느껴집니다. 아기의 울음은 부모의 감정을 흔들 정도로 강렬하며 때로는 자신을 평가하는 잣대처럼 느껴지기도 합니다.

아기가 우는 이유는 다양하다

울음은 아기의 유일한 의사소통 방식으로 다양한 이유에서 비롯됩니다. 울음은 본능적으로 부모에게 무언가 필요하거나 불편하다는 메시지를 전달하려는 행동입니다.

◆ **배가 고플 때**

아기가 울음으로 가장 흔하게 보내는 신호는 배고픔입니다. 갓난아기에게 배고픔은 단순한 불편함을 넘어 생존과 직결되는 감각이기에 울음을 통해 즉각적인 도움을 요청합니다. 특히 신생아는 2~3시간마다 수유가 필요하기에 배가 고파서 울 가능성이 매우 높습니다.

◆ **피곤할 때**

아기들은 피곤함을 느끼면 잠들기보다는 울음으로 그 불편함을 표현하는 경우가 많습니다. 아기가 눈을 비비거나 하품하면서 칭얼거리기 시작한다면 이는 잠들 준비가 되었음을 알리는 신호입니다. 부모가 아기의 신호를 놓치고 수면 환경으로 데려가지 않으면 아기는 피곤함이 쌓여 점점 더 예민해지고 강하게 울게 될 수 있습니다. 또한 피로가 몰려오면 아기는 몸이 이완되면서도 심리적으로 불편함을 느끼기 때문에 스스로 잠들기 어려운 경우 울음으로 그 불편함을 표현합니다.

◆ **기저귀가 젖었을 때**

기저귀가 젖거나 불편해지면 아기는 울음으로 이를 알립니다. 젖은 기저귀는 피부에 자극을 주어 불편함을 유발하기 때문에 기저귀를 갈아주는 것만으로도 아기의 울음을 빠르게 멈출 수 있습니다.

◆ **심심하거나 지루할 때**

아기들은 신체적 필요뿐만 아니라 정서적 요구도 울음으로 표현합니다. 심심함은 아기들에게도 스트레스가 될 수 있습니다. 주변에 흥미로운 자극이 없거나 부모의 관심을 받고 싶을 때 아기는 칭얼거리거나 짧은 울음을 통해 자신을 봐달라고 요청합니다. 이때 아기에게 부모의 얼굴을 보여주거나 말을 걸어주는 것만으로도 큰 효과를 볼 수 있습니다.

◆ 화가 났을 때

아기들은 원하는 것이 충족되지 않으면 울음을 통해 불만을 표현하기도 합니다. 놀이를 중단하거나 갑작스러운 환경 변화로 인해 스트레스를 받을 때 울음이 시작될 수 있습니다. 아기들은 감정 조절 능력이 미숙하기에 작은 일에도 강한 반응을 보입니다.

◆ 너무 자주 수유할 때

아기를 달래기 위해 자주 수유를 하다 보면 아기가 배부른 상태에서 더 먹게 되어 불편함을 느낄 수 있습니다. 과도한 수유는 배에 가스가 차거나 위가 팽창되는 원인이 되어 아기가 울음을 터뜨리기도 합니다.

◆ 자극이 너무 많을 때

아기들은 아직 세상의 자극을 처리하는 능력이 완전히 발달하지 않았습니다. 소리, 빛, 움직임 등 과도한 자극은 아기에게 불안감을 주며 이는 울음으로 이어질 수 있습니다. 특히 시끄러운 환경이나 낯선 사람이 많은 곳에서는 아기가 더 자주 우는 모습을 보일 수 있습니다.

◆ 아플 때

아기의 울음이 평소와 다르게 날카롭거나 끊이지 않는다면 아플 가능성을 염두에 두어야 합니다. 감기, 복통, 중이염 등은 아기의 신체적 불편함을 유발합니다. 이러한 울음은 다른 이유로 인한 울음보다 더 강렬하고 지속적일 수 있습니다.

울음 구별하기

아기의 울음을 문제로만 보기 전에 울음이 적응을 위한 행위라는 점을 이해하는 것이 중요합니다. 모든 울음이 문제가 있는 것은 아닙니다. 정상적인 울음은 아기의 생리적·정서적 요구를 표현하는 행동입니다. 수유 직전에 배고픔을 알리는 울음, 늦은 오후나 초저녁에 피곤함을 표현하는 울음, 잠들기 전에 나타나는 칭얼거림 등은 정상적인 울음입니다. 이러한 울음은 일정한 패턴을 보이며 예측이 가능한 시간에 나타나는 경우가 많아 문제로 보지 않아도 됩니다.

반면 비정상적인 울음은 무언가 불편하거나 문제가 있다는 신호일 수 있습니다. 수유 중이나 수유 직후에 우는 경우 또는 이유 없이 예측 불가능한 시간에 강하게 우는 경우는 불편함을 표현하는 것입니다. 이러한 울음은 원인을 파악하고 해결해야 합니다.

◆ **날카로운 고음으로 우는 경우**

아기가 지속적으로 우는 것이 아니라 날카롭고 높은 소리로 짧게 울부짖는 경우입니다. 그 뒤에 잠깐 숨을 멈추었다가 다시 울음을 반복하는 모습을 보일 때가 있습니다. 이때 아기의 울음은 달래거나 안아주어도 쉽게 그치지 않으며 점점 더 강하게 표현됩니다. 아기는 얼굴을 강하게 찡그리고 팔다리와 몸에 힘을 잔뜩 주면서 몸을 뻣뻣하게 만드는 행동을 보일 수 있습니다. 이런 모습은 아기가 무엇인가에 불편함을 느끼고 있다는 신호입니다.

먼저 배변을 언제 했는지 확인하세요. 그다음 주변 환경이 아기에게 지나친 자극을 주고 있지 않은지 살펴보아야 합니다. 조명이 너무 밝거나 TV나 소리가 크고 혼잡한 환경에서는 아기가 쉽게 스트레스를 받을 수 있습니다. 또한 실내 온도와 습도도 점검해야 합니다. 방이 너무 덥거나 습하다면 아기의 몸에 열감이 느껴지거나 호흡이 불편해질 수 있습니다. 마지막으로 아기가 충분히 잠을 잤는지도 확인하세요. 피곤함이 쌓인 아기는 더 민감하게 반응하며 작은 자극에도 쉽게 예민해질 수 있습니다.

♦ **짧은 중간음으로 계속해서 우는 경우**

아기가 짧은 중간음으로 계속 운다면 먼저 배고픔 신호인지 확인하는 것이 중요합니다. 배고픈 아기는 입을 벌리고 머리를 좌우로 돌리거나 손을 입으로 가져가 빠는 행동을 보일 수 있습니다. 하지만 배고픔 신호가 아닌 경우 아기를 안아보세요. 안았을 때 몸에 힘이 풀리고 부모의 품에 편안히 기대는 모습을 보인다면 충분히 안아주어 아기가 안정감을 회복하도록 돕는 것이 중요합니다.

반면 아기가 안겨 있는 동안에도 몸에 힘을 주고 팔과 다리가 뻣뻣해지며 주먹을 꼭 쥐고 머리를 뒤로 젖히는 행동을 보인다면 이는 아기가 내려달라고 표현하는 신호일 수 있습니다. 이런 경우에는 아기를 바닥에 내려놓고 아기가 진정될 때까지 차분히 기다려주세요.

또 다른 이유는 지루함 때문일 수 있습니다. 이때는 관심을 다른 곳으로 돌려주는 것이 효과적입니다. 지루한 아기를 달래는 것은 간단하지만 부모의 시간과 에너지, 그리고 인내가 필요합니다. 우선 아기를 안고 차분한 목소리로 이야기를 해보세요. 아기의 시선을 따라가며 주변 환경을 설명하거나 익숙한 노래를 불러주는 것도 좋습니다. 창밖 풍경을 보여주거나, 집 안의 사물을 하나씩 가리키며 이야기를 나누는 것도 아기의 흥미를 끌 수 있습니다. 간단한 상호작용은 아기의 기분을 전환시켜 주고 부모와의 교감을 강화하는 데도 큰 도움이 됩니다.

◆ 저녁 무렵 짜증스럽게 우는 경우

먼저 낮잠을 충분히 잤는지 확인해 보세요. 낮 동안 아기가 낮잠을 못 잤거나 깨어 있는 시간이 지나치게 길었다면 피로가 쌓여 저녁 무렵 짜증을 낼 가능성이 높습니다. 아기들은 피곤해질수록 더 예민해지고 울음을 통해 이를 표현하는 경우가 많습니다. 그다음으로 낮 동안의 활동을 돌아보세요. 낮에 손님 방문이 있거나 병원 방문 같은 외출을 했다면 평소보다 많은 자극을 받았을 수 있습니다. 특히 아기들은 낯선 환경이나 지나친 자극에 쉽게 피로를 느낄 수 있습니다. 실내 환경도 점검해야 합니다. 방 안의 온도가 적절한지 지나치게 밝지 않은지 확인하세요. 아기들은 편안한 환경에서 안정감을 느끼기 때문에 환경적 요인은 울음의 중요한 원인이 됩니다. 또한 수유를 충분히 했는지도 확인하세요. 배고픔은 아기 울음의 가장 흔한 원인 중 하나입니다. 저녁 무렵 짜증스러운 울음이 반복된다면 마지막 수유가 얼마나 지났는지 점검해 보세요.

마지막으로 아기의 울음이 매일 비슷한 시간에 반복되는지 관찰해 보세요. 만약 일정한 시간에 비슷하게 우는 패턴이 있다면 이는 피로 또는 낮 동안의 활동에 대한 반응일 가능성이 높습니다. 이런 경우 아기의 리듬을 맞추어 저녁 무렵에 더 조용하고 안정적인 환경을 만들어주는 것이 도움이 됩니다.

♦ **영아산통(배앓이)인 경우**

영아산통은 신생아, 특히 생후 2~3개월 된 아기가 특별한 질병이 없는데도 발작적으로 심하게 우는 증상을 말합니다. 이런 울음은 하루에 3시간 이상, 최소 일주일에 3번 이상 발생하는 것이 특징입니다. 부모들은 아기의 갑작스러운 울음에 당황하지만 이는 흔히 소화기 미숙으로 인해 발생한다고 여겨집니다. 아기의 소화기관이 아직 완전히 발달하지 않은 상태에서 과식하거나 수유 중 공기를 많이 삼키게 되면 영아산통이 생길 수 있습니다. 아기가 배 속에서 불편함을 느끼면 그것이 울음과 보챔으로 나타나는 것입니다. 영아산통을 완전히 없앨 수 있는 특별한 치료법은 없지만 아기의 상태를 더 편안하게 만들어줄 몇 가지 방법이 있습니다.

① **분유를 바꿔보세요**

아기가 분유를 먹는 경우 배앓이 방지 분유로 바꿔보는 것이 한 방법입니다. 그러나 이 방법이 모든 아기에게 효과적이지 않을 수 있습니다. 배가 아픈 이유가 분유 때문인지 확인하려면 HA(저알레르기) 분유와 같은 특수 분유를 사용해 보는 것도 고려해 볼 수 있습니다.

② **모유 수유 중이라면 섭취한 음식을 점검하세요**

모유 수유 중인 엄마의 식단이 아기에게 영향을 줄 수 있습니다. 유제품, 견과류, 카페인 같은 음식이 원인이 될 수 있으니 섭취를 줄여보는 것이 도움이 될 수 있습니다.

③ 환경을 조정하세요

아기의 주변 환경을 조용하고 차분하게 만들어주세요. 방 안의 조도를 낮추고 실내 온도를 적절하게 유지하며 자극적이지 않은 분위기를 조성하는 것이 중요합니다.

울음을 그치게 하지 말자

울음은 아기의 언어입니다. 울음은 아기가 자신의 감정을 표현하는 유일한 소통 방법입니다. 배고픔, 졸림, 불편함뿐 아니라 정서적인 필요까지도 울음으로 표현됩니다. 이때 부모가 가장 중요하게 기억해야 할 점은 아기의 감정을 억제하거나 통제하려 하지 않아야 한다는 것입니다. 부모가 울음을 통제하려 하면 감정이 솟구치고 자제력을 잃기 쉬워집니다. 이러한 과정에서 부모는 무기력함, 죄책감, 또는 분노를 느낄 수 있습니다. 부모의 마음을 조절하는 것이 먼저입니다. **아기가 울 때 조바심을 내려놓고 침착함을 유지하는 것이 중요합니다. 울음을 그치게 하려고 서두르기보다는 시간을 가지고 아기의 상태를 천천히 살펴보세요.** 피부 접촉을 통해 아기의 마음을 이해하려는 노력도 도움이 됩니다.

또 아기의 울음은 부모의 정서 상태와 기질에 따라 다르게 느껴지기도 합니다. 어떤 부모는 작게 우는 아기도 크게 운다고 느끼는 반면 다른 부모는 크게 울어도 여유롭게 받아들일 수 있습니다. 아기 또한 마찬가지입니다. 어떤 아기는 칭얼거리며 작게 표현하는가 하면 어떤 아기는 큰 소리로 우렁차게 자신의 감정을 표현합니다. 아기가 울 때 부모의 마음이 불안하다면 부모는 다음과 같은 질문을 스스로에게 던져보세요.

'아기의 울음을 파악하지 않고 단지 그치게만 하려는 것은 아닌가?'
'아기를 과보호하고 있지는 않은가?'
'아기 스스로 문제를 해결하는 능력을 방해하고 있지는 않은가?'
'부모의 불안 때문에 아기를 안아주는 것은 아닌가?'

울음에 대한 반응이 육아의 방향을 결정합니다. 아기의 울음에 어떻게 반응하느냐에 따라 육아는 원시적인(본능적인) 방식으로 진행될 수도 있고 아기의 발달과 감정 조절을 돕는 지적인 양육으로 나아갈 수도 있습니다. 아기가 울 때는 '무엇 때문에 우는 걸까?'를 먼저 파악하고 기다려야 할지, 도와줘야 할지 고민해야 합니다. 만약 부모가 울음을 그치게만 하려고 한다면 아기는 감정을 조절하고 스스로 진정하는 능력을 배우지 못할 수 있습니다. 아기의 울음은 부모에게 신호를 보내는 동시에 아기 스스로 감정을 경험하고 다루는 과정입니다.

아기가 울 때는 천천히 반응하자

아기가 울 때 부모는 먼저 마음을 가라앉히고 침착하게 대응하는 것이 중요합니다. 아기를 이해하고 울음을 읽으려면 몇 가지 단계를 차근차근 따라야 합니다.

아기의 울음을 눈으로 들어야 합니다. 아기와 눈을 맞추는 것은 부모가 아기의 마음을 듣고자 한다는 의사를 보여주는 것입니다. 아기의 시선을 따뜻하게 바라보며 차분한 목소리로 안정감을 주세요.

그다음으로 아기를 부드럽게 안아주세요. 아기가 부모의 품에 안겨 진동을 느낄 수 있도록 음음 하는 소리를 내며 리드미컬한 진동을 전달합니다. 이런 진동은 아기의 신체와 마음을 진정시키는 데 도움을 줍니다. 그러나 아기가 몸을 뻣뻣하게 만들고 안기는 것을 거부한다면 아기를 잠시 내려놓아야 합니다. 아기가 저항하는 경우 부모는 본능적으로 아기가 다칠까 봐 꼭 잡으려 합니다. 이런 행동은 아기에게 억압으로 느껴질 수 있기 때문에 내려놓는 것입니다.

내려놓았을 때 아기가 더 크게 울 수도 있습니다. 그럼 다시 안아줍니다. 안아주었는데 또다시 저항한다면 내려놓습니다. 이 과정을 100번을 반복해서라도 '네 마음을 이해하고 있어'라는 메시지를 전달합니다. 대부분 부모가 안아주면 아기의 울음은 잦아들기 시작합니다. 그러나 안겨 있는 상태에서 아기가 더 강하게 몸에 힘을 주며 울음을 이어간다면 이는 잠이 원인일 가능성이 높습니다. 이럴 때는 아기가 편안히 잠들 수 있도록 조용한 환경을 만들어주고 수면 준비를 도와주세요.

수면 교육에 실패하는 이유

◆ **부모의 불안**

몇 달 동안 계속 우는 아기를 돌보며 부모는 불안과 무력감을 느끼기 쉽습니다. 특히 우울증을 앓고 있거나 심리적으로 지친 부모일수록 감정적인 부담은 더 커지게 됩니다. 아기의 울음이 길어지고 문제의 원인을 알 수 없는 상황이 이어지면 부모의 불안은 점점 커집니다. 이런 상황에서 부모는 불안을 줄이기 위해 무의식적으로 이전 방식으로 돌아가기도 합니다. 그것이 문제를 더 키운다는 걸 알면서도 반복하게 됩니다. 결과적으로 부모는 더 큰 무력감을 느끼게 됩니다.

◆ **빠른 포기**

아기가 예상보다 오래 울고 강하게 저항하면 부모는 당황하고 불안해지기 마련입니다. '이게 맞는 방법일까?'라는 생각에 흔들리다 보면 익숙한 방식으로 돌아가게 되죠. 물론 더 오래 기다리는 부모도 있지만 어떤 부모는 2분 만에 효과가 없다고 느끼고 바로 그만두기도 합니다. 새로운 습관은 단번에 자리 잡지 않습니다. 부모의 도움으로 잠들던 아기가 갑자기 혼자 잠드는 법을 익힐 거라고 기대하는 건 무리입니다. 또한 1~2번 아기가 스스로 잠든다고 해서 수면 문제가 해결되는 것도 아닙니다. 아기가 새로운 환경에서 스스로 잠드는 것이 안전하고 편안하다고 느껴야만 그 환경에 익숙해집니다. 이를 위해서는 꾸준한 반복이 필요합니다.

◆ 잘못된 정보

수면 교육은 올바른 정보가 없다면 성공하기 어렵습니다. 수면 연관을 바꾼다고 해도 제대로 된 방법으로 하지 않으면 아기의 수면 패턴이나 행동이 달라지지 않습니다. 많은 부모가 수면 교육을 시작하면서 여러 방법을 시도합니다. 하지만 하나의 부정적인 습관에서 다른 부정적인 습관으로 바꾸는 데 그치는 경우가 많습니다. 잘못된 정보로 인해 일관성 없이 진행된 수면 교육은 결국 실패로 이어집니다. 수면 교육은 낮과 밤 모두 같은 방법으로 일관되게 진행해야 아기가 새로운 수면 습관에 적응할 수 있습니다.

◆ 일관성 부족

아기들은 일관된 돌봄을 받을 때 수면 습관을 더 쉽게 형성합니다. 따라서 아기를 재울 때는 부모를 포함한 모든 양육자가 같은 방식을 사용하는 것이 중요합니다. 일관성은 수면 교육의 핵심 요소입니다. 수면 교육이 안정기에 접어들면 가끔 발생하는 작은 변화에는 잘 적응할 수 있으나 이런 변화가 자주 일어나면 아기에게 혼란을 줄 수 있습니다.

수면 교육의 성공 여부는 99%가 부모의 반응에 달려 있다

태어나기 전까지 엄마의 배 속에서 보호받던 아기에게 세상은 낯설고 익숙하지 않은 공간입니다. 이런 아기에게 부모의 즉각적인 반응은 새로운 환경에서 안전함을 느끼게 해줍니다. 하지만 졸릴 때마다 안아주거나 달래주면 아기는 '엄마의 품만이 안전하다'라고 인식합니다. 이로 인해 아기는 부모의 품이 아닌 다른 환경에서는 잠들기 어려워지고, 부모의 품에 의지하려는 습관이 생길 가능성이 큽니다.

이러한 습관은 '신호-행동-결과'라는 패턴으로 반복됩니다. 예를 들어, 아기가 졸려서 울면(신호), 부모가 수유하거나 공갈 젖꼭지를 물리고 안아서 재우고(행동), 아기는 졸릴 때마다 부모의 도움을 필요로 하는 습관(결과)을 형성하게 됩니다. 이 패턴을 바꾸려면 부모의 반응 방식을 조정해야 합니다. 아기가 울며 잠투정할 때(신호) 즉각 반응하지 않고 잠시 기다려주면(변화된 행동) 아기는 스스로 진정하며 혼자 잠드는 법(변화된 결과)을 배울 수 있습니다. 이러한 변화는 아기가 다음 수면 주기에서도 자신이 잠들었던 장소를 안전한 공간으로 인식하게 만들어 더 오래 잠들 수 있도록 돕습니다.

수면 중에 보이는 잠투정은 일반적인 울음과는 다릅니다. 잠투정은 의식에서 무의식 상태로 전환되면서 스스로 다시 잠드는 과정의 일부입니다. 이때 바로 반응하지 않고 잠시 기다려야 아기 스스로 진정하고 다시 잠드는 능력을 키울 수 있습니다. 부모가 일관된 방식으로 수면 교육을 하고 아기가 그 방법에 익숙해지면 수면 과정은 점차 안정적으로 바뀌게 됩니다. 물론 이러한 과정을 위해서는 부모의 인내와 에너지가 필요합니다.

수면 교육은 자기조절력 발달의 첫걸음

자기조절력은 스스로 감정과 행동을 조절하며 인내심을 키우고 타인을 이해하고 공감하는 능력입니다. 이러한 능력은 성장 과정에서뿐만 아니라 성인이 되어서도 원만한 인간관계를 형성하는 데 꼭 필요한 요소입니다. 과거에는 형제들과의 상호작용을 통해 양보와 인내를 배우는 기회가 많았습니다. 그러나 현대에는 1~2명의 자녀를 키우는 가정이 일반적이고 부모가 아기의 울음에 즉각 반응하는 경우가 많습니다. 이로 인해 형제 간의 갈등을 해결하고 협력하는 과정을 통해 익힐 수 있었던 사회성과 절제력을 배울 기회가 줄어들 뿐 아니라 아기의 자기조절력 발달도 방해받을 가능성이 높아졌습니다.

이러한 환경 변화는 아기의 초기 뇌 발달에도 직접적인 영향을 미칩니다. 초기 성장 과정에서 아기의 뇌는 적절한 자극과 훈련을 통해 자기조절력을 키우는 기초를 만들어갑니다. 자기조절력 발달에 중요한 뇌 부위는 전두엽, 특히 안와전두피질입니다. 이 부위는 감각과 감정을 연결하고 자기 통제력을 형성하는 중추 역할을 합니다.

생후 첫 3년은 아기의 자기조절력 발달에 있어 가장 중요한 시기로 감정과 기억을 관장하는 변연계, 대뇌피질, 그리고 안와전두피질이 결정적으로 발달하는 시기입니다. 유니세프도 생후 3년 동안의 양육이 중요한 이유로, 이 기간이 감정 조절 능력과 신뢰감을 형성하는 뇌 발달의 기초가 된다는 점을 강조합니다. 이 시기에 적절한 양육 환경을 제공하면 아기는 세로토닌과 같은 정서 안정 호르몬의 활발한 분비를 경험하고 이를 통해 감정을 스스로 조절하는 능력을 키워나갈 수 있습니다.

아기가 자기조절력을 잘 발달시키기 위해서는 모든 욕구를 즉각적으로 충족시키는 양육 방식만으로는 충분하지 않습니다. 대신, 부모의 애정과 함께 적절한 제한을 두고 기다림을 경험하게 하는 것이 필요합니다. 때로는 자신의 욕구가 바로 충족되지 않는 상황을 경험하면서 스스로 조절하고 기다리는 법을 배우게 됩니다. 이러한 순간은 아기에게 자기 억제와 감정 조절을 훈련할 기회를 제공합니다.

생후 3년 동안 제대로 형성된 자기조절력은 이후 청소년기에도 큰 영향을 미칩니다. 청소년기는 스트레스와 감정적 어려움이 많은 시기지만 어릴 때부터 자기조절력을 잘 발달시킨 아기들은 이러한 어려움을 비교적 안정적으로 극복할 수 있습니다. 이는 자기조절력이 단순히 유아기나 아동기에 그치는 것이 아니라 평생에 걸쳐 개인의 정서적 안정과 대인관계 형성에 긍정적인 영향을 미치는 능력임을 보여줍니다.

수면 교육은 아기에게 처음으로 '기다림'과 '조절'을 배우는 기회를 제공합니다. 울고, 기다리고, 참고 견디며 스스로를 위로하는 경험은 아기에게 꼭 필요한 훈련입니다. 부모는 아기의 울음을 방임하는걸까 걱정할 수 있습니다. 그러나 부모와 충분한 애착 관계가 형성되어 있다면 잠시 기다려주는 것이 오히려 아기의 회복탄력성과 자립심을 키우는 데 도움을 줍니다. 무조건적인 사랑보다는 절제 있는 사랑이 성장을 돕습니다. 절제와 기다림은 아기가 스스로를 통제하고 타인을 배려하는 성숙한 인격으로 성장하는 데 중요한 자양분이 될 것입니다.

수면 교육 필수 가이드

*

3

꿀잠을 위한
최적의 수면 환경

아기가 어릴 때부터 적절한 수면 환경을 만들어주면 이는 이후 건강한 수면 습관으로 이어질 가능성이 높습니다. 여기서 수면 환경이란 아기가 쉽게 잠들고 편안하게 쉴 수 있는 환경을 의미합니다. ==적절한 수면 환경은 아기에게 안정감과 일관성을 제공합니다. 아기가 졸릴 때 조명을 어둡게 하고 편안한 침대에서 일정한 시간에 재우면 아기는 '이곳이 편안하고 안전한 잠자리구나'라는 인식을 갖게 됩니다.== 반대로 잠자는 장소나 방식이 자주 바뀌면 아기는 혼란을 느끼고 안정적으로 잠드는 데 어려움을 겪습니다.

빛과 어둠으로 만드는 수면 환경

아기는 빛과 어둠을 구분하는 환경을 만들어주는 것이 중요합니다. 아기는 태어날 때부터 낮과 밤을 구분하지 못하기 때문에 부모가 밤에는 어둡고 낮에는 밝은 환경을 제공해야 합니다. 이러한 환경은 아기가 낮과 밤을 인식하도록 돕고 생체리듬을 형성하는 데 기여합니다.

빛은 생체리듬을 조절하는 데 핵심적인 역할을 합니다. 아침에 햇빛은 하루를 시작하도록 돕고 저녁에 어둠은 몸을 이완시켜 수면을 준비하게 합니다. 낮에는 햇빛이 잘 드는 방에서 아기가 자연광을 충분히 받을 수 있도록 해야 합니다. 만약 집이 어두운 편이라면 조명을 이용해 밝은 환경을 만들어주는 것도 좋습니다. 이를 통해 아기는 낮과 밤의 차이를 점차 인식할 수 있습니다. 밤이 되면 수면 공간을 최대한 어둡게 해주는 것이 중요합니다. 수유를 하더라도 은은한 조명을 사용해 조도를 낮춥니다. 밤에 불빛이 있으면 아기의 눈이 초점을 맞추려고 계속 움직이게 되고 이는 뇌를 자극해 호르몬 분비와 체온 조절에 부정적인 영향을 줍니다. 전자기기나 스위치에서 나오는 작은 불빛까지 차단하면 더 깊은 잠을 잘 수 있는 환경을 만들어줄 수 있습니다.

아기가 낮과 밤을 구분하고 생체리듬이 안정되기 시작하면 낮잠도 어두운 환경에서 재우는 것이 좋습니다. 이때 어둠은 글씨를 읽기 어려울 정도로 어두워야 합니다. 어둡고 안정적인 수면 환경은 아기가 더욱 깊고 안정적인 잠을 잘 수 있도록 도와줍니다.

일관된 수면 환경이 주는 안정감

사람은 누구나 낯선 장소에서는 긴장하기 때문에 쉽게 잠들지 못합니다. 호텔 방처럼 낯선 환경에서는 경계심이 생겨 평소와 다른 수면 패턴을 경험하기 쉽습니다. 아기도 수면 환경이 바뀌면 더욱 예민하게 반응하고 긴장합니다. 특히 낮에는 거실에서 잠을 자고 밤에는 안방에서 잠을 자는 것처럼 수면 장소를 자주 바꾸면 아기는 혼란을 느낄 수 있습니다. 따라서 낮과 밤 모두 동일한 장소에서 재우는 것이 중요합니다.

아기의 잠은 단순히 눈을 감고 쉬는 시간이 아니라 무의식의 세계로 들어가는 과정입니다. 이 과정에서 주변 환경의 변화에 민감하게 반응합니다. 시각이 덜 발달된 아기들은 청각이나 후각 같은 감각을 통해 자신이 어디에 있는지 인식합니다. 예를 들어, 엄마의 목소리, 집 안의 익숙한 소음, 특정한 냄새가 반복되면 아기는 이를 통해 '이 환경은 안전하다는 느낌'을 받습니다. 백색소음을 틀어주거나 엄마의 향기를 느낄 수 있게 해주는 것도 아기에게 안정감을 줄 수 있는 방법입니다.

그러나 환경에 지나치게 의존하게 되면 아기가 특정 조건 없이는 잠들기 어려워질 수 있습니다. 따라서 아기가 스스로 잠들 수 있는 환경을 조성하는 것이 중요합니다. 특히 아기가 등을 바닥에 대고 혼자 잠드는 수면 습관을 기를 수 있도록 돕는 것이 바람직합니다.

태어나 처음부터 조성하는 수면 환경

잠들 때 엄마가 토닥여주거나 젖을 물리며 재운 경우 아기는 이후 얕은 잠에서 깨어나거나 불안할 때마다 같은 방식으로 잠들려 할 것입니다. 이러한 문제를 예방하려면 아기가 낮과 밤 모두 같은 장소에서 자고 혼자 잠들 수 있는 연습을 통해 수면 리듬을 스스로 이어갈 수 있도록 도와주어야 합니다.

그러나 부모가 아기의 수면 환경을 조성하는 과정에서 예상치 못한 어려움에 부딪히는 일이 많습니다. 아기를 위해 침대를 마련하고 그곳에서 재울 계획을 하지만 침대 대신 아빠 품에서 잠들거나 엄마가 모유 수유를 하다가 잠드는 일이 일상이 되곤 하죠. 이 과정에서 부모가 아기에게 적절한 수면 습관을 가르치는 것은 매우 중요합니다. '사람 품이 아니라도 등을 바닥에 대고 잠들 수 있다'는 것과 '한 장소에서 잠들고 깨는 경험'이 아기에게 안정감을 주기 때문입니다. 이러한 경험은 침대를 '안전하게 잠들 수 있는 공간'으로 인식하게 만듭니다. 아기는 경험이 쌓이면 점차 그 공간을 편안하게 느끼게 되고 엄마나 아빠의 품이 아니라도 스스로 편안히 잠들 수 있게 됩니다.

　모든 부모가 아기를 한 장소에서 재우는 것이 쉬운 일은 아닙니다. 아기와 부모 모두 본능적으로 품에서 자고 재우는 것을 자연스럽게 느낍니다. 하지만 아기가 같은 장소에서 잠들고 깨는 경험을 충분히 하지 못하면 나중에 잠들기까지 많은 어려움을 겪을 수 있습니다. 처음에는 아무 문제가 없을 수 있습니다. 시간이 지나면 부모 역시 육체적, 정신적으로 지칩니다. 이는 부모의 잘못이 아니라 당연한 인간적인 반응입니다. 그래서 태어났을 때부터 아기가 등을 대고 잠들 수 있는 환경을 조성해 주는 것이 중요합니다.

스스로 잠드는 아기의 수면 연관

부모는 아기의 수면에 큰 영향을 미칩니다. 의도하든 아니든 부모는 특정 조건을 아기의 수면과 연관시키게 됩니다. 긍정적인 수면 습관이 형성되면 아기는 쉽게 깨지 않고 부모와 아기 모두 충분히 잘 수 있습니다. 하지만 부정적인 수면 습관이 자리 잡으면 아기를 재우는 일이 점점 더 어려워집니다. 물론 토닥이거나 안아주는 행동은 부모와 아기 사이의 애정을 키우는 중요한 부분입니다. 그러나 이런 행동에 의지해 잠드는 습관이 생기면 젖꼭지가 빠지거나 안기는 느낌이 사라지면 곧 깨어납니다. 수면 연관이 아기의 수면에 어떤 영향을 미치며 이를 어떻게 개선할 수 있는지 알아보겠습니다.

수면 연관이란 무엇인가

수면 연관이란 잠과 연결된 특정 조건이나 도구, 행동 등을 의미합니다. 사람마다 수면 연관은 다르게 나타납니다. 어떤 사람은 딱딱한 침대를 선호하는 반면 또 어떤 사람은 부드러운 매트리스만 선호할 수 있습니다. 누군가는 옆으로 누워야 잠이 들고 또 다른 누군가는 등을 대거나 엎드려야 잠이 잘 옵니다. 모두가 자신만의 고유한 수면 습관을 가지고 있고 이 조건들이 맞지 않으면 어른들도 쉽게 잠을 이루기 어렵습니다. 아기들도 마찬가지입니다. 자신만의 수면과 관련된 특정 조건이 충족되지 않으면 아기 역시 불편함을 느끼고 쉽게 잠들지 못합니다.

만약 아기를 매일 유모차에서 재운다면 아기는 '유모차에서 흔들리는 것'과 잠을 연결 짓게 됩니다. 이는 특정 조건이 아기의 수면과 연관되는 결과를 가져옵니다. 아기의 수면 연관에는 여러 요소가 포함될 수 있습니다. 아기의 수면 환경, 잠들기 전 수면 의식, 아기를 재우는 방식, 그리고 잠을 돕는 도구들이 모두 수면 연관의 일부가 될 수 있습니다. 아기가 잠드는 과정을 부모가 적극적으로 돕고 있다면 그 행동 하나하나가 아기에게 수면 연관으로 작용할 가능성이 큽니다. 하지만 이러한 연관에 지나치게 의존하게 되면 익숙한 조건이 충족되지 않을 때 아기가 불안함을 느끼고 쉽게 깨기 쉽습니다.

수면 연관을 어떻게 배울까?

아기가 가장 먼저 배우는 것 중 하나는 수면 습관입니다. 부모가 자장가를 불러주거나 안아주는 행동을 반복하면 아기는 '이 행동이 시작되면 잠들 시간이구나'라고 인식하게 됩니다. 이 과정을 통해 특정 행동과 수면을 연결하는 법을 배우게 됩니다. 시간이 지나면 새로운 수면 습관을 형성하거나 기존 습관을 변화시킬 수 있습니다. 신생아 때는 엄마의 품에서 잠드는 것이 가장 편안했을지라도 3개월쯤 되면 흔들어주는 것을 더 선호할 수 있습니다. 흔들리며 공갈 젖꼭지를 빠는 경우도 잠드는 것과 함께 연결될 수 있습니다. 이렇게 잠들 때 반복되는 행동과 조건이 쌓이면 습관이 만들어집니다.

왜 수면 연관이 필요할까

아기가 잠들 때 특정 조건을 선호하는 이유는 익숙한 수면 연관이 안정감을 느끼게 해주기 때문입니다. 우리의 뇌는 시각, 청각, 후각 등 다양한 감각 정보를 처리해 안전을 확인하고, 안정감을 느낄 때만 깊은 잠에 빠질 수 있습니다. 이런 안정감이 형성되지 않으면 깊은 잠에 들기 전까지 우리 뇌는 무의식적으로 주변 환경을 계속 인식하며 경계하게 됩니다.

이 원리는 아기들에게도 그대로 적용됩니다. 아기들은 수면 중에도 안전함을 느껴야 편안히 잠들 수 있습니다. 하지만 아기들은 아직 안전한 상황과 위험한 상황을 구분할 수 있는 경험이 부족합니다. 그래서 어른들보다 더 강하게 안전을 느끼고 싶어 합니다. 부모가 "괜찮아"라고 말해도 아기에게는 충분하지 않습니다. 대신 아기는 익숙한 소리나 촉감, 냄새 같은 조건이 있어야 안정감을 느끼고 잠들 수 있습니다. 특히 아기에게 가장 익숙한 것은 부모의 존재입니다. 아기가 엄마의 품에 안겨 있을 때만 잠이 드는 이유는 엄마의 체온과 심장 소리 같은 익숙한 조건들이 '여기가 안전하다'라고 느끼게 하기 때문입니다.

수면 연관은 수면에 어떤 영향을 미치는가

대부분의 아기는 태어난 지 몇 주 동안 다양한 환경에서도 쉽게 잠드는 모습을 보입니다. 아직 특정한 수면 습관을 형성하지 않았기 때문입니다. 신생아는 자궁에서의 느낌만으로도 충분히 편안함을 느낍니다. 그래서 아기는 엄마의 품에 안기거나 포대기에 싸여 있거나 카시트 같은 곳에 눕혀지면 쉽게 잠이 듭니다.

하지만 아기가 성장하면서 주변 환경을 더 잘 인식하게 되면 상황이 달라집니다. 생후 며칠에서 몇 주가 지나면 잠과 특정 조건을 연결하기 시작합니다. 예를 들어 수유 중에 잠이 들거나 사람 품에서 자주 재운다면 이런 행동들이 아기에게 '잠드는 조건'으로 인식됩니다. 그래서 잘 자던 아기가 생후 2주쯤 갑자기 잠들기 어려워지는 경우가 생기는데 이는 수면과 연관된 조건들이 달라졌기 때문입니다.

어른들은 편안한 베개를 고르거나 어두운 방에서 잠드는 등 스스로 수면 연관을 조절할 수 있습니다. 하지만 아기는 그런 능력이 없어 부모가 신호를 빨리 알아차리고 적절한 수면 연관을 만들어줘야 쉽게 잠들 수 있습니다. 아기의 신호를 놓쳐 수면 연관이 제대로 갖춰지지 않으면 아기는 잠드는 데 어려움을 겪을 수 있습니다.

또한 어른들은 극도로 피곤하면 익숙한 수면 조건 없이 잠드는 경우가 있습니다. TV를 보다가 잠들거나 이동 중인 버스나 기차에서 졸기도 합니다. 아기들도 마찬가지로 피로가 한계에 도달하면 수면 연관 없이 잠들 수 있습니다. 따라서 부모는 아기가 지나치게 피로해지기 전에 안정적이고 익숙한 수면 연관을 제공해야 합니다.

하지만 모든 수면 연관이 아기의 수면에 긍정적인 영향을 미치는 것은 아닙니다. 아기의 수면 연관은 크게 2가지로 나눌 수 있습니다. 하나는 아기가 스스로 잠들 수 있도록 돕는 긍정적인 연관이고 다른 하나는 특정 조건에 의존하게 만들어 수면의 질을 떨어뜨리는 부정적인 연관입니다. 예를 들어 아기가 자신의 침대에서 혼자 잠드는 습관은 긍정적입니다. 반면, 흔들리거나 안겨야만 잠드는 습관은 아기가 잠에서 깼을 때다시 잠드는 것을 어렵게 만들어 부정적인 영향을 미칩니다.

긍정적인 수면 연관

긍정적인 수면 연관이란 아기가 잠들 때의 조건들이 수면 중에도 변하지 않고 일관되게 유지하는 것을 말합니다. 부모가 일관성 있는 수면 조건을 만들어주면, 아기는 수면 중에 깨더라도 불안하지 않고 안정감을 느끼며 다시 잠들 수 있습니다.

아기의 수면 환경은 아기가 잠들고 잠을 유지하는 데 큰 영향을 미칩니다. 아기가 더 깊고 오래 잠들도록 돕기 위해서는 늘 같은 환경에서 잠들고 깨어나는 것이 중요합니다. 이런 점에서 아기 침대는 가장 안전하고 적절한 수면 장소입니다. 어른들이 소음과 빛이 줄어든 저자극 환경에서 잘 자는 것처럼 아기에게도 자극이 적은 환경이 필요합니다. 빛, 소리, 온도 변화 같은 외부 자극은 아기가 피곤할 때 짜증을 더 쉽게 느끼게 하고 잠드는 것을 방해합니다. 특히 아기는 성인처럼 자극을 차단할 수 없기 때문에 더 안정된 환경을 만들어주어야 합니다.

외출 시 아기가 낯선 환경에서 잠들어야 할 때도 있습니다. 이때 외출

중에 자는 잠은 깊고 충분하지 않을 수 있어 낮잠 부족으로 이어집니다. 낮잠을 충분히 못 자면 저녁에 더 피곤해집니다. 이로 인해 밤에도 아기가 쉽게 잠들지 못할 가능성이 높습니다. 따라서 낮잠과 밤잠은 가능한 한 같은 장소에서 이루어지게 하고 주변 자극은 최소화해야 합니다.

또한 아기가 졸리지만 완전히 잠들지 않은 상태에서 침대에 눕히는 것이 중요합니다. 이 상태는 눈이 반쯤 감겨 깨어 있는 상황을 말합니다. 이렇게 하면 아기는 수면 주기 사이에 덜 깨고, 깨더라도 다시 잠드는 능력이 향상됩니다. 아기가 품 안, 유모차, 카시트에서 잠든 후 침대로 옮겨지면 더 자주 깨어납니다. 잠든 장소와 깬 장소가 다르면 아기는 불안해지고 이런 상황이 반복되면 잠자리를 불편하게 느낄 위험이 있습니다.

◆ **속싸개**

속싸개는 아기의 팔과 다리를 감싸 태중에서 느꼈던 안정감을 제공합니다. 신생아는 잠들 때나 얕은 잠을 잘 때 놀라서 팔다리를 움직이며 깨는 경우가 많습니다. 속싸개는 이러한 반사를 줄여 아기가 더 오래 자고 덜 깨도록 돕습니다. 반면 깨어 있는 동안에는 아기가 팔다리를 자유롭게 움직이며 운동할 기회를 줘야 합니다.

생후 8주가 넘은 아기는 속싸개가 익숙하지 않다면 불편해할 수 있습니다. 생후 2~3개월부터는 속싸개를 점차 풀어주는 것이 좋습니다. 생후 3~4개월이 되면 속싸개의 효과가 줄어듭니다. 이 시기의 아기들은 손을 빨며 스스로를 진정시키는 방법을 배우기 시작합니다. 손을 빨기 시작하면 한쪽 팔을 속싸개 밖으로 빼주는 것이 적절합니다.

◆ 수면 조끼

수면 조끼는 아기가 팔을 자유롭게 움직이면서도 따뜻하게 잘 수 있게 도와줍니다. 다만 조끼는 쉽게 벗을 수 없으므로 아기가 덥지 않게 온도를 잘 조절해야 합니다.

◆ 손가락 빨기

손가락이나 엄지를 빠는 건 아기가 스스로 진정시키기 위한 행동입니다. 생후 3개월쯤 되면 아기는 손가락을 빨기 시작할 수 있습니다. 많은 부모님이 손가락을 빠는 행동이 비위생적이거나 치아에 나쁜 영향을 줄까 봐 걱정합니다. 그러나 손을 깨끗이 씻기고 손톱을 짧게 다듬어준다면 큰 문제가 되지 않습니다. 치아 건강에 영향을 줄 가능성은 보통 만 5세 이후부터 나타나므로 그전까지는 크게 염려하지 않아도 됩니다.

◆ 애착 물건

아기에게 절대적인 존재는 엄마입니다. 엄마의 냄새, 질감, 그리고 온도와 같은 감각적 요소는 아기에게 정서적·심리적 안정을 제공합니다. 그러나 엄마가 항상 곁에 있을 수는 없습니다. 이때 애착 물건은 엄마의 부재를 대신해 아기에게 위로와 의지가 되는 역할을 합니다. 애착 물건이 있으면 아기는 불안감을 덜 느끼고 스스로 안정감을 찾을 수 있습니다.

애착 물건은 아기의 정서 발달에 중요한 역할을 합니다. 심리학자인 리처드 패스만 박사의 연구에 따르면, 애착 물건은 아기의 스트레스를 줄이고 새로운 환경에 적응하도록 돕는 데 효과적입니다. 또한 울음을 줄이고 학습 능력을 향상시키는 데도 긍정적인 영향을 미칩니다.

♦ **백색소음**

아기에게 편안함을 주는 소리에는 자궁 안에서 들리던 소리를 재현한 음향, 이완을 돕는 음악, 선풍기나 에어컨의 낮은 소음 같은 백색소음이 있습니다. 백색소음은 일정한 음의 패턴을 유지해 안정감을 줍니다. 또한 가정 내 소음, 자동차 소리, 개 짖는 소리처럼 갑작스럽게 들리는 외부 소음을 차단하는 데도 효과적입니다. 특히, 아기가 백색소음을 수면과 연관 짓게 되면 소리만으로도 편안함을 느끼며 쉽게 잠들 수 있습니다.

부정적인 수면 연관

아기가 자주 깨는 이유는 무엇일까요? 문제는 부정적인 수면 연관에 있습니다. 만약 엄마 품에서 흔들리며 잠드는 것에 익숙하거나 공갈 젖꼭지를 자주 사용한다면 수면 환경이 변하기 때문에 잠에서 잘 깨게 됩니다. 우리가 자는 동안 덮고 있던 이불이 갑자기 없어지면 깰 수 있듯 아기도 엄마 품과 공갈 젖꼭지가 그런 역할을 합니다. 이 문제를 해결하려면, 아기가 등을 바닥에 대고 스스로 잠드는 방법을 익혀야 합니다.

♦ **일관성 없는 환경**

사람들은 아기가 피곤하면 어디서든 쉽게 잠들 거라고 생각합니다. 하지만 우리도 시끄럽고 낯선 환경에서는 잠이 잘 오지 않는 것처럼 아기들도 마찬가지입니다. 집처럼 조용하고 편안한 환경이 아니면 아기들도 깊게 잠들 수 없습니다. 또한 아기가 잠든 후 장소를 옮기면 새로운 환경 때문에 놀라서 깨거나 불안해할 수 있습니다.

◆ **부모가 도와주는 수면 방법**

　아기가 잠들 때 부모가 돕는 행동이 반복되면 이를 습관처럼 기대하게 되어 혼자 잠드는 법을 배우기 어려워집니다. 부모가 흔히 사용하는 방법으로는 잠이 올 때 수유하기, 유모차 태우기, 안아주기, 토닥이기, 흔들어주기 등이 있습니다. 이러한 방법들은 처음에는 아기를 빠르게 달래는 데 효과적일 수 있습니다. 그러나 시간이 지나면서 아기는 스스로 잠드는 법을 익히지 못하고 매번 부모의 도움을 필요로 할 수 있습니다. 부모의 도움에 의존하게 되면 아기의 수면 패턴이 불규칙해지고 부모도 충분히 잠들지 못할 수 있습니다.

◆ **공갈 젖꼭지**

　공갈 젖꼭지는 부모가 자리를 비운 동안 아기를 달래는 데 도움을 주는 도구입니다. 처음에는 수면을 돕는 데 유용할 수 있지만 장기적으로는 여러 문제를 일으킬 수 있어 신중한 사용이 필요합니다. 공갈 젖꼭지를 물며 잠드는 습관이 생기면 수면 중 젖꼭지가 빠질 때마다 울거나 깨는 경우가 많습니다. 부모도 아기가 깰 때마다 공갈 젖꼭지를 찾아줘야 하므로 수면 부족과 피로를 겪게 됩니다.

　또한 공갈 젖꼭지는 아기가 손가락을 빨며 스스로를 진정시키는 기술을 배울 기회를 줄입니다. 이로 인해 아기는 스스로 안정감을 찾는 능력을 발달시키기 어렵습니다. 게다가, 신생아 초기부터 공갈 젖꼭지를 사용하면 모유 수유와 혼동이 생길 가능성도 있습니다. 위생 관리가 제대로 이루어지지 않을 경우 구강 아구창의 위험도 높아질 수 있습니다. 특히, 6개월 이상의 아기가 누운 상태에서 공갈 젖꼭지를 빨면 중이염에 걸릴 위험이 더욱 커질 수 있습니다. 과도한 공갈 젖꼭지 사용은 아기가 소리를 내는 연습을 방해할 수 있고 이는 언어 발달에 부정적인 영향을 미칩니다. 장기적으로는 치아 배열에도 문제가 생길 가능성이 있습니다.

반면, 공갈 젖꼭지가 긍정적인 역할을 한다는 연구 결과도 있습니다. 특히, 영아 돌연사 증후군(SIDS) 위험을 낮추는 데 도움이 될 수 있다는 점이 밝혀졌습니다. 이는 젖꼭지를 사용하는 아기들이 깊은 잠에 빠지지 않고 얕은 수면 상태를 유지하기 때문입니다. 얕은 수면은 아기가 외부 자극에 더 민감하게 반응하도록 도와 영아 돌연사 위험을 낮추는 데 기여합니다.

공갈 젖꼭지에 대한 반응은 아기마다 다릅니다. 어떤 아기들은 젖꼭지가 빠져도 그대로 잠을 이어서 잡니다. 일부 아기들은 낮잠 중 젖꼭지가 빠질 때마다 자주 깹니다. 또 다른 아기들은 초기 4개월 동안 공갈 젖꼭지 덕분에 쉽게 잠들다가 인지가 발달하면서 오히려 공갈 젖꼭지 때문에 밤중에 깨는 문제가 생기기도 합니다.

잠투정하는 아기의 미세한 신호 알아차리기

아기를 처음 돌보는 부모들은 졸린 신호를 알아채지 못하거나 배고픔 신호와 혼동하는 경우가 많습니다. 대부분의 부모는 아기가 하품을 하거나 눈꺼풀이 무거워지는 것처럼 분명한 신호만 피곤함의 시작으로 생각합니다. 그러나 아기들은 피곤할 때 더 다양한 방식으로 이를 표현합니다. 부모가 아기의 신호를 잘 이해하고 빠르게 반응하면 아기의 수면 습관을 형성하는 데 도움이 됩니다.

100일 이전 아기의 피곤함 신호

0~3개월 아기들은 대부분 반사적으로 움직이는 경우가 많습니다. 이 때문에 피곤함을 뚜렷하게 표현하지 못할 때가 많습니다. 피곤함이 점점 쌓이면 그 신호가 더 뚜렷해지기 시작합니다. 처음에는 칭얼거리는 행동을 보이며, 피로가 더해지면 울음으로 이어지고 심한 경우 비명에 가까

운 울음소리를 내기도 합니다. 이때 아기를 빨리 재우지 않으면 피로가 더욱 쌓여 수면에 방해가 됩니다.

또한 아기가 피곤할 때는 시선이 멍해지거나 고개를 돌리는 행동을 보이기도 합니다. 생후 2개월 정도가 되면 피곤할 때 눈맞춤을 피하고 고개를 옆으로 돌리는 모습을 보입니다. 생후 3개월쯤 되면 등이 활처럼 휘어지고 울음이 더 격해지기도 합니다. 이런 행동은 이제 너무 피곤해서 잠들기 어려워졌다는 신호입니다.

표정 변화도 뚜렷하게 나타납니다. 눈을 꼭 감고 입을 벌리며 얼굴을 찡그리는 모습을 보이는데 마치 고통스러운 표정처럼 보입니다. 또 주먹을 꽉 쥐거나 무릎을 몸으로 당기고 팔과 다리를 빠르게 흔드는 행동도 피곤함을 나타내는 신호입니다.

이런 상황에서 아기들은 젖을 빨거나 공갈 젖꼭지를 무는 행동으로 스스로 위안을 찾으려 하기도 합니다. 하지만 부모는 이 행동을 배고픔의 신호로 오해해 수유할 때가 많습니다. 이런 습관이 반복되면 아기는 잠들 때마다 수유를 원하게 될 수 있습니다.

100일 이후의 피곤함 신호

생후 3개월이 지나면 아기의 반사행동이 줄어듭니다. 움직임은 점점 통제되고 자발적으로 변합니다. 이 시기부터 피곤함의 신호도 점점 뚜렷해집니다. 팔과 다리를 마구 휘젓기보다 더 세밀하고 의도적인 움직임을 보입니다. 아기의 움직임과 신호가 더 뚜렷해지면서 아기들은 피곤함을 다양한 방식으로 표현합니다. 칭얼거림이 울음이나 비명으로 이어지거나 평소 좋아하던 장난감이나 놀이에 흥미를 잃는 모습을 보일 수 있습니다. 피곤이 심해지면 시선이 흐려지거나 눈맞춤을 피하는 행동도 나타나며 손가락이나 손을 빨며 스스로 진정하려는 모습을 보이기도 합니다.

피곤한 아기들은 귀나 머리카락을 잡아당기거나 코와 눈을 문지르며 불편함을 해소하려는 모습을 보입니다. 하품과 같은 신호를 보이기도 하지만 모든 아기가 피곤할 때 하품을 하지는 않습니다. 만약 하품만 기다렸다가 재우려 한다면 아기를 재우기 좋은 시점을 놓칠 가능성이 있습니다. 피곤함이 심해지면 아기들은 더 강하게 울거나 부모에게 매달리는 행동으로 자신의 상태를 표현하게 됩니다.

아기의 졸린 신호에 대응하는 방법

아기들은 피곤함을 말로 표현할 수 없으므로 부모가 그 신호를 알아차리는 것이 중요합니다. 피곤한 신호는 항상 뚜렷하지 않기 때문에 부모는 아기의 행동과 상황을 세심히 관찰해야 합니다.

① 아기의 행동 이해하기

아기들은 깊은 수면에서 깨어 얕은 수면으로 바뀌고 졸린 상태를 지나 점차 깨어납니다. 깨어난 후에는 주변을 조용히 살피는 '조용한 상태'를 보이다가 점점 움직임이 많아지며 '활발한 상태'로 변합니다. 아기가 '조용한 상태'에 있을 때는 함께 놀아주기에 가장 좋은 시간입니다. 하지만 '활발한 상태'에서 짜증이나 불안을 나타낸다면, 아기가 피곤하거나 자극을 너무 많이 받은 상태일 수 있습니다.

② 아기의 피곤함을 나타내는 다양한 신호

생후 3개월 이상의 아기들은 피곤할 때 칭얼거림, 울음, 비명 같은 소리 변화와 함께 피곤함을 드러냅니다. 피곤할 때는 장난감이나 놀이에 흥미를 잃고 시선이 흐릿해지거나 고개를 돌리는 행동을 보일 수 있습니다. 또한 손가락을 빠는 행동이나 귀와 머리카락을 잡아당기기, 코나 눈을 문지르기 같은 몸짓도 피곤함을 표현하는 방법입니다. 하품도 피곤한 신호이지만 모든 아기가 하품으로 피곤함을 표현하지는 않으므로, 하품만을 기다리면 타이밍을 놓칠 수 있습니다.

③ 졸린 신호와 오해하기 쉬운 행동들

아기의 졸린 신호는 배고픔, 지루함, 속이 불편한 상태와 혼동될 수 있습니다. 아기가 피곤해서 빨고 싶어 하는 행동을 배고픔으로 오해해 모유량이 부족하다고 걱정하기도 하고 피곤한 신호를 지루함으로 착각하기도 합니다. 이러한 오해를 줄이려면 아기의 행동뿐만 아니라 주변 상황도 함께 살펴보며 신호를 이해하는 것이 중요합니다.

④ 상황의 맥락으로 피곤함 구분하기

아기가 피곤한지, 배가 고픈지, 혹은 단순히 지루한 상태인지 구분하려면 상황의 맥락이 중요합니다. 몇 가지 질문을 통해 아기가 무엇을 필요로 하는지 파악해 보세요.

- 마지막 수유 후 얼마나 시간이 지났는가?

- 배가 고플 시간이 되었는가?

- 아기가 깨어 있는 시간이 얼마나 되었는가?

- 혼자 오랫동안 놀지는 않았는가?

이러한 질문을 통해 아기가 피곤한지 혹은 다른 신호를 보내고 있는지 이해할 수 있습니다. 부모가 아기의 피곤 신호에 빨리 반응하면 울음이나 심한 불안으로 이어지는 상황을 예방할 수 있습니다.

⑤ 피곤한 신호를 예상하고 대처하기

아기의 신호를 알아차리는 것 외에 피곤해질 시기를 예상하는 것은 매우 유용합니다. 아기들은 보통 오전보다는 오후나 저녁에 깨어 있는 시간이 더 길지만 이 역시 아기의 활동량과 수면 시간에 따라 달라질 수 있습니다. 특히 밤에는 조용하고 어두운 환경을 유지해 밤을 놀이 시간으로 착각하지 않도록 하세요.

⑥ 피곤한 아기를 재우는 방법

피곤한 신호가 예상되면 주변 환경을 서서히 가라앉혀 편안하게 잠들 수 있도록 돕습니다. 부드럽게 대화하며 쓰다듬어 주면서 아기의 안정감을 높여줍니다. 경험이 쌓일수록 아기의 신호를 더 쉽게 이해하게 될 것입니다. 부모의 섬세한 관찰과 반응이 아기에게 편안한 하루를 만들어줍니다.

무의식과 의식 사이, 수면 의식

인간은 일생 중 많은 시간을 잠으로 보냅니다. 잠은 생명과 직결되며 건강한 신체와 정서 발달을 위해 필수적입니다. 특히 아기들이 건강하게 성장하고 발달하려면 질 높은 수면을 보장해 주는 것이 매우 중요합니다. ==그렇다면 아기들에게 잠자기 전 수면 의식은 어떤 의미가 있을까요? 수면 의식의 가장 중요한 목적은 아기의 긴장을 해소하고 깊은 수면을 돕는 것입니다.== 아기들은 깨어 있는 동안 수유를 하거나 외부 환경과 자극을 받아들이며 많은 정보를 소화하느라 바쁜 시간을 보냅니다. 이런 분주한 하루가 24시간 계속된다면 아기들은 충분히 쉬지 못해 잠들기 어려워질 것입니다. 아기가 잘 자려면 신체 기능이 점차 이완되고 각성 상태가 낮아져야 합니다. 하지만 낮 동안 받은 자극으로 뇌가 계속 흥분 상태에 있거나 신성되지 않으면 수면에 어려움을 겪게 됩니다. 따라서 잠자기 전 긴장을 풀어주고 몸과 마음을 안정시키는 수면 의식을 통해 아기는 더 편안하고 안정적인 수면을 취할 수 있습니다

몸의 스킨십

아기와 부모 사이의 신체적 접촉은 정서 발달에 매우 중요합니다. 특히 잠들기 전 부모의 따뜻한 체온을 느끼는 수면 의식은 단순한 일상을 넘어 아기에게 안정감을 줍니다. 부모의 체온은 아기에게 보호받고 있다는 확신과 정서적 안정을 제공합니다. 잠들기 전 부모의 품에 안기는 경험은 행복 호르몬인 세로토닌 분비를 촉진합니다. 세로토닌은 스트레스를 줄이고 감정을 조절해 아기가 더 건강하고 안정적으로 성장할 수 있도록 돕습니다. 아기는 부모의 체온을 통해 자신이 소중한 존재라는 사랑의 메시지를 받습니다.

어린 시절 부모와의 따뜻한 접촉은 세월이 지나도 우리 마음속에 깊이 남습니다. 이 기억은 어른이 된 후에도 우리를 다독여 주는 위로로 작용합니다. 아낌없이 안아주고 따뜻한 체온을 나누어주세요. 이 순간들이 아기에게는 무엇과도 바꿀 수 없는 소중한 기억이 되어 평생을 살아가는 힘이 될 것입니다.

말의 스킨십

수면 의식은 하루를 마무리하며 안정감을 전해주는 특별한 의식입니다. 이때 부모가 전하는 따뜻한 말은 정서적 안정감을 주는 말의 스킨십입니다. 부드러운 톤과 따뜻한 어조는 사랑받고 있다는 느낌을 전달하며 편안하게 하루를 마무리하고 깊은 잠에 들도록 돕습니다.

긍정적인 말은 아기의 마음을 진정시키고 편안하게 이완시키며, 삶에 대한 긍정적인 태도를 형성하는 데 도움을 줍니다. 반대로 부정적인 언어는 뇌를 자극해 불안감을 줄 수 있습니다. 따라서 수면 의식 시간에는 따뜻하고 긍정적인 말을 전하는 것이 중요합니다. 하루를 되돌아보는 일상 이야기, 아기에게 전하는 사랑의 언어, 아이가 태어났을 때의 기쁨 등을 전달하면서 관계를 다지고 긍정적인 수면 의식을 진행해 보세요.

수면 의식은 아기와 부모가 하루를 마무리하며 따뜻한 유대감을 나누는 특별한 시간입니다. 이 시간에 부모가 사랑과 안정감을 담은 말을 아기에게 속삭여주면, 아기는 편안하게 이완되고, 세상의 모든 걱정을 잊은 채 안락한 잠에 들 수 있습니다. 비록 아기가 아직 말을 이해하지 못하더라도, 진심 어린 목소리와 따뜻한 시선은 고스란히 아기에게 전달됩니다. 부모가 사랑을 담아 매일 꾸준히 건네는 말들은 아기의 마음속에 긍정적인 자산으로 쌓이고 그 기억이 삶의 지지대가 되어줄 것입니다.

아기의 꿀잠을 위한
핵심 원칙

일찍 재워라

맞벌이 가정이거나 아빠가 늦게 퇴근하는 경우에는 아이와 저녁 시간을 더 많이 보내고 싶어 합니다. 특히 늦은 오후에 피곤해하던 아이가 다시 활발해지는 모습을 보일 때가 있습니다. 이는 세컨드 윈드라고 불리는 에너지 재충전 현상으로 아이가 갑자기 다시 에너지를 얻은 것처럼 보이는 순간입니다. 이런 모습을 보면 부모는 아이와 함께 보내는 저녁 시간을 조금 더 늘리고 싶어질 때도 있습니다. 그러나 아이를 매일 늦게 재우는 것보다는 아침 시간에 옷을 갈아입히며 함께 놀아주는 것이 아이의 건강과 발달에 더 긍정적인 영향을 미칩니다.

적절한 취침 시간은 다소 이른 편이 좋습니다. 대부분의 아기는 10~12시간의 밤 수면이 필요합니다. 평균 11시간 정도 자는 것이 바람직합니다. 일부 아기들은 늦게 자고 늦게 일어나기도 하지만 보통 잠자리에 든 시간과 상관없이 아침 6시 30분쯤 일어나는 경우가 많습니다.

만약 저녁 7시 30분보다 훨씬 늦게 잠자리에 든다면, 충분한 수면을 취하기 어려워 수면 부족이 발생할 수 있습니다. 또한 밤잠 시간을 20~30분씩 늦추면 처음에는 문제가 없어 보이지만 몇 달이 지나 아기가 갑자기 잠을 거부하거나 아침에 짜증을 내는 일이 늘어날 수 있습니다. 아침 기상 시간과 낮잠 스케줄이 꼬여 아기의 일상 리듬이 무너질 수 있습니다.

많은 부모는 아이를 밤늦게 재우면 아침에 늦게 일어날 것이라고 생각합니다. 하지만 하루에 낮잠을 2~3번 자야 하는 어린 아기들에게는 이 논리가 맞지 않습니다. 일반적인 생각과는 달리, 지나치게 피곤한 아기들은 오히려 잠을 거부하거나 밤에 자주 깨는 악순환이 발생할 수 있습니다. 또한 저녁이 되면 예민해지고 새벽이나 이른 아침에 자주 깨며 깊은 잠을 이루기 어렵습니다. 특히 혼자 잠드는 습관이 없는 아기일 경우 더 쉽게 깨어나며 다시 잠들기 힘듭니다.

아기의 취침 시간을 앞당기기 위해 몇 가지 실질적인 방법을 실천해 보세요. 먼저, 아기가 목표로 하는 취침 시간보다 1시간 전부터 방 안의 불빛을 어둡게 하는 것이 좋습니다. 예를 들어, 목표 취침 시간이 저녁 8시인데 실제로는 11시에 잠든다면, 저녁 7시부터 방을 어둡고 조용하게 유지해 보세요. 또한 아기가 아침에 일어나면 자연광을 바로 접할 수 있도록 해주는 것도 효과적입니다. 이렇게 하면 아기의 생체리듬이 자연스럽게 앞당겨져 점차 취침 시간을 조정할 수 있습니다.

만약 아기의 취침 시간을 더 빠르게 조정하고 싶다면, 아침 6~7시 같은 이른 시간에 아기를 깨우는 것도 방법입니다. 다른 특별한 방법 없이 기상 시간을 앞당기는 것만으로도 밤잠의 리듬을 조정하고 밤에 깨는 횟수를 줄일 수 있습니다.

부적절한 수면 연관을 만들지 말라

사람에게는 누구나 잠과 밀접한 연관이 있는 활동이나 장소, 물건이 있습니다. 이를 수면 연관이라고 합니다. 특히 아기들은 두뇌가 말랑말랑해 수면 연관이 쉽게 형성됩니다. 이 수면 연관이 충족되어야 편안하게 잠들 수 있습니다. 하지만 이러한 수면 연관이 밤새 지속되지 않으면 수면 중간에 깼을 때 다시 잠들기 어려워져 수면에 문제가 생길 수 있습니다.

아기들은 약 40~60분마다 수면 주기가 반복됩니다. 이때 아기가 다시 깊은 잠에 들기 위해서는 잠들었을 때와 같은 수면 연관이 필요합니다. 아기가 처음 잠들 때 형성된 수면 환경과 조건이 그대로 유지되어야만, 아기가 잠에서 깼을 때 다시 잠들 수 있는 것입니다. 부적절한 수면 연관이 불필요한 의존을 만들지 않도록 돕는 것이 아기의 건강한 수면 습관 형성에 도움이 됩니다.

규칙적인 일상을 제공해라

신생아는 수유와 수면이 깊이 연관되어 있습니다. 규칙적인 수유는 수면 시간을 일정하게 만드는 데 도움을 줍니다. 반면, 불규칙한 수유는 아기의 수면 패턴을 혼란스럽게 할 수 있습니다. 따라서 아기의 수면을 안정적으로 유지하려면, 수유 시간을 일정하게 맞추는 것이 중요합니다. 적어도 생후 3~4개월이 되면 아기의 수면 패턴이 점차 규칙적으로 자리 잡아야 합니다. 이 시기부터 매일 비슷한 일과를 유지하는 것은 아기에게 안정감을 주는 데 필수적입니다.

매일 비슷한 시간에 잠자리에 들어라

매일 비슷한 시간에 아기를 재우는 것은 아기에게 '이제 잠잘 시간'이라는 신호를 보내는 효과적인 방법입니다. 아기가 밤마다 비슷한 시간에 잠들 수 있도록 낮잠 시간을 조절해 밤이 되면 잠잘 준비가 되도록 도와주는 것이 좋습니다. 아기의 취침 시간은 15~30분 정도 차이가 날 수 있지만, 그 이상의 편차가 생기면 일정한 수면 습관을 형성하기 어렵습니다.

규칙적인 취침 시간이 자리 잡으면, 수면 리듬을 조절하는 호르몬이 작용해 일정한 시간에 잠이 오게 됩니다. 이런 패턴이 반복되면, 아기는 일정한 시간에 스스로 잠드는 능력을 키우게 됩니다. 특히 생후 3개월이 지난 아기라면 취침 시간을 일정하게 지켜주어야 합니다. 규칙적인 수면은 아기의 건강과 발달에 매우 중요하기 때문입니다. 반면, 주말에 아기를 늦게 재워 밤잠 시간이 들쑥날쑥하면 아기는 쉽게 잠들지 못하고, 밤에 깊이 자는 것도 어려워집니다.

일관된 수면 환경에서 재워라

아기에게 특정한 장소에서 잠드는 습관을 가르치는 것은 매우 중요합니다. 어제는 부모 옆에서, 오늘은 아기 침대에서 자는 식으로 장소가 자주 바뀌면 안정적인 수면 습관을 형성하기 어렵습니다. 그래서 아기가 잠들 때는 항상 수면을 방해받지 않는 환경으로 데려가는 것이 좋습니다. 낮잠과 밤잠 모두 같은 환경에서 잠들 수 있도록 해주세요. 아기는 자신의 집이 어디인지 알고, 그곳에서 자고 먹는다는 사실에서 편안함을 느낍니다. 만약 집이 아닌 다른 곳에서 잠을 자야 한다면, 평소 잠들 때 곁에 두었던 친숙한 물건이나 아기가 좋아하는 인형을 함께 두세요. 이러한 익숙한 물건들이 아기에게 안정감을 주어 낯선 환경에서도 편안하게 잠들 수 있도록 도와줍니다.

처음부터 끝까지 같은 수면 환경

대상 연속성은 눈앞에 있던 물체가 보이지 않더라도 그 물체가 여전히 존재한다는 사실을 기억하는 능력을 말합니다. 대상 연속성은 아기의 수면에도 큰 영향을 미칩니다. 아기가 잠들기 전에는 부모가 흔들어주고, 젖을 먹여주며 토닥여주다가 잠들게 했는데, 밤중에 깼을 때는 아무도 없는 상황을 맞이하게 되면 아기는 당황하게 됩니다. 대상 연속성이 생긴 이후부터 아기는 잠들 때와 다른 상황을 인지하고 불안감을 느끼기 시작합니다. 수유를 하거나 품에 안아서 재우던 아기일수록 자다가 깨면 부모의 품을 찾고, 원하는 것을 얻을 때까지 울며 엄마를 부르게 됩니다. 부모가 아기를 아기 침대에서 재웠다가 자주 깨는 아기를 달래려 밤중에 자신의 침대로 데려오는 경우가 있는데, 이는 아기에게 일관된 잠자리의 개념을 심어주지 못합니다. 연구에 따르면, 생후 3개월이 지난 아기는 한 장소에서 자는 것이 수면의 질에 긍정적인 영향을 미칩니다. 한 자리에서 꾸준히 자는 아기가 여러 장소에서 자는 아기보다 수면이 깊고 안정적인 것으로 나타났습니다.

그래서 부모는 아기가 스스로 잠들 수 있는 환경을 만들어주어야 합니다. 즉, 아기가 잠자리에 들었을 때와 밤에 깼을 때의 환경이 같아야 아기는 다시 스스로 잠들 수 있습니다. 밤중에 아기가 잠에서 깼을 때도, 주변이 잠들 때와 똑같다면 아기는 안정감을 느끼고 혼자서도 다시 잠들 수 있습니다. 한곳에서 꾸준히 자는 습관이 아기에게 안정감을 주고, 수면의 질도 높여줄 것입니다.

해를 따라 밝고 어둡게

빛은 수면을 유도하는 호르몬 생성을 방해하는 주요 요인입니다. 사람의 수면-각성 주기는 햇빛에 크게 영향을 받기 때문에, 아기의 취침 시간과 기상 시간은 해가 뜨고 지는 시간과 밀접하게 연결되어 있습니다. 이러한 이유로 신생아 때부터 밤과 낮을 구별하도록 도와주는 것이 중요합니다.

아침에는 아기를 아침 6~7시 사이에 깨워 충분히 햇빛을 받게 해주세요. 아침 햇살은 아기의 생체리듬을 자연스럽게 리셋하는 역할을 합니다. 아기가 아직 자고 있더라도 커튼을 열어 햇빛이 방 안에 들어오게 하는 것이 좋습니다. 빛은 눈뿐만 아니라 온몸으로도 느껴지기 때문에, 아기가 눈을 뜨지 않아도 햇빛을 받으면 잠에서 깨어나는 데 도움을 줍니다. 또한 아기가 아침 햇빛을 꾸준히 받고 낮 동안 밝은 방에서 시간을 보내면, 점차 밤과 낮을 구별하는 능력을 갖추게 됩니다. 이렇게 규칙적인 빛 노출은 아기의 건강한 수면 습관 형성에 큰 도움이 됩니다.

반내로 해가 지고 어두워지면 실내 조명도 그에 맞춰 최대한 어두운 분위기를 만들어주는 것이 좋습니다. 이상적인 수면 환경은 완전히 어두운 방입니다. 연구에 따르면 어두운 환경에서는 뇌의 화학 작용이 수면을 위한 상태로 전환된다고 합니다.

만약 가로등이나 간판 불빛이 집으로 들어온다면 암막 커튼이나 암막시트를 활용해 빛을 차단하는 것이 효과적입니다. 밤중에 기저귀를 갈아야 할 경우에도 불빛을 최소화하는 것이 중요합니다. 불을 켜야 한다면 작은 조명을 사용해 빛을 줄여주세요. 또한 에어컨, 가습기, 제습기, 공기청정기와 같은 가전제품의 불빛도 아기에게 자극이 될 수 있습니다. 아기의 눈높이보다 높은 곳에 가전제품을 배치하거나 스티커 등을 활용해 불빛을 가려주는 것이 좋습니다. 밤에는 조명뿐만 아니라 집 안의 분위기도 조용하고 차분하게 유지하는 것이 중요합니다. 목소리 톤을 낮추고, 말을 최소화해 조용한 환경을 만들어주세요.

하루는 아침 7시에 시작하라

아기에게 하루가 언제 시작되는지 분명히 알려주는 것은 매우 중요합니다. 아침이 되면 불을 켜고 커튼을 열며 가족들이 움직이고 대화하는 모습을 통해, 아기는 자연스럽게 하루의 시작을 인식하게 됩니다. 만약 아기가 밤과 아침의 구분을 정확히 알지 못하면 아침 7시나 8시에 일어나더라도 20~30분 동안 깨어 있다가 다시 잠들기 쉽습니다. 깨어 있는 시간이 짧으면 아기에게 하루가 본격적으로 시작되었다는 느낌을 주지 못합니다.

아침에 충분히 깨어 있지 않으면 생체리듬이 흐트러지고, 아기는 오전 10시쯤이 되어야 하루가 시작되었다고 느낄 수 있습니다. 이는 낮잠 시간까지 불규칙해지는 결과를 초래합니다. 따라서 아기에게 규칙적으로 하루를 시작하는 시간을 만들어주면 아기의 생체리듬을 안정적으로 형성하고, 건강한 수면 습관을 유지하는 데 큰 도움이 됩니다.

깨어 있는 시간을 짧게 유지하라

아기를 너무 오래 깨어 있게 하지 말고 깨어 있는 시간 간격을 짧게 유지하는 것이 좋습니다. 3~4개월 아기들은 아침에 일어났을 때나 낮잠에서 깼을 때 깨어난 시간을 확인하고, 깨어난 지 1~2시간이 지나면 아기가 극심하게 졸리기 전에 수면 환경으로 데려가야 합니다. 깨어 있는 시간은 2시간을 넘기지 않는 것이 이상적입니다. 일부러 2시간을 채우라는 말이 아닙니다. 아기들은 오래 깨어 있으면 불편함을 느끼고 쉽게 견디지 못합니다.

"아기는 먹고 자고 싼다"라는 말처럼 잠도 저절로 잘 것 같지만, 아기들은 피곤하다고 해서 스스로 잠들지 않습니다. 아기들은 대개 잠이 와도 쉽게 잠들지 않고, 오히려 잠들 시간이 한참 지나서까지 놀거나 짜증을 내기 일쑤입니다. 부모가 아기의 월령에 맞게 적절한 수면 환경을 제공하지 않으면, 아기는 필요 이상으로 오랜 시간 깨어 있게 될 수 있습니다. 깨어 있는 시간이 너무 길어지면 아기는 예민해지고 달래기 어려워지며, 지나친 각성 상태가 지속되면 수면 호르몬의 분비가 방해받고 스트레스 호르몬이 분비되어 잠들기 어려운 상태에 이르게 되고 잠들었다 하더라도 금세 깨어날 가능성이 큽니다.

부모라는 변수를 조심하라

아기는 태어난 지 몇 주 동안은 스스로 잠들 수 있습니다. 하지만 시간이 지날수록 혼자 잠드는 것이 어려워집니다. 가장 흔한 원인은 아기가 깨어날 것 같으면 곧바로 달려가 돌보려는 부모의 반응입니다. 양육은 아기와 부모 모두에게 균형이 필요합니다. 엄마가 만성적인 수면 부족으로 피로한 상태라면 아기의 수면에도 즉각적인 영향을 미치게 됩니다. 피로가 쌓인 엄마는 아기가 밤에 자다 깨면 바로 달래서 완전히 깨지 않도록 하려는 마음에 과도하게 돌보게 되고, 점차 더 빠르고 더 자주 반응하게 됩니다. 이러한 반복은 부모의 수면 부족과 여러 걱정을 유발할 수 있습니다. 왜 어떤 부모는 아기를 스스로 잠들게 가르치는 데 큰 어려움이 없는 반면, 다른 부모는 이 과정을 힘들어하고 포기하게 되는 것일까요? 이는 아기가 태어난 후 과거의 안정적인 생활로 돌아갈 수 있는 부모의 역량이 다르기 때문입니다. 하지만 너무 걱정할 필요는 없습니다. 대부분의 부모는 수면 교육에 성공합니다. 일관성을 유지하며 인내심을 갖고 아기를 돌보면 건강한 수면 습관을 형성할 수 있습니다. 아기가 밤에 잠에서 깼을 때는 즉시 반응하기보다는 잠시 기다려주세요. 아기가 스스로 다시 잠들 수 있는 시간을 주는 것이 중요합니다.

잠을 알리는 수면 의식

아기를 쉽게 재우는 데 중요한 요소 중 하나가 바로 수면 의식입니다. 아기에게 잠자리에 들기 전 매일 같은 행동을 반복해 주면 조건반사가 생깁니다. 엄마가 매일 같은 행동을 시작하면 아기는 저절로 잠들 준비를 하게 되는 것이지요. 특히 일정한 방식으로 아기를 진정하도록 하는 수면 의식이 시작되면 아기의 뇌는 잠잘 준비를 하며 슬슬 눈을 감게 됩니다. 이러한 수면 의식은 무엇보다 일관성이 중요합니다. 모두가 즐겁게 매일 반복할 수 있어야 하고 최소 3년간 이어갈 수 있는 간단한 의식이 좋습니다. 수면 의식은 20~30분 정도면 충분하며 매일 차분한 활동을 반복해 주면 아기의 흥분을 가라앉히고 안정된 상태로 잠들 수 있도록 도와줍니다.

밤잠 전 충분히 깨어 있게 한다

초보 부모는 아기가 너무 오래 깨어 있지 않도록 세심하게 살피고 돌봐야 합니다. 하지만 아기가 일정 시간 깨어 있어야 수면 욕구가 쌓이고 그래야 밤에 깊고 긴 수면을 취할 수 있습니다. 마지막 낮잠과 밤잠 사이에는 다른 시간대보다 더 오래 깨어 있도록 하는 것이 바람직합니다. 늦은 시간에 낮잠을 자거나 초저녁에 자동차를 타거나 수유하면서 5~10분 정도의 짧은 잠을 자는 것도 밤잠을 방해할 수 있습니다. 아기가 충분히 깨어 있지 않으면 피곤하지 않아 쉽게 잠들지 못하며, 부모도 아기를 재우는 데 어려움을 겪게 됩니다. 아기가 너무 오래 깨어 있어도, 너무 짧게 깨어 있어도 수면에 방해가 되므로, 적절한 수면 간격을 유지하며 깨어 있는 시간을 세심하게 소셜해 수는 것이 필요합니다.

졸음의 타이밍을 포착하라

아기가 졸리다는 신호를 보내는 순간을 부모는 유심히 관찰해야 합니다. 졸음이 올 때 아기는 차분해지고 활동이 잦아들며 표정이 평온해집니다. 움직임이 느려지고, 팔다리도 가만히 있는 시간이 많아지며 눈꺼풀이 내려와 흐릿한 눈빛으로 바라봅니다. 또한 빠는 힘도 약해지고, 웃지도 않는 등 졸음의 신호가 뚜렷하게 드러납니다.

하지만 부모가 핸드폰을 보거나 다른 곳에 신경을 쓰고 있다면, 미묘한 졸음의 신호를 놓칠 수 있습니다. 졸음의 순간을 놓치면 아기는 지나치게 지치고, 주변의 자극을 과하게 받아 잠들기 어려워질 수 있습니다. 피로가 쌓이면 아기의 몸은 스트레스를 받으며, 피로를 견디기 위해 세컨드 윈드라 불리는 호르몬 변화가 나타나 잠들기 어려운 상태가 됩니다.

모든 아기의 수면 리듬이 같지는 않으며, 졸음에 맞춰 잠드는 법을 배우는 속도도 다릅니다. 따라서 부모는 아기를 세심하게 관찰해 졸음이 오기 시작하는 순간을 파악해야 합니다. 수면 교육의 첫걸음은 바로 이 타이밍 감각을 기르는 데 있습니다. 졸음의 타이밍을 잡는 일은 시계를 보기보다는 아기를 관찰하는 데 달려 있습니다.

깨어 있는 시간에 신뢰를 쌓자

수면 교육의 바탕에는 부모에 대한 아기의 신뢰가 있어야 합니다. 부모와의 신뢰와 애착을 통해 형성된 감정적 안정감과 정서 발달이 아기가 잠드는 데 결정적인 역할을 하기 때문입니다. 특히 애착 관계는 아기가 각성 상태에 있을 때 생기기 때문에, 아기가 깨어 있을 때 일관된 반응과 애정을 보여주는 것이 필요합니다. 아기에게 안정감을 줄 수 있는 신뢰 관계가 형성될 때, 수면 교육도 원활하게 진행될 수 있습니다.

아기에게 기회를 주자

아기가 스스로 잠든다는 것은 엄마나 아빠의 품에 안기거나 젖꼭지나 포대기 없이도 졸음이 오면 등을 대고 잠에 빠진다는 의미입니다. 아기가 졸음 신호를 보이기 시작하면, 아기 침대에 눕히고 스스로 깊은 잠에 빠지도록 기다려주는 것이 부모의 역할입니다. 적절한 수면 환경을 마련해 준 뒤에 부모는 물러나야 합니다.

항상 부모의 품이나 자동차에서 잠든 아기라면 혼자 잠드는 법을 배울 기회를 가지기 어렵습니다. 매일 밤 깊이 잠든 후에야 아기를 침대에 눕히는 부모는 결국 아기의 자립적인 수면 습관을 저해하게 되는 셈입니다. 이러한 방식에 익숙해진 아기는 성장 후에도 부모에게 의지하게 되고, 혼자 잠들려 하지 않거나 자다 깨면 다시 잠들기 어려워합니다. 건강한 수면 습관을 오래 유지하려면, 아기가 졸음이 와서 반쯤 깨어 있을 때 어둡고 조용한 환경에 눕혀주세요. 이렇게 하면 아기는 스스로 잠드는 능력을 키울 수 있습니다.

자기 진정 수면 교육

　육아 커뮤니티, 웹사이트, 서적, 잡지 등에서 수면 교육 방법은 항상 뜨거운 논쟁거리입니다. 일부 부모는 아기가 울도록 두는 방식이 스스로 잠드는 데 효과적이라고 주장하는 반면, 또 다른 부모들은 아기를 울리지 않고 재우는 방식이 더 안정적이라고 믿습니다. 또한 일부는 규칙적인 시간에 아기를 눕히는 루틴이 필수라고 하고, 다른 이들은 아기의 자연스러운 수면 신호를 따라야 한다고 강조합니다. 이처럼 다양한 의견이 존재하는 이유는 모든 아기에게 효과적인 딱 하나의 방법이 없기 때문입니다.

　이러한 상황에서 부모들은 여러 서적을 읽거나 전문가, 다른 엄마들과 이야기를 나누며 도움을 찾으려 합니다. 하지만 모두 다른 방법을 알려주니 아기를 재우는 데 가장 좋은 방법은 항상 고민입니다. 부모들이 아기의 수면 문제로 혼란스러워하는 이유는 부모와 전문가가 자신이 효과를 본 방식이나 자신의 육아 철학에 맞는 방법을 추천하기 때문입니다. 다양한 정보는 분명 부모들에게 유익할 수 있지만, 때로는 서로 다른 의견이 혼란을 줄 때도 있습니다. 중요한 것은 아이와 부모에게 가장 잘 맞는 방법을 찾는 것입니다.

아기 수면 문제로 어려움을 겪는 부모들은 보통 빠르고 효과적인 해결책을 찾고 싶어 합니다. 특히 수면 교육을 시작할 때, 부모들은 아기가 울지 않고 문제를 해결할 수 있기를 바랍니다. 하지만 현실적으로 아기가 울지 않고 수면 문제를 단번에 해결하는 방법은 없습니다. 현재의 수면 문제가 너무 힘들고 더 이상 버티기 어렵다고 느낀다면 '자기 진정 수면 교육'을 고려해 보세요. 이 방법은 부모가 아기의 수면을 돕는 기존 방식을 변화시키는 데 초점을 맞추고 있습니다. 보통 이 방법을 사용하면 3~5일 이내에 수면 문제가 크게 개선됩니다. 하지만 새로운 수면 방식을 배우는 동안 아기가 익숙한 습관을 바꾸기 어려워하며 울 수 있다는 점을 미리 알고 준비해야 합니다. 이러한 점을 충분히 고려하고 부모가 일관되게 대응한다면 자기 진정 수면 교육은 아기의 수면 문제를 해결하는 데 효과적인 방법이 될 것입니다.

"우는 아이를 그냥 둔다고 어떻게 잠을 더 잘 자게 할 수 있나요?"라는 질문은 누구나 가질 수 있는 궁금증입니다. 아기의 울음을 무시하는 것이 아니라 반응을 미룬다고 생각해 보세요. 아기의 울음에 즉각 반응하지 않는 이유는 아기에게 스스로 진정할 수 있는 능력을 연습할 기회를 주기 위해서입니다. 이렇게 함으로써 아기는 자기 진정 수면의 핵심인 자기 진정과 자기 안정 능력을 발달시킬 수 있습니다.

자기 안정은 아기가 안정된 상태에서 스스로 잠드는 능력이고, 자기 진정은 울음을 멈추고 스스로 안정감을 찾는 능력을 뜻합니다. 신생아는 태어날 때부터 기본적인 자기 안정 능력을 갖추고 있습니다. 그런데 부모가 지속적으로 도움을 주어 잠들게 하면 아기는 이 능력을 잃습니다. 반대로, 자기 진정 능력은 태어날 때부터 갖추어진 것이 아니라 부모의 도움 없이 스스로 잠드는 과정을 통해 점차 학습되는 능력입니다. 돌보는 사람이 언제나 아기를 달래줄 수 있다면 자기 진정이 꼭 필요하지 않습니다. 부모가 항상 아기 곁에서 달래줄 수 없는 순간은 생각보다 많습니다. 운전 중이거나 다른 아이를 돌봐야 할 때처럼 즉각적으로 반응하기 어려운 상황이 생깁니다. 이때 아기가 스스로 진정할 수 있는 능력이 있다면 큰 도움이 됩니다. 아기는 자라면서 점차 주변 환경을 인식하게 되고 다양한 상황에서 좌절감을 느끼는 경우가 많아집니다. 이때 자기 진정 능력을 배우지 못한 아기들은 생후 9개월 무렵부터 지속적으로 울음을 터뜨리는 경향이 나타납니다.

아기들은 잠들기 전 종종 흥분 상태에 빠집니다. 이럴 때 즉각적으로 개입하기보다는 잠시 기다려 아기 스스로 진정할 기회를 주세요. 엄마의 향기와 숨소리를 느끼게 하면서 옆에서 지켜봐주는 것만으로도 아기는 안심하고 감정의 균형을 찾을 수 있습니다. 이때 안아주기보다는 적절한 거리를 두고 지켜보며 기다려주는 것이 좋습니다. 자기 진정 수면 방법은 아기가 스스로 잠드는 습관을 형성하는 데 효과적입니다. 또한 모든 연령대에 적용 가능하며 필요할 때 부모가 아기를 위로할 수 있어 많은 부모가 선호하는 수면 교육 방법입니다.

반응 원칙, 이렇게 반응하자

부모는 아기의 울음 유형에 따라 적절히 반응해 주는 게 좋습니다. 부모가 아기의 울음에 얼마나 자주 반응할지는 부모와 아기의 편안함에 따라 달라집니다. 아기가 조용하면 잘 적응하고 있으므로 스스로 잠들도록 지켜보면 됩니다. 아기가 낮은 소리로 울거나 같은 음으로 반복해서 울면 크게 불편하지 않다는 신호입니다. 이때는 바로 개입하기보다 아기 스스로 진정할 기회를 주는 것이 좋습니다.

하지만 아이가 쉼 없이 높은 소리로 운다면 스트레스를 받고 있다는 뜻입니다. 아기에게 진정할 시간을 주되 너무 오래 기다리지 않고 반응합니다. 보통 날카롭고 크며, 울음이 쉬지 않고 빠르게 이어지고 목소리는 힘이 들어가고 짜증 섞인 톤이 느껴집니다. 아기는 몸을 뒤척이거나 팔다리를 세차게 흔들며 강하게 거부 의사를 표현할 수 있습니다. 원하는 방식으로 자신을 재워주지 않으면 화가 나서 울음이 더 격해질 수 있습니다. 유심히 들어보면 그 차이를 알 수 있습니다. 이때도 기다립니다. 아기가 격앙된 울음을 터뜨릴 때도 기다려야 하는 이유는 다소 의외로 보일 수 있습니다. 이 순간은 아기가 자신만의 감각으로 스스로 진정하며 잠들려는 중요한 순간이기 때문입니다. 부모가 불안한 마음에 아기를 만지거나 말을 걸면 오히려 상황이 악화됩니다. 더 크게 울고, 울음이 점점 격해질 가능성이 높습니다. 따라서 울음을 단순히 울음으로만 받아들이시 말고, 아기가 자기 자신을 진정시키기 위해 노력하는 과정으로 바라봐야 합니다.

> **TIP**
>
> **시간을 정해서 반응하는 것은 아기에게 맞지 않다**
>
> 시간을 정해 반응하는 수면 방법은 추천하지 않습니다. 이 방법은 5분, 10분, 15분, 20분처럼 정해진 간격으로 아기의 울음에 반응하는 방식입니다. 일정한 간격으로 반응하는 것이 편리하다고 느끼는 부모도 있습니다. 하지만 아기마다 스트레스에 반응하는 방식이 다르기에 이 방식은 문제가 될 수 있습니다. 정해진 시간에만 반응하면 아기의 스트레스 신호를 놓칠 수 있고 아기가 스스로 진정하려는 순간 방에 들어가 울음을 더 키울 위험도 있습니다.

신생아~3개월 아기를 키우는 부모라면

아기는 태어난 지 며칠 만에 특정 조건이나 행동에 따라 잠드는 방식에 익숙해지기 시작합니다. 하지만 이러한 연관이 부정적이라면 오히려 아기의 수면을 방해하고 수면 부족이나 스트레스를 초래할 수 있습니다. 물론 어린 아기에게 새로운 수면 방식은 스트레스로 느껴질 수 있습니다. 특히 신생아는 자기 진정 능력이 충분히 발달하지 않은 상태이므로 스스로 몸을 돌리거나 손가락을 빨아 진정하기가 서툴 수 있습니다. 그렇다고 해서 아기가 스스로 진정할 수 없다는 의미는 아닙니다. 부모는 아기의 제한된 자기 진정 능력을 이해하고, 그에 맞는 현실적인 기대를 가지는 것이 중요합니다. 100일 이전 아기의 감정 조절을 돕기 위해서는 졸린 신호를 빠르게 알아차리고 자극이 적고 일관된 수면 환경을 제공하는 것이 중요합니다.

100일 이전의 아기를 침대에 눕힌 후 울기 시작한다면, 바로 반응하지 말고 잠시 기다려 스스로 진정할 기회를 주세요. '반응하지 않는다'라는 것은 아기를 토닥이거나 안아주는 행동뿐 아니라, 말로 달래는 것까지 포함합니다. 즉, 아무런 행동도 하지 않고 그저 기다리는 것을 의미합니다. 이때 아기의 울음소리 톤과 강도를 주의 깊게 들어보며 상황에 맞게 결정하면 좋습니다. 아기가 새로운 진정 방식에 바로 적응하기는 어렵습니다. 처음에는 아기가 침대에서 스스로 잠들기까지 30분 이상 걸릴 수 있으며, 피곤이 쌓인 아기일수록 더 오랜 시간이 필요할 수도 있습니다. 몇 번씩 시도해야 할 수도 있습니다. 이 과정을 통해 아기는 점차 스스로 진정하는 법을 배우게 됩니다. 진정 방법을 일관되게 유지하면 며칠 후에는 울음의 강도가 약해지고, 아기가 더 빨리 진정하며 잠드는 시간이 점차 줄어드는 변화를 보게 될 것입니다.

⇨ **아기가 진정된다면**

아기가 울음을 멈추고 진정되면 스스로 잠들 기회를 줍니다. 아기가 울음을 멈추고 몸이 이완될 때까지 부모는 아기를 침대에 눕힌 상태에서 진정을 도울 수 있습니다. 이때 공갈 젖꼭지를 물리거나 가슴이나 등을 부드럽게 토닥여주는 방법이 효과적일 수 있습니다. 하지만 진정시키는 과정은 잠이 오기 전에 멈춰야 합니다. 아기를 재우고 싶은 마음에 계속 진정시키고 싶어질 수도 있지만 '스스로 잠드는 수면'이라는 목표를 방해할 수 있습니다.

⇨ **아기가 진정되지 않는다면**

아기가 침대에서 등을 대고 진정하는 데 익숙하지 않다면, 이 방식에 적응하는 데 시간이 걸릴 수 있습니다. 진정되지 않는다고 해서 바로 효과가 없다고 판단하기보다는 아기에게 적응할 시간을 주세요. 진정 방법을 자주 바꾸지 않고 꾸준히 유지하면, 아기는 점차 새로운 방식에 익숙해질 것입니다.

⇨ **최후의 보루, 안아주기**

침대에서 5분 정도 아기를 안아주세요. 이 5분은 아기에게 진정할 시간을 주기 위한 대략적인 기준일 뿐입니다. 아기를 안아주는 것은 아기를 진정시키는 것뿐 아니라, 부모에게도 안도감을 주는 시간입니다. 아기가 부모의 품에서 진정된다면 문제가 없는 것입니다. 조용해졌다면 아기가 잠들지 않은 상태로 다시 침대에 내려주세요. 이렇게 하면 아기는 점차 침대를 수면 환경으로 인식합니다. 아기가 다시 울음을 시작하면 잠시 기다려 스스로 진정할 기회를 주고 진정하지 않으면 다시 진정 과정을 반복해 주세요. 아기가 울음을 시작하자마자 바로 들어 올리는 것은 피하세요. 아기가 계속 진정되지 않는다면 신체적 필요(배고픔, 기저귀 등)가 충족되었는지 확인해 보세요.

⇨ **아기가 잠드는 데 오랜 시간이 걸린다면**

아기가 계속 안정을 찾지 못한다면 몇 가지 질문을 던져보세요. 먼저, 수유할 시간인지 확인하고, 필요하다면 아기에게 수유한 후 진정을 시도해 보세요. 단, 수유 중에 잠들지 않도록 주의합니다. 부드럽게 안아주었을 때 진정되는지 살펴보고, 아기가 불편한 점은 없는지 점검해 주세요.

자극을 최소화하기

신생아는 미숙한 신경계로 인해 피곤할수록 과도한 자극에 더 민감해집니다. 아기를 진정시킬 때는 자극을 최소화한 환경을 유지하세요.

생후 4~6개월 아기를 키우는 부모라면

이 시기에 아기의 신체 능력과 기억력은 신생아 때에 비해 상당히 발달합니다. 자신의 팔다리와 신체 움직임을 더 잘 조절하게 되며 뒤집기를 시작할 수 있습니다. 빨기 욕구를 충족하고 자가 진정을 위해 주먹이나 손가락을 빨거나 씹는 모습도 볼 수 있습니다. 또한 아기는 하나의 사건과 다른 사건을 연관 지을 수 있는 능력이 생겼습니다. 수유를 할 것이라고 예상하면 먹기 전에도 울음을 멈출 수 있습니다. 반면 원하는 것을 얻지 못하면 울음이 점점 강해지고 화난 듯 우는 모습을 볼 수 있습니다. 이처럼 자기 진정 수면 방법을 사용할 때는 아기가 스스로 진정할 수 있는 능력이 더 발달했다는 점을 이해해야 합니다. 아기가 배가 부르고 기저귀가 젖거나 트림이 필요한 상황이 아니며 다른 불편함도 없다면, 수면 중 울음에 즉각적으로 반응하지 않아도 괜찮습니다.

아기는 자신이 익숙한 방법으로 부모의 도움을 받아 잠들기를 원합니다. 아기가 클수록 변화에 더 강하게 반응하며 더 오랫동안 거부할 가능성이 높기에 새로운 방법을 익히는 데 시간이 더 걸릴 수 있습니다. 새로운 방식이 익숙해지기 전까지 혼란과 좌절, 분노를 느껴 강하게 울음을 터트릴 수도 있습니다. 생후 4~6개월 아기가 새로운 재우기 방식으로 처음 잠들 때까지는 20분에서 1시간 이상 걸릴 수 있습니다.

부모는 자기 진정 수면 방법이 효과가 없다고 느껴 중도에 포기하는 경우가 많습니다. 즉각적인 결과가 나타나지 않더라도 일관되게 새로운 방식으로 진정시키면, 아기는 점차 침대에서 진정하는 법을 배우게 됩니다. 시간이 지나 아기가 침대에서 잠드는 기회를 반복적으로 경험하게 되면, 침대를 수면과 연결짓게 되고 더 빠르게 안정될 것입니다.

자기 진정 수면법을 사용할 때의 목적은 아기를 진정시키는 것이지, 잠들게 하는 것이 아닙니다. 아기가 조용해지면 부모는 진정시키는 행동을 천천히 줄이고 물러나거나 방을 떠나서 아기가 조용한 상태에서 스스로 잠들도록 하세요. 진정은 아기가 조용해질 때까지만 돕고, 졸음 상태나 잠든 상태가 되도록 도와주는 것을 피하세요. 졸음 상태와 완전히 잠든 상태는 미세한 차이가 있습니다. 아기를 자주 졸음 상태에 머물게 하거나 잠들도록 돕는다면, 기존의 부정적인 수면 습관을 또 다른 부정적인 습관으로 바꾸는 것에 불과할 수 있습니다.

⇨ **아기가 진정되지 않는다면**

아기를 진정시키려면 침대에 눕힌 상태에서 등을 토닥이거나, 살짝 흔들거나 머리를 부드럽게 쓰다듬는 방법을 사용할 수 있습니다. 하지만 이런 시도로도 몇 분 안에 진정되지 않는다면 잠시 아기를 혼자 두고 스스로 진정할 기회를 주는 것이 좋습니다. 혼자 두는 이유는 이 연령대 아기들이 때로는 혼자일 때 더 빨리 진정하는 경우가 많기 때문입니다. 기다려도 스스로 진정하지 못한다면 다시 돌아가 침대에서 진정시키는 과정을 반복합니다. 이 과정은 여러 번 반복될 수 있으며 꾸준히 시도하는 것이 중요합니다. 아기를 안아 달래는 것은 가장 마지막에 시도해야 할 방법입니다. 먼저 침대에서 10분 정도 진정할 시간을 주세요. 아기를 안았다가 다시 침대에 내려놓을 때마다 아기가 울음을 반복해서 터뜨릴 가능성이 높습니다. 이러한 반복은 아기가 침대에서 진정하는 데 익숙해지기까지 더 오랜 시간이 걸리게 만들 수 있습니다. 따라서 아기가 침대에서 진정할 수 있도록 기다리는 것이 장기적으로 더 효과적입니다. 아기가 30분 이상 잠들지 못한다면 신체적 필요를 확인해야 합니다. 기저귀가 젖었는지 확인하거나, 수유 시간이 되었는지 살펴보세요.

생후 6개월 이상 아기 키우는 부모라면

생후 6개월 무렵의 아기는 더 크고 강해져 스스로 진정할 수 있는 능력이 생기기 시작하면서 이전과 다른 반응이 필요합니다. 이제는 침대에 누워 있는 상황에서 아기가 스스로 진정할 수 있도록 도와주는 것이 중요합니다. 다만 자기 진정을 하려면 아기가 스스로 하겠다는 선택을 해야 합니다. 이 월령의 아기가 전혀 자기 진정을 하지 않는다면 이는 자기 진정을 연습할 기회가 충분히 주어지지 않았기 때문입니다. 아기의 감정 조절을 도와주는 것이 꼭 안아서 달래는 것만을 의미하지는 않습니다. 도움을 주는 방법에는 말로 설명해 주거나 안심시키고 격려하는 것도 포함됩니다. 따라서 생후 6개월 이후부터는 아기의 울음에 즉각적으로 안아주거나 진정시키기보다는 스스로 진정하는 기술을 활성화하고 격려하는 방향으로 반응을 조절해야 합니다.

아기는 익숙한 방식으로 잠들기를 원합니다. 부모가 다른 방식으로 재우려고 하면 아기는 울음을 터트리며 스스로 자기 진정을 시도하지 않을 것입니다. 원하는 것을 얻지 못하면 아기의 울음은 점점 더 커질 수 있습니다. 생후 6개월이 지난 아기들은 새로운 방식으로 잠드는 데 1시간 이상 울며 거부할 수 있습니다. 부모가 아기를 재울 때 알아야 할 규칙을 잘 지키면, 아기는 침대에서 잠드는 것이 나쁜 일이 아니라고 느끼고 점점 더 빠르게 잠들게 됩니다. 하지만 매번 잠드는 시간이 같지 않을 수 있어 어떤 날은 너 오래 설릴 수도 있다는 점을 이해해야 합니다.

모든 아기가 새로운 수면 방식을 쉽게 받아들이는 것은 아닙니다. 일부 아기들은 변화에 적응하기 전에 더 거센 반응을 보입니다. 수면 교육을 시작한 지 2일째가 되면, 많은 부모가 아기가 방에 들어가는 것을 두려워한다고 생각해 교육을 포기합니다. 아기가 부모에게 매달리며 방으로 들어가거나 침대에 눕히려 할 때 울음을 터트리는 경우가 있기 때문입니다. 이는 아기가 침대에서 잠드는 것이 익숙하지 않아 흔히 나타나는 반응입니다. 아기가 밤에 울 때마다 부모가 와서 달래주었다가 갑자기 그 행동을 멈췄을 경우 아기는 더 크게 울거나 자주 깨서 부모의 관심을 얻으려 할 수 있습니다. 그러나 이러한 반응은 대부분 일시적이며, 시간이 지나면 점차 줄어들고 사라지는 경향이 있습니다.

이 시점에서 부모가 다시 이전 방식으로 돌아간다면 수면 교육은 실패로 돌아갈 가능성이 높습니다. 그러나 아기가 스스로 잠들 수 있도록 새로운 수면 방식을 꾸준히 실천하면, 아기는 점차 침대를 잠자는 공간으로 인식하게 됩니다. 졸릴 때 침대에 눕는 습관이 생기면 스스로 침대에서 잠드는 데 익숙해질 수 있습니다.

수면 교육을 지속하기 위해 다음 3가지를 점검해 보세요

☐ 아기가 눈을 뜬 상태에서 침대에 눕혔나요?

☐ 잠들 때 부정적인 수면 연관을 제공하지 않았나요?

☐ 아기가 스스로 잠들도록 기다렸나요?

모두 "네"라고 답할 수 있다면, 꾸준히 반복해 주세요.

⇨ **아기가 진정된다면**

아기가 침대에서 진정한 경험이 있다면, 계속 진정을 도와줄 수 있습니다. 하

지만 진정시키는 건 졸음이 오거나 잠들기 전까지만 해주세요. 부모가 진정을 멈추면 아기가 다시 울 수 있습니다. 이때 아기에게 스스로 진정할 기회를 주기 위해 기다렸다가 다시 진정시켜 주는 것이 좋습니다.

일부 사람들은 아기를 반복적으로 들어서 진정시키고 다시 침대에 내려놓는 방식을 권장하기도 합니다. 저는 6개월 이상의 아기에게 이 방법을 추천하지 않습니다. 이 방식은 아기에게 '이제 내가 너에게 원하는 것을 줄게'라는 메시지를 보낸 후 다시 '아니야, 줄 수 없어'라는 이중적인 메시지를 주는 것이기 때문입니다. 아기 입장에서는 이러한 반복이 좌절감을 줄 수 있습니다. 아기를 잠시라도 진정시킬 수 있으면 부모는 안심되겠지만, 아기가 원하는 것을 줄 것처럼 보이게 해서 진정시키는 방식은 아기에게는 큰 도움이 되지 않습니다.

⇨ 아기가 진정되지 않는다면

생후 6개월 이상의 건강한 아기는 스스로 진정할 수 있습니다. 신체적 필요가 충족되고 손을 빨 수 있도록 움직임이 자유롭다면 자기 진정 능력을 발휘할 수 있습니다. 아기가 침대에서 잘 진정하지 못한다면, 계속 진정시키거나 잠시 멈추는 방법을 선택할 수 있습니다. 반복적으로 진정을 시도하면 아기는 점차 안정되지만, 처음에는 침대에서 진정하는 데 30분 이상 걸릴 수 있습니다. 아기가 침대에서 진정하고 잠들었다면, 이후에도 부모가 잠들 때까지 옆에 있어주길 기대할 수 있습니다. 이때 부모가 진정을 멈추면 아기는 혼자 잠들기 어려워 다시 울 가능성이 있습니다. 어떤 부모들은 진정시키는 것이 효과가 없거나 도움이 되지 않는다고 느껴 진정시키는 것을 중단하기도 하고, 어떤 부모들은 계속 아기를 진정시키지 않으면 마음이 편치 않다고 느끼기도 합니다. 이 선택은 부모의 몫입니다.

아기를 진정시키기 위해 침대 옆으로 갔을 때 아기가 너 크게 울면, 이 방법이 맞는지 고민될 수 있습니다. 다음과 같은 방법으로 아기를 도울 수 있습니다. 우선 안전하고 편안한지 확인해 주세요. 이 시기의 아기들은 움직임이 많아지면서 자세를 바꾸지 못해 불편해할 수 있습니다. 속이 불편하거나 기저귀, 옷, 이불이 젖어서 우는 경우도 있으니 이를 점검해 주세요.

그리고 부모가 곁에 있다는 것을 알려주세요. 7개월부터 12~18개월 사이에는 분리불안이 나타날 수 있습니다. 부모가 곁에 있다는 것을 알리며 안정감을 주는 것이 중요합니다. 차분한 목소리로 "괜찮아, 안전해, 잘 시간이야"라고 말하며 아기를 안심시켜 주세요.

마지막으로 해야 할 행동을 말하고 보여주세요. 아기는 새로운 수면 방식에 혼란스러워할 수 있습니다. 아기가 서 있거나 앉아 있다면 차분히 "누워야 해"라고 말하며 필요하면 한 번만 눕혀주세요. 억지로 눕히지 말고 반복해서 눕힐 필요도 없습니다.

⇨ **아기가 잠드는 데 오랜 시간이 걸린다면**

만약 1시간이 지나도록 아기가 잠들지 않는다면 휴식 시간을 제공해 주세요. 기저귀를 확인하고 피곤한 징후를 다시 한번 살펴보세요. 이후 다시 침대에 눕혀 스스로 잠들 수 있도록 도와줍니다.

안타깝게도 시도만으로 아기가 새로운 수면 연관성을 배우는 것은 아닙니다. 부모가 일관적이지 않으면 아기는 자기 수면 패턴을 조절할 수 있는 새로운 수면 연관을 배울 기회를 잃게 됩니다. 아기가 잠들 때마다 규칙을 지키지 않으면 학습 기간도 의미가 없어집니다.

물론 100% 일관성을 유지하는 것은 항상 가능한 일은 아닙니다. 일관성을 완전히 지키지 않아도 점진적인 소멸 방식을 통해 개선될 수는 있습니다. 하지만 일관성이 지나치게 떨어지면 아기는 혼란스럽고 짜증만 쌓여 오히려 수면 문제는 지속될 뿐입니다. 수면 규칙을 지속적으로 지킬 수 없는 상황이라면 시도하지 않는 것이 낫습니다. 아기가 울다가 익숙한 방식으로 도움을 받아 잠드는 상황이 반복되면 아기는 더 오래 울어야 원하는 것을 얻는다고 배울 수 있습니다. 이 경우, 기존의 방식으로 아기를 재우는 것이 차라리 아기를 덜 혼란스럽게 하는 방법이 될 수 있습니다.

아기가 자랄수록 원하는 방식으로 재우지 않고서는 아기를 진정시키기가 더 어려워집니다. 아기의 감정 조절을 돕는다고 해서 무조건 울음을 멈추게 해야 한다는 의미는 아닙니다. 감정을 다스리도록 도와주려면 울음을 잠재우기보다는 자기 진정 능력을 키울 수 있도록 격려하고 지원하는 과정이 포함될 수 있습니다. 아기의 자기 진정 능력을 연습할 기회를 주기에 취침 시간은 이상적인 순간입니다. 잠들기 전의 이 시간을 통해 아기가 스스로를 진정시키는 법을 익힐 수 있습니다. 72시간 동안 시도했음에도 개선의 기미가 전혀 없다면, 일단 멈추고 문제 요인이 무엇인지 다시 평가해 봐야 합니다.

수면 교육 시 주의할 것

적응 단계에서는 아기가 유모차나 자동차에서 잠들지 않도록 가능한 한 피하세요. 외출이 불가피할 경우, 외출 후에는 대부분의 수면이 침대에서 이루어지도록 해주세요.
생후 7개월경부터 아기들은 분리불안을 겪을 수 있습니다. 낮에 부모가 잠시 자리를 비웠을 때 아기의 반응을 관찰하면 분리불안 여부를 확인할 수 있습니다. 낮에 부모가 떠나도 괜찮아 한다면 밤에도 분리불안이 원인은 아닐 것입니다. 아기가 잠들기 전에 부모가 옆에 있는 것이 안정감을 준다면 함께 있을 수 있습니다. 하지만 부모의 존재가 오히려 아기를 자극해 잠들기 어렵거나 짜증을 유발할 수도 있습니다. 이런 경우에는 적절한 거리를 유지해 주세요.

수면 교육
성공의 열쇠

일관성
수면 교육에 성공하려면 일관성을 유지하는 것이 필수입니다. 일관성이 없으면 아기가 혼란을 느끼게 되어 학습을 방해할 수 있습니다. 시간대에 따라 다른 방식을 사용해도 아기는 혼란과 좌절을 겪을 수 있습니다. 낮과 밤, 저녁에 아기를 재울 때 항상 동일한 절차를 따르는 것이 성공의 열쇠입니다.

끈기
아기가 새로운 수면 습관과 연관성을 배우는 데는 시간이 걸립니다. 모든 수면 교육에는 학습 단계가 있으며, 이 단계에서 부모의 끈기와 인내가 필요합니다.

인내
아기는 자신의 수면 연관을 바꾸고 싶어 하지 않으므로, 이 과정에서 적극적으로 협조하지 않을 수 있습니다. 수면 교육의 학습 단계에서는 잠드는 데 시간이 더 걸릴 수 있고, 어떤 경우에는 아기가 평소보다 더 자주 깰 수도 있습니다. 이는 새로운 수면 연관이 익숙해질 때까지만 지속되는 일시적 현상입니다. 이 과정에서 부모는 차분함을 유지하고 아기의 반응에 관계없이 꾸준히 안내해야 합니다.

수면 교육, 이렇게 하면 된다

아기가 잠들기 위해 부모가 꼭 확인해야 할 2가지가 있습니다. 첫째, 아기에게 충분하게 수유를 했는지 확인해야 합니다. 배가 고프면 아기는 잠들기 어려워지고 자더라도 금방 깰 수 있습니다. 둘째, 수유 후에 아기와 충분히 눈맞춤과 교감을 나눴는지 확인해야 합니다. 수유를 마친 뒤에 아기와 눈을 맞추며 이야기하거나 살짝 웃는 작은 행동만으로도 아기가 안정감을 느끼며 잠드는 데 도움이 됩니다.

신호와 시간을 체크하며 수면 시점 파악하기

충분히 수유한 후 아기와 눈맞춤을 하면 졸음이 올 때 보내는 신호를 표현하는 것을 볼 수 있습니다. 아기가 졸리면 하품을 하거나 멍하니 허공을 바라보며 눈꺼풀이 천천히 내려오기도 합니다. 눈이나 귀를 비비고, 칭얼거리며 졸리다는 신호를 보냅니다. 이런 신호를 발견하면 먼저 시계를 확인하세요. 아기가 깬 시간이 몇 시인지 확인하고 얼마나 깨어 있었는지 파악해야 합니다. 예를 들어, 생후 2개월 된 아기들은 깨어난 후 1시간에서 1시간 30분 정도가 지나면 졸리기 시작하는 경우가 많습니다. 만약 2개월 된 아기가 졸린 신호를 보내고 깨어난 지 1시간에서 1시간 30분이 지났다면 졸음 신호라는 확신을 가져야 합니다. 졸음에서 울음으로 넘어가기 전에 아기를 수면 환경으로 데려가야 합니다.

자기 전에 2~3가지 물건에게 인사하기

아기가 잠들기 전에 일관성 있는 루틴을 만들어주는 것은 아기에게 안정감을 주고 수면 준비를 돕는 중요한 과정입니다. 예를 들어, 거실에 있는 큰 가구에게 인사하는 것을 루틴으로 삼을 수 있습니다. 아기와 함께 "소파 안녕, 냉장고 안녕, 텔레비전 안녕" 하고 같은 순서로 가구에게 인사하고 수면 환경으로 들어갑니다. 이때 사람이 아니라 변하지 않고 항상 있는 물건에 초점을 맞추는 것이 안정적인 루틴 형성에 도움이 됩니다. 그다음 잠자는 공간으로 들어갑니다. 아기를 안고 있는 사람이 커튼을 치는 의식을 진행합니다. 이 작은 행동이 반복되면 아기는 '아, 이제 잠들 시간이구나'라고 예측하며 안정감을 느낍니다.

늘 같은 곳에 눕기

낮잠과 밤잠 모두 같은 공간과 침대에서 아기가 등을 바닥에 대고 누워 잠들도록 해야 합니다. 이렇게 하는 이유는 아기가 엄마의 품뿐만 아니라 바닥도 안전한 곳이라고 인식하도록 돕기 위해서입니다. 일관되게 바닥에 눕히는 행동을 반복하면 아기는 '여기는 안전한 곳이고, 나는 여기서 잠들 수 있다'라는 안정감을 느끼게 됩니다. 익숙하지 않은 환경은 불안감을 유발하고, 몸이 긴장해 잠들기 어렵게 만듭니다. 엄마가 아기를 품에서만 안아주고 바닥에 눕히는 경험을 주지 않는다면 아기는 바닥을 낯설고 위험한 곳으로 인식하기 쉽습니다.

오감으로 교감하는 수면 의식 만들기

아기를 눕히고 엄마는 오감을 활용해 아기와 교감하는 시간을 가집니다. 이 시간은 엄마와 아기가 깊이 연결되는 순간입니다. 매일 반복적으로 실천해야 하는 이 의식은 아기에게 안정감과 사랑받는 느낌을 전달하며 서로의 신뢰를 쌓는 중요한 순간입니다.

◆ **미각**(배부른 만족감)

배부르게 수유를 마친 아기는 미각을 통해 안정감을 느낍니다. 충분히 먹은 아기는 포만감과 만족감을 느끼며 잠들 준비가 된 상태가 됩니다.

◆ **시각**(따뜻한 눈맞춤)

엄마는 아기의 시선을 마주하며 따뜻한 눈빛을 보냅니다. 눈을 맞추는 동안 미소를 지어주면 아기는 엄마의 얼굴에서 사랑과 안정감을 읽어냅니다. '엄마가 나와 함께 있어'라는 메시지를 전달받은 아기는 점점 마음이 편안해집니다.

♦ **청각(부드럽고 낮은 목소리)**

엄마는 아기에게 부드럽고 낮은 톤으로 말을 겁니다. "우리 아기, 지금은 잘 시간이에요." 짧고 간결한 말로 아기에게 평온함을 전달합니다. 엄마의 목소리는 아기의 청각을 자극하며 동시에 심리적인 안정감을 높여줍니다. 아기의 뇌는 엄마의 목소리를 통해 '지금은 안전한 시간'이라는 메시지를 받습니다.

♦ **후각(엄마의 익숙한 냄새)**

아기는 엄마의 체취와 향을 통해 안정감을 느낍니다. 엄마가 가까이에서 말하거나 살짝 안아줄 때 아기는 후각을 통해 엄마의 존재를 인식하며 더 깊은 안도감을 느낍니다.

♦ **촉각(부드러운 손길)**

엄마는 아기의 머리나 이마를 부드럽게 쓰다듬고 손이나 다리를 살짝 어루만집니다. 촉각을 통한 엄마의 따뜻한 손길은 아기의 몸과 마음을 이완시키며 잠들 준비를 도와줍니다. 엄마의 손길이 닿는 순간, 아기는 보호받고 있다는 느낌을 받습니다.

수면 의식을 받아들이는지 관찰하기

부모는 아기와 가까운 곳에 앉아 아기를 바라보며 5초 정도 천천히 숨을 들이마시고, 8초 정도 천천히 숨을 내쉽니다. 이 호흡법은 부모의 불안을 줄이고, 차분한 에너지를 통해 아기에게 안정감을 전달하는 데 도움이 됩니다. 호흡하는 동안 부모는 아기의 표정과 몸짓을 관찰하며 아기가 부모의 교감을 받아들이는지 거부하는지 세심히 살펴야 합니다.

아기의 반응은 크게 2가지로 나뉩니다. 첫 번째 반응은 부모와 눈맞춤을 하며 상호작용하던 아기가 점차 눈을 감았다 떴다 하면서 몽롱한 상태로 변하는 모습입니다. 이때 아기의 팔과 다리는 점점 이완됩니다. 이러한 신호는 아기가 무의식 세계로 들어갈 준비를 하고 있다는 것을 의미합니다. 두 번째 반응은 고개를 다른 쪽으로 돌리며 부모의 시선을 피하거나 울음을 터뜨리는 모습입니다. 아기는 팔과 다리를 힘차게 흔들고 강하게 울거나 칭얼거림으로 부모와의 교감을 거부하려고 합니다. 이런 상황에서는 부모가 아이를 만지거나 말을 걸지 말고 아기의 행동을 관찰하며 기다려야 합니다. 아기가 다시 고개를 돌려 부모를 바라보며 교감을 시도하는지, 아니면 고개를 돌린 채 거리를 두고 울음을 지속하는지를 살펴보세요. 그리고 수유, 기저귀 등 아기의 상태를 파악하세요.

아기가 무의식 세계로 넘어가려는 과정에서 울음이나 칭얼거림이 나타날 수 있습니다. 이 과정이 더 진행되면 아기의 두 팔이 쭉 펴진 상태로 마치 묶여 있는 것처럼 움직이지 않고 고개만 움직이며 울음을 보일 수 있습니다. 이럴 때는 아기가 눈을 뜨고 있어도 시선은 흐릿하며 부모와의 명확한 눈맞춤이 이루어지지 않을 것입니다. 때로는 아기의 울음이 진정되는 것처럼 보이면서도 아기가 팔과 다리를 부르르 떨거나 깜짝 놀라는 모로 반사를 보이며 다시 울음을 터뜨릴 수도 있습니다. 모로 반사는 아기가 잠에 들려는 과정에서 자주 나타나는 반응입니다.

아기는 의식에서 무의식의 세계로 가는 과정에 얕은 잠을 경험합니다. 이 과정에서 아기는 자다가 깨다를 반복합니다. 특히, 처음으로 바닥에 누워 자는 경험을 하는 아기라면 이 과정이 더 오래 걸릴 수 있습니다. 아기가 깊은 잠에 들어가면 호흡이 고르고 안정되며 몸의 움직임이 줄어듭니다. 수면 시간은 이 시점부터 측정하는 것이 적절합니다.

이때 부모가 성급하게 개입하면 아기는 잠들려고 노력하는 나를 왜 방해하냐는 듯 더 강하게 울 수 있습니다. 이는 부모의 개입이 오히려 방해가 되었기 때문입니다. 부모가 아기를 존중하고 지켜보며 기다려줄 때 아기는 스스로 잠들 수 있는 기회를 얻게 됩니다. 스스로 잘 수 있는 기회를 부여받은 아기만이 등을 바닥에 대고 스스로 잠드는 소중한 경험을 하게 될 것입니다.

수면 교육 Q&A

Q. 아기는 수면 문제를 겪지 않는다?

A. 아닙니다. 아기도 잠이 부족하면 불편함과 스트레스를 겪습니다. 특히 심한 수면 부족은 큰 고통을 주며 만성적인 경우 신체 기능의 균형이 깨져 질병에 걸릴 위험이 높아집니다.

Q. 일부 아기들은 타고난 불면증을 가지고 있다?

A. 아닙니다. 단지 어떤 아기들은 다른 아기들보다 더 잘 자는 경향이 있을 수 있습니다. 이는 타고난 특성이 아니라 수면 환경에 영향을 받기 때문입니다. 건강한 아기는 충분히 잘 잘 수 있는 능력을 가지고 있습니다. 부모가 아기의 수면 습관을 조정하면 더 나은 수면을 유도할 수 있습니다.

Q. 아기에게 여러 가지 상황에서 잠들도록 가르치는 것이 가능하다?

A. 아기에게 여러 상황에서 잠들도록 가르치는 것은 가능하지만 현실적으로 쉽지 않습니다. 아기는 특정한 수면 연관에 의존하는 법을 배우며 잠이 필요할 때 이러한 요소들이 갖춰지기를 기대하게 됩니다. 따라서 서로 다른 방법이나 장소에서 번갈아가며 재우는 것은 아기의 수면 리듬을 방해할 수 있고 오히려 피로해질 위험이 크기 때문에 일관된 수면 환경을 유지하는 것이 중요합니다.

Q. 아기들은 잠들기 위해 도움이 필요하다?

A. 아닙니다. 아기들은 태어날 때부터 외부의 도움 없이도 잠들 수 있는 능력을 가지고 있습니다. 자궁 안에서도 스스로 잠드는 연습을 합니다. 부모가 제공하는 돌봄 방식은 아기들이 특정한 활동과 수면을 연관 짓도록 무의식적으로 장려하게 됩니다. 이로 인해 아기들은 도움을 원하지만 실제로 도움 없이 잠드는 것이 불가능하다는 뜻은 아닙니다.

Q. 아기들은 결국 도움 없이 잠드는 법을 배운다?

A. 맞습니다. 대부분의 아기는 결국 스스로 잠드는 법을 배웁니다. 만약 부모가 아기 때부터 이를 장려하지 않는다면 아이가 스스로 잠드는 시기는 세 살에서 네 살이 됩니다. 일부 아이들은 일곱 살이 넘어서도 잠들 때 부모의 도움을 원할 수 있습니다. 부모는 영아기 동안 건강한 수면 습관을 장려하고 지원함으로써 아이와 자신에게 스트레스를 줄 수 있는 수년을 예방할 수 있습니다.

Q. 잠들고 난 후에 공갈 젖꼭지를 빼면 아기가 깨는 것을 막을 수 있다?
A. 아닙니다. 아기가 공갈 젖꼭지가 없어져서 수면이 방해를 받는 경우 공갈 젖꼭지가 빠져나가든 부모가 제거하든 결국 사라진 것은 마찬가지이므로 아기가 깨어나는 것을 막는 데 차이가 없습니다.

Q. 아기들은 스스로 잠들기 위해 준비할 능력이 없다?
A. 아닙니다. 아기들은 조용히 깨어 있는 상태에서 외부의 도움 없이 스스로 잠들 수 있는 능력을 가지고 태어납니다. 하지만 모든 아기가 울기 시작했을 때 스스로를 달래며 다시 차분한 상태로 돌아가지는 못합니다. 아기가 스스로 잠들 수 있도록 격려하면서도 필요할 때마다 아기를 달래는 것은 가능합니다. 아기가 차분해지면 도움을 멈추되 아기가 완전히 잠들기 전에는 도움을 중단해야 합니다.

Q. 혼자 두었을 때 아기는 버림받았다는 느낌을 받는다?
A. 확실하지 않습니다. 아기가 주 양육자와 강한 정서적 애착을 형성한 후 생후 7개월 무렵부터 분리 불안을 느끼는 것은 자연스러운 현상입니다. 연구에 따르면, 아기가 느끼는 분리 불안은 버림받을 것에 대한 두려움과 관련이 있습니다. 다만 이 연구는 고아원이나 낯선 환경에서 오랜 시간 분리된 상황에서 한 것이었음을 기억해야 합니다. 만약 아기가 분리 불안으로 스트레스를 받을까 봐 걱정된다면 부모가 같은 방에 함께 있으면서 수면 교육을 진행하는 방법도 고려할 수 있습니다.

Q. **수면 교육은 아기의 밤중수유를 막는 것이다?**

A. 아닙니다. 수면 교육은 밤중에 수유하지 말라는 뜻이 아닙니다. 아기는 필요한 만큼 자주 먹어야 합니다. 다만 수면 교육은 아기가 잠들 때 수유에 의존하지 않도록 돕는 데 초점을 맞춥니다. 수유하면서 잠드는 습관이 생기면 아기가 더 오래 자려고 불필요하게 자주 수유를 요구할 수 있기 때문입니다.

Q. **수면 교육은 엄마의 본능에 반하는 일이다?**

A. 맞습니다. 인간은 아기의 울음소리에 본능적으로 반응하도록 생물학적으로 프로그램되어 있습니다. 아기의 울음소리는 양육자에게 스트레스 호르몬을 분비하게 해 아기를 달래도록 유도합니다. 아기가 잠들도록 도움을 주었다면 아기는 도움이 없으면 울게 되고 엄마는 아기를 달래고 싶어질 것입니다. 본능에 따라 행동하면 아기의 즉각적인 고통을 줄일 수 있지만 이는 장기적인 수면 부족으로 인한 아기와 부모의 고통을 해결하는 데 방해가 될 수 있습니다.

Q. **수면 교육을 하는 부모는 이기적이다?**

A. 아닙니다. 만성적인 수면 부족과 관련된 끝없는 스트레스를 경험해보지 않은 사람들은 그 고통이 얼마나 심각한지 이해하지 못할 것입니다. 아기의 수면 문제는 아기에게 가장 큰 스트레스 요인일 뿐만 아니라 엄마와 다른 가족 구성원의 건강에도 부정적인 영향을 미칩니다. 아기나 가족을 괴롭히는 문제를 해결하려는 부모는 이기적인 것이 아닙니다.

Q. 수면 교육은 잔인하다?

A. 아닙니다. 아기들은 만성적인 수면 부족으로 다양한 어려움을 겪을 수 있습니다. 오히려 수면 부족의 문제를 해결하지 않는 것이 더 아기에게 힘든 일이 될 수 있습니다.

Q. 아이의 성장한 후에 수면 문제를 해결하는 것이 더 쉽다?

A. 아닙니다. 잠과 관련된 조건이 이미 형성된 후에는 이를 바꾸기가 어렵습니다. 아기는 부모가 왜 이런 변화를 시도하는지 이해하지 못하고 아기가 성장할수록 수면 문제를 해결하는 것이 더 어려워집니다. 부모가 아기를 재우는 방식을 바꾸려고 할 때 저항이 더 오래 더 강하게 나타날 가능성이 커집니다.

Q. 수면 교육은 울지 않도록 가르쳐준다?

A. 아닙니다. 수면 교육은 아기가 울지 않도록 가르치는 게 아니라 아기가 잠들 때마다 부모의 도움 없이 스스로 잠드는 법을 배우도록 돕는 것입니다. 수면 교육을 통해 아기는 안아주거나 흔들어주는 외부 도움이 없어도 혼자 잠드는 법을 익히게 됩니다. 처음에는 아기가 새로운 방식에 적응하기 어려워 울 수 있지만 시간이 지나면서 점차 스스로 잠들게 됩니다. 그러면서 아기의 울음도 자연스럽게 줄어듭니다. 아기가 스스로 편안하게 잠드는 법을 익히면 자주 깨지 않고 깊이 잠들 수 있습니다. 수면 부족은 줄어들고 낮에도 안정적인 기분을 유지하게 됩니다.

태초
육아

초판 1쇄 인쇄 2025년 6월 27일
초판 1쇄 발행 2025년 7월 4일

지은이 홍지선

펴낸이 정용수
책임총괄 강선혜
편집장 차인태
영업·마케팅 정경민, 이은혜
제작 김동명 **관리** 윤지연
진행 김민영
표지 디자인 정은진
본문 디자인 onmypaper

펴낸곳 ㈜예문아카이브
출판등록 2016년 8월 8일 제2016-000240호
주소 서울시 마포구 동교로18길 10 2층
문의전화 02-2038-3372 **주문전화** 031-955-0550 **팩스** 031-955-0660
이메일 archive.rights@gmail.com **홈페이지** ymarchive.com **인스타그램** yeamoon.arv

ISBN 979-11-6386-495-0 (13590)

ⓒ 홍지선, 2025

㈜예문아카이브는 도서출판 예문사의 단행본 전문 출판 자회사입니다.
널리 이롭고 가치 있는 지식을 기록하겠습니다.
이 책 내용의 전부 또는 일부를 이용하려면 반드시 저작권자와 ㈜예문아카이브의 서면 동의를 받아야 합니다.
* 책값은 뒤표지에 있습니다. 잘못 만들어진 책은 구입하신 곳에서 바꿔드립니다.